James Cook, James King

Des Capitain Jacob Cook dritte Entdeckungs-Reise

In die Südsee und nach dem Nordpool

James Cook, James King

Des Capitain Jacob Cook dritte Entdeckungs-Reise
In die Südsee und nach dem Nordpool

ISBN/EAN: 9783743394872

Hergestellt in Europa, USA, Kanada, Australien, Japan

Cover: Foto ©Andreas Hilbeck / pixelio.de

Weitere Bücher finden Sie auf **www.hansebooks.com**

Des Capitain Jacob Cook
dritte
Entdeckungs-Reise
in die Südsee
und
nach dem Nordpol.

Auf Befehl

Sr. Grosbrittann. Majest. George des Dritten unternommen
und in den Schiffen Resolution und Discovery während der Jahre
1776 bis 1780 ausgeführt.

Aus den Tagebüchern
der Schiffsbefehlshaber
Herren Cook, Clerke, Gore und King
imgleichen des Schiffswundarztes Herrn Anderson
vollständig beschrieben.

Aus dem Englischen übersetzt
mit Zusätzen für den deutschen Leser, imgleichen mit einer Einleitung
über Cooks Verdienste und Charakter, imgleichen über
Entdeckungsreisen überhaupt
von
Herrn Georg Forster

Königl. Polnischen geh. Rath churf. Maynzischen Universitäts-Bibliothekar; der Arzneywiss.
und der Philos. Doctor, Mitglied der Röm. Kaiserl. der Londner, Berliner, Madriter
Societäten der Wissenschaften u. v. a. m. ꝛc.

durch Kupfern und Charten erläutert.

Vierter Band.

Berlin
bey Haude und Spener 1789.

Beschreibung

einer

Entdeckungs-Reise

in das Stille Meer

und

nach dem Nord-Pol hinauf.

Auf Befehl und Kosten der Grosbrittannischen Regierung
unternommen

von den Capitains

Cook, Clerke, Gore und King.

und

in den Schiffen Resolution und Discovery

während der Jahre 1776 bis 1780
ausgeführt.

Vierter Band,

(oder der ganzen Sammlung eilfter Band.)

Inhalt

des vierten Bandes.

Neuntes Hauptstück.

Abreise von Onihian. Vergeblicher Versuch Modu-Papapa zu finden. Lauf nach der Bay Awatscha, und Ereignisse unterweges. Schneller Uebergang von der Hitze zur Kälte. Die Resolution wird lek, und wir gerathen in große Verlegenheit. Ansicht der Küste von Kamtschatka. Aeußerste Rauhigkeit des dortigen Klima's. Trennung von der Discovery. Die Resolution läuft in Awatscha-Bay ein. Aussicht der Stadt St. Peter und St. Paul. Es werden Leute ans Land geschickt. Ihr Empfang bey dem im Hafen commandirenden Officier. Botschaft an den Befehlshaber von Bolscheretsk. Ankunft der Discovery. Rückkehr der Bothen aus Bolscheretsk. Sonderbare Art zu reisen. Besuch von einem Kaufmann und einem deutschen Bedienten des Befehlshabers.

Zehntes Hauptstück.

Mangel an Lebensmitteln und Schiffsbedürfnissen im Hafen St. Peter und Paul. Reise einiger Officiers nach Bolscheretsk, um dem Befehlshaber aufzuwarten. Sie gehn zum Theil zu Wasser den Awatschafluß hinauf, werden von dem Tojon zu Karatschin bewirthet, und setzen die Reise auf Schlitten fort. Ihre Ankunft zu Natschikin. Nachricht von einigen heissen Quellen. Einschiffung auf dem Fluß Bolschaia (reka). Empfang in der Hauptstadt. Freygebigkeit und Gastfreyheit des dortigen Befehlshabers und der Besatzung. Beschreibung von Bolscheretsk. Russische und Kamtschadalische Tänze. Rührender Abschied von Bolscheretsk. Rückkehr nach St. Peter und Paul in Gesellschaft des Herrn Majors Behm; dieser besucht die Schiffe. Grosmuth unserer Matrosen. Herrn Behm werden Depeschen nach Petersburg mitgegeben. Dessen Abreise und Charakter.

**

Inhalt.

Elftes Hauptstück.

Zwölftes Hauptstück.

Dreyzehntes Hauptstück.

Ein

Inhalt.

** 2 Sieb-

Inhalt.

Siebzehntes Hauptstück.

Achtzehntes Hauptstück.

Neunzehntes Hauptstück.

Neuntes Hauptstück.

Abreise von Onihiau. Vergeblicher Versuch Modu = Papappa zu finden. Lauf nach der Bay Awatscha, und Ereignisse unterwegens. Schneller Uebergang von der Hitze zur Kälte. Die Resolution wird leck, und wir gerathen in große Verlegenheit. Ansicht der Küste von Kamtschatka. Aeußerste Rauhigkeit des dortigen Klimas. Trennung von der Discovery. Die Resolution läuft in Awatscha Bay ein. Aussicht der Stadt St. Peter und St. Paul. Es werden Leute ans Land geschickt. Ihr Empfang bey dem im Hafen commandirenden Officier. Botschaft an den Befehlshaber von Bolscheretsk. Ankunft der Discovery. Rückkehr der Boten aus Bolscheretsk. Sonderbare Art zu reisen. Besuch von einem Kaufmann und einem deutschen Bedienten des Befehlshabers.

Am 15ten März, um sieben Uhr Morgens, lichteten wir die Anker, und segelten, indem wir an der Nordküste von Tahura vorbeygingen, südwärts, in der Hofnung, das Eiland Modu=papappa zu finden, welches nach der Beschreibung der Insulaner in dieser Richtung ungefähr fünf Stunden weit von Tahura liegen sollte. Um vier Uhr Nachmittags erreichte uns ein großes Kanot mit zehn

IV.   A

Mann, die von Onißtau nach Tahura ruderten, um
daselbst Tropik- und Fregattenvögel zu tödten, die dort
sehr häufig seyn sollen, und deren Federn bey den Insu-
lanern in hohem Werthe stehen, indem sie ihre Mäntel
und andern Schmuck damit besetzen. Da wir um acht
Uhr Abends noch nichts von dem kleinen Eiland gewahr
wurden, so legten wir bis Mitternacht nach Norden um,
liefen bis Tages Anbruch wieder Südost, und hatten
dann Tahura fünf bis sechs Seemeilen ostnordöstlich von
uns liegen. Hierauf steuerten wir Westsüdwest, und
machten ein Signal, daß die Discovery vier Englische
Meilen zu unserer Rechten segeln sollte, weil wir vermutheten, das Eiland möchte südlicher von Tahura liegen,
als wir bisher gesteuert hatten. Es ist aber auch wohl
möglich, daß wir in der Nacht daran vorbeygegangen sind
da diese Insel, nach der Beschreibung ter Insulaner, sehr
klein und kaum über die Meeresfläche erhöhet ist. Am
folgenden Tage richteten wir unsern Lauf nach Westen;
denn Capitain Clerke wollte auf demselben Grad der
Breite fortschiffen, bis wir die Länge von Awatscha-
Bay erreicht haben würden, alsdenn aber gerade nordwärts steuern, und den Hafen St. Peter und Paul aufsuchen, der im Fall einer Trennung auch zu unserm Sam-
melplaß bestimmt war.

Seitdem wir die Insel Tahura aus dem Gesicht
verloren hatten, ließ sich kaum ein Vogel sehen; allein
am 18ten Nachmittags in 21° 12′ nördlicher Breite und
194° 45′ östlicher Länge erblickten wir eine große Menge
Tölpel, und einige Fregattenvögel, und sahen uns daher
fleißig um, ob nicht etwa Land zu entdecken wäre. Gegen Abend ward der Wind schwächer, und die hohe See
von Nordosten her, die unsern Schiffen am 16ten und
17ten besonders lästig gefallen war, verlor sich ebenfalls;
wir sahen aber dennoch am Morgen kein Land. Nunmehr
steuerten wir einen Strich südlicher, in der Erwartung,

daß der Paſſatwind, tiefer innerhalb der Wendekreiſe friſ
ſcher wehen würde. Vormittags zeigten ſich keine Vöſ
gel; aber gegen Abend ſahen wir wieder eine Menge Tölpel und Fregattenvögel, woraus ſich denn vermuthen ließ,
daß wir das Land, von welchem der vorige Zug gekommen war, bereits im Rücken hätten, und uns nunmehr
einer andern flachen Inſel näherten. Wir behielten indeß bis zum 23ſten eben denſelben gemäßigten Wind und
herrliches Wetter; alsdann ward er aber aus Nordoſt
gen Oſten heftiger, und wuchs zu einem ziemlichen Sturm
an, wobey wir einige alte Segel einbüßten, und auch an
dem Tauwerk beträchtlichen Schaden litten. Nach zwölf
Stunden ward der Wind wieder mäßig, und blieb ſo bis
zum 25ſten, wo er um Mittag faſt ganz verſchwand, ſo
daß nur noch ein leichter Luftzug übrig blieb. Am 26ſten
glaubten wir im Weſtſüdweſten Land zu ſehen; allein nachdem wir dieſem vermeintlichen Lande ſechszehn Seemeiſ
len weit nachgegangen waren, ſahen wir wohl, daß wir
uns geirrt hatten und liefen, als die Nacht herannahete, wieſ
der gerade nach Weſten. Wir befanden uns jetzt in $19° 45'$
nördlicher Breite, folglich ſo weit ſüdlich, als wir ſeit der
Abfahrt von den Sandwichsinſeln noch nicht gekommen
waren, und in $183°$ öſtlicher Länge wo die Magnetnadel $12° 45'$ öſtliche Abweichung zeigte. Wir hielten
unſern Lauf nach Weſten immer fort, und hatten keine we
ſentliche Veränderung des Windes; allein am 29ſten
ſetzte er ſich plötzlich nach Südoſt und Südſüdoſt um, und
kam des Nachts ſogar einige Stunden lang aus Weſten,
wobey zugleich der Himmel dunkel, umwölkt und ſehr
regnicht war. Schon ſeit einigen Tagen hatten wir Sees
ſchildkröten geſehen, wovon eine (die kleinſte, die ich jeſ
mals geſehen habe) kaum drey Zoll lang war. Auch bes
gleiteten uns Fregattvögel und eine nicht gemeine Art von
Tölpeln (wahrſcheinlich *Pelecanus Piſcator L.*) welche
ganz weiß waren, ausgenommen an den äußerſten Enſ

den der Flügel, wo sich ein wenig schwarzes zeigte, weshalb man sie leicht mit den Baß- oder Solaudgänsen verwechseln konnte. Da wir seit einiger Zeit häufig schwachen Wind und unbeständiges Wetter gehabt hatten, und noch kein Anschein zu etwas besserm vorhanden war, so entsagte Capitain Clerke seinem Vorhaben, länger zwischen den Wendekreisen zu bleiben, und ließ um sechs Uhr Abends, als wir uns in 20° 23' nördlicher Breite und 180° 40' östlicher Länge befanden, Nordwest gen Norden steuern. Das Wetter war bey jenen schwachen Winden die wir seit der Abreise von den Sandwichsinseln fast immer behalten hatten, und bey schwüler heißer Luft sehr drückend gewesen, und die Thermometer hatten gemeiniglich auf 80° zuweilen auch auf 83° gestanden. Von Nordosten her war die ganze Zeit hindurch eine hohle See gegangen, so daß das Schiff während der ganzen Reise niemals so heftig hin und her gerollt hatte.

Früh Morgens am ersten April wendete sich der Wind von Südosten nach Nordost gen Osten, und hielt frisch an. Am vierten setzte er sich noch um zwey Striche östlicher, und wehete vom Mittag bis am fünften Nachmittags heftig, wobey das Wetter neblicht war. Sobald der Wind wieder mäßiger wurde, ging er wieder nach Südosten zurück und brachte uns starke Regengüsse. Wir steuerten indeß immer fort Nordwestwärts gegen eine geringe, aber beständig anhaltende Strömung, welche täglich eine Abweichung von funfzehn Englischen Meilen in der Schiffsrechnung verursachte. Am vierten in 26° 17' nördlicher Breite und 173° 30' östlicher Länge sahen wir eine ungeheure Menge Weichgewürme von der Art, die bey den Englischen Seefahrern Portugiessische Kriegs-Schiffe, auf Holländisch aber Besaantjes (*Holothuria physalis Linn.*) heissen. Zu gleicher Zeit fanden sich eine Menge Seevögel ein, unter denen wir jetzt wieder zum erstenmal Albatrosse und Sturmvögel bemerkten. Am sechsten um Mittag, als wir uns in 29° 50' nördlicher Breite und 170° 1' östlicher Länge befanden, hörte der Passatwind auf, und an dessen Stelle kam plötzlich ein Nordnordwest-Wind. Bey den letzten Windstößen zerrissen unsere alten Taue so oft, daß wir jetzt alles, was wir von neuen noch übrig hatten, an ihre Stelle setzen mußten. Ueberhaupt trafen wir solche Vorkehrungen, als für das so sehr verschiedene Klima, wohin wir nun bald übergehen sollten, nöthig waren. Das schöne Wetter innerhalb der Wendekreise hatten wir übrigens nicht ungenutzt gelassen. Die Zimmerleute z. B. hatten sich mit Ausbesserung der Boote beschäftigt. Das Ankerthau unsers großen Bugankers war durch den felsigten Grund, in der Bay von Karakakua und auf der Rheede vor Onihiau, so beschädigt worden, daß wir gegen vierzig Klaftern davon abschneiden musten. Unsere Mannschaft hatte folglich, unter Anführung des Bootsmanns, vollauf zu thun, aus diesem Stücke Tau und aus andern alten Stricken gesponnenes Garn zu allerley Gebrauch zu verarbeiten. Auch hatten wir häufig das mühsame Geschäft, die Segel und anderen Vorrath, der wegen der leckgewordenen Seiten und Verdecke des Schiffs öfters naß wurde, wieder durchzulüften und zu trocknen. Neben diesen Bemühungen zur Erhaltung der Schiffe selbst, setzten wir auch die Vorkehrungen für die Gesundheit unserer Leute fort, womit jederzeit eine ziemliche Anzahl derselben beschäftigt waren. Capitain Cooks festgesetzte Anordnungen, die Betten zu lüften, zwischen den Verdecken Feuer anzuzünden, sie mit Essig zu waschen, und mit Schießpulver zu räuchern, befolgten wir ohne alle Abänderung. Seit einiger Zeit hatte sich auch noch eine wichtige Arbeit vorgefunden; die alten Jacken unserer Matrosen bedurften nämlich einer Ausbesserung, und dies war in unserer jetzigen Lage eben keine Kleinigkeit. Lesern, die mit den Sitten und dem Cha-

rakter des Seemannes nicht genau bekannt sind, muß ich
hier sagen, daß die Matrosen auf Kriegsschiffen so sehr
daran gewöhnt sind, in allen Stücken, die selbst ihre
eigene Person und ihre nächsten Bedürfnisse betreffen,
erst den Befehl eines Officiers zu erwarten, daß sie
durchaus alle Aussichten auf das Zukünftige aus ihrem
Kopfe verbannen, und so gedankenlos sind, wie die Kinder. Hätte man unsere Leute ihrer eignen Einsicht überlassen, so würden sie, wie ich fest überzeugt bin, noch ehe
die Reise halb geendigt gewesen wäre, schon nackend auf
dem Verdeck herumgegangen seyn. Man hätte vermuthen sollen, die Erfahrung aus dem vorigen Jahre,
bey der damaligen Reise nach Norden, würde sie überzeugt haben, wie nothwendig es sey, auf diesen Gegenstand bedacht zu seyn; allein wenn ihnen auch ja einmal
so etwas in den Sinn kam, so haftete doch diese Ueberle-
gung so wenig, daß sie bei unserer Rückkehr in den heißen
Erdstrich, ihre Pelzjacken und ihre ganze Winterkleidung
als völlig unbrauchbare Sachen auf dem Verdeck umher-
warfen und mit Füßen traten, ungeachtet es in beyden
Schiffen bekannt war, daß wir noch eine Fahrt gegen den
Nordpol thun würden. Die Officiere hatten indeß diese
Mondirungsstücke nach und nach zusammen gelesen, sie
in Fässer packen lassen, und gaben sie in diesen Tagen
ihren Eigenthümern zurück.

Nachmittags sahen wir einige Planken von der
äußern Bekleidung des Schiffs im Wasser schwimmen,
und fanden bald, gerade unter dem linken Bug, daß ein
zwölf bis vierzehn Fuß langer Streifen davon abgespült
worden war, und zwar an eben der Stelle, wo wir das
Leck vermuthet hatten, welches seit unserer Abfahrt von
den Sandwichsinseln die Pumpen beständig im Gange
erhielt, indem das Schiff in einer Stunde zwölf Zoll
Wasser einließ. In der Nacht fiel das Termometer um
elf Grade, und ob es gleich noch auf 59° blieb, so litten

wir doch sehr von der Kälte, weil unser Körper sich noch gar nicht an diese Lufttemperatur gewöhnen konnte.

Am neunten, Mittags, befanden wir uns in 32° 16′ nördlicher Breite und 166° 40′ östlicher Länge mit 8° 30′ östlicher Variation; und am zehnten, da wir die Laufbahn der Spanischen Gallionen, welche von Manila nach Akapulko zurückkehren, durchschnitten hatten, erwarteten wir die Insel Rica de Plata anzutreffen, welche der De-Lisleschen Charte zufolge in unserm Gesichtskreise hätte liegen müssen. Statt derselben erblickten wir aber nur einen Tropikvogel, der, so weit gegen Norden, eine Seltenheit ist, nebst einigen andern Vögeln, nämlich Puffins, Papageytauchern, Sturmvögeln und Albatrossen, dergleichen wir, nebst einigen Büscheln Meergras, auch am elften wieder zu sehen bekamen. An Bord der Diskovery bemerkte man auch einen vorüberschwimmenden Holzstamm; außerdem aber wurden keine andere Anzeigen von nahem Lande wahrgenommen. Tages darauf ging der Wind allmählig nach Osten herum, und ward so heftig, daß wir unsere Bramraaen herunternehmen, und die Marssegel ganz einreffen mußten. Unglücklicher weise lag unser Schiff auf der für den Leck am wenigsten vortheilhaften Seite, doch waren wir deswegen nicht sehr besorgt, da wir bisher das eindringende Wasser noch immer durch die Hand-Pumpen hatten bezwingen können. Allein am 13ten um sechs Uhr Nachmittags, geriethen wir in großes Schrecken, als auf einmal alles zwischen den Verdecken überschwemmt ward. Das Wasser hatte nämlich im Kohlenraum nicht mehr einen gehörigen Abzug nach dem sogenannten Schiffsbrunnen (dem untersten Raum des Schiffs) gefunden, folglich die Planken aufgehoben und in einem Augenblick alles angefüllt. Wir befanden uns dadurch in einer äußerst bedrängten Lage, und wußten nicht sogleich, wie uns zu helfen wäre. Eine Pumpe durch die obern Verdecke hinunter in den Kohlenraum zu bringen, wäre unnütz gewesen, denn sie würde von den kleinen Kohlen bald verstopft worden seyn.   Das Wasser mit Eimern auszuschöpfen war aus der Ursache unmöglich, weil eine Menge große Geräthschaften aus des Constabels Vor-raths-Kammer losgespült waren, und, so wie sich das Schiff bewegte, von einer Seite zur andern geschleudert wurden.   Es blieb also kein andres Mittel übrig, als ein Loch in die Scheidewand zu schneiden, durch welche die Kohlenkammer vom Vorderraum abgesondert wird, damit das Wasser einen Abzug in den Brunnen hätte. Ehe dies aber geschehen konnte, mußten alle Fässer mit trocknem Vorrath aus dem Vorderraum heraufgeschaft werden.   Hiermit ging der größte Theil der Nacht hin, so daß die Zimmerleute erst am andern Morgen die Schei-dewand durchsägen konnten.   Als dies geschehen war, ergoß sich das Wasser größtentheils in den Brunnen, und der Ueberrest konnte mit Eimern ausgeschöpft werden. Während der Zeit war aber das Leck um so viel größer geworden, daß die Hälfte der Mannschaft bis Mittags am 15ten unaufhörlich pumpen und schöpfen mußte. Unsere Leute ertrugen diese übermäßige Anstrengung mit der größten Bereitwilligkeit, obgleich noch die Unannehm-lichkeit hinzu kam, daß sie keine trockne Schlafstelle hat-ten.   Um ihnen den Abgang an Kräften einigermaßen zu ersetzen, fingen wir jetzt an, ihnen die volle Portion ihres Branntweins zu reichen *).   Sobald wir etwas ruhiges Wetter und eine weniger hohle See hatten, konn-ten wir die übrigen Fässer aus dem Vorderraum weg-räumen, und dem Wasser vollends einen Abfluß nach den Pumpen eröfnen.

---

*) Der Englische Matrose bekommt den Branntwein immer mit Wasser vermischt.

An diesem Tage ging ein grünliches Stück Treibholz
bey uns vorbey, und einmal schien uns das Seewasser
die Farbe zu verändern; wir warfen daher das Senkbley
aus, fanden aber mit hundert und sechzig Faden keinen
Grund. Mittags befanden wir uns in 41° 52′ nördlicher Breite und 161° 15′ östl. Länge bey 6° 30′ östl. Abweichung der Magnetnadel. Bald darauf ging der Wind
mehr nach Norden, und wir änderten nunmehr unsern Lauf
drey Striche westlicher. Am 16ten Mittags, in 42° 12′
nördlicher Breite und 160° 5′ östlicher Länge näherten
wir uns der Meeresgegend, wo de Gama ein großes
Land gesehen haben soll, und freuten uns, daß unser
jetziger Lauf uns in Stand setzte, die Zweifel völlig zu
heben, die man über diese angebliche Entdeckung noch
hegte. Denn es verdient bemerkt zu werden, daß bis
jetzt noch niemand ausfindig gemacht hat, wer dieser
Johann de Gama gewesen sey, wenn er gelebt, oder
in welchem Jahre er diese Entdeckung gemacht habe.
Herr (Etatsrath) Müller behauptet, dieses Land komme
zuerst auf einer Charte des Portugiesischen Geographen
Tereira vom Jahre 1649 vor; hier werde es zehn bis
zwölf Grad nordostwärts von Japan, zwischen dem 44sten
und 45sten Grad nördlicher Breite, verlegt, und dabey
gesagt, es sey Land, welches Johann de Gama,
der Indier, gesehen habe, als er von China nach Neuspanien geschifft sey*). Warum die Französischen Geo-

A 5

---

*) Der Beynahme der Indier ist wohl ein bloßer Ueber-
setzungsfehler. Die Schrift in Tereiras Charte hat
verschiedene Abkürzungen und lautet: Terra q. vio Do Ioao
da Gama Indo da China pera Nova Espa~ha, also wörtlich:
Land, welches sahe Don Johann da Gama, gehend von
China nach Neuspanien. Dieses Land könnte denn auch
wohl eine der Kurilischen Inseln seyn; denn die Länge
konnte man damals nicht so genau berechnen. Daß man

graphen es seitdem volle fünf Grade weiter ostwärts
gerückt haben, ist nicht bekannt, es müßte denn seyn,
daß sie einer andern ähnlichen Holländischen Entdeckung,
dem so genannten Lande der Compagnie, wovon
in der Folge mehr vorkommen wird, hätten Platz machen
wollen. Den ganzen Tag hindurch hatten wir indessen
allerley Anzeigen, woraus man wohl ehedem geschlossen
hätte, es müsse Land in der Nähe seyn; denn der Wind
war unzuverlässig, und kaum auf zwey oder drey Striche
sich selbst gleich; bald kam er in heftigen Stößen, bald
verlor er sich in eine gänzliche Windstille. Bey dem
allen erblickten wir kein Land, und steuerten also weiter
Nordwärts, ohne noch mehr Zeit damit zu verlieren,
ein Land aufzusuchen, dessen Daseyn ohnedies fast allgemein nicht mehr geglaubt wird. Am 16ten mußten
unsere Leute ihre Sachen trocknen, und die Schiffsräume
auslüften.

Nunmehr empfanden wir die Unfreundlichkeit des
nordischen Himmelsstrichs immer stärker. Am 18ten
des Morgens, als wir uns in 45° 40′ nördlicher Breite und 160° 25′ östlicher Länge befanden, hatten wir
Schnee und Schloßen mit einem heftigen Südwestwinde,
welches in der That, sowohl in Ansehung der Jahrszeit
als der Richtung des Windes, ein merkwürdiger Umstand ist. Am 19ten stand das Thermometer den Tag
über am Gefrierpunkte, und fiel des Morgens um vier
Uhr noch drey Grade tiefer. Vergleicht man die Hitze

---

nicht ausmachen kann, wer Don Johann gewesen sey,
beweist übrigens noch nicht, daß niemals ein Mann dieses
Namens existirt habe Er brauchte ja nicht gerade ein
Schiff zu kommandiren, um eine Entdeckung zu machen.
Vielleicht konnte er Passagier auf einem Spanischen Schiffe
seyn, und dem Texeira, der sonst ziemlich genau in seinen
Arbeiten ist, die Nachricht von dem neuen Lande mitgetheilt
haben. G. F.

ie wir zu Anfange dieses Monats aushielten, mit der
roßen Kälte, welche wir jetzt erlitten, so kann man
ich leicht vorstellen, was für Wirkungen diese schnelle
Beränderung auf uns haben mußte. Der Windstoß am
8ten hatte fast alle unsere Segel zerrißen, ob sie gleich
on mittlerer Güte gewesen waren. Wir sahen uns
aher genöthigt, unsere letzten und besten Segel aufzus
iehen. Die Segelmacher konnten übrigens, wegen der
türmischen See und des so leckgewordenen Schiffs,
irgends als in Capitain Clerke's Zimmern arbeiten,
belches denn, bey seinen traurigen Gesundheitsumstän=
en, ein sehr wesentliches Ungemach für ihn war.

Am 20sten fingen wir an, dem Anblick der Küste von
Asien mit Sehnsucht entgegenzusehen, denn wir waren
nun schon in 49° 45′ nördlicher Breite und 161° 15′
östlicher Länge. Plötzlich aber setzte sich der Wind nach
Norden um, und hielt den ganzen folgenden Tag so an.
hierdurch ward unsre Fahrt zwar aufgehalten, allein
dafür war uns das gute Wetter keine geringe Erquickung.
Am 21sten Vormittags sahen wir einen Wallfisch und
einen Landvogel. Nachmittags warfen wir, weil das
Waßer trübe aussah, das Senkbley sanden aber mit
hundert und vierzig Klaftern keinen Grund. Die drey
vorigen Tage hindurch hatten wir verschiedentlich große
Züge von Vögeln wie wilde Enten gesehen, welche
gemeinhin für Anzeigen von nahem Lande gelten; inzwi=
schen war dies seit dem 16ten auch das einzige Merkmal,
ob wir gleich seitdem mehr als hundert und funfzig See=
meilen zurückgelegt hatten. Am 22sten hatten wir
Wind aus Nordosten, mit Nebel, und einer solchen
Kälte, daß die Stricke froren, und sich kaum mehr durch
die Blöcke wollten ziehen laßen. Unserer Schiffsrech=
nung zufolge, befanden wir uns Mittags in 51° 38′
nördlicher Breite und 160° 7′ östlicher Länge. Da wir
diese Tage mit der südlichen Gegend von Kamtschatka,

auf den Russischen Charten, verglichen, hielt es Capitain Clerke nicht für rathsam, die ganze Nacht hindurch
gegen das Land hin zu segeln.   Um zehn Uhr legten wir
also um, und zugleich ward unsere Vermuthung, daß
wir dem Lande nahe wären, dadurch bestätigt, daß wir
mit siebzig Faden Grund erreichten.   Am 23sten des
Morgens verlor sich der Nebel auf einen Augenblick,
und wir sahen das gebirgichte mit Schnee bedeckte Land
in einer Entfernung von drey bis vier Seemeilen vor uns
liegen.   Kaum aber hatten wir es erblickt, so verhüllte
es sich wieder in dicken Nebel.   Als sich der Himmel
wieder aufklärte, schifften wir näher an das Land hinan,
um es genauer in Augenschein zu nehmen, zumal da wir
nach unseren Charten nur noch acht Seemeilen von der
Bay Awatscha entfernt seyn konnten.   Eine so traurige, öde und trübselige Aussicht, habe ich noch nie gesehen.   Die Küste geht einförmig, in gerader Linie, ohne
Buchten oder Bayen fort, und erhebt sich vom Strande
an allmählig in mittelmäßig hohen Bergen, hinter denen
die Gebirgsreihen ihre Gipfel in den Wolken verbergen.
Das ganze Land war mit Schnee bedeckt, und nur die
Abstürze einiger Felsen, auf denen er nicht liegen bleiben
konnte, weil sie sich zu steil aus der See hoben, standen
nackt hervor.   Der Nordostwind hielt vom 24sten bis
zum 28sten in gleicher Stärke an, und brachte uns Nebel
und Schlossen.   Das Thermometer stieg nicht über $30\frac{1}{2}°$,
und das Schiff war gleichsam Eine Eismasse; die Wände
z. B. waren mit einer dicken Eisrinde überzogen, so daß
jedes Tau im Durchmesser noch einmal so dick war als
sonst.   Die ältesten Seeleute an Bord wußten sich keines
so anhaltenden Schlossenwetters und solcher äußerst grossen Kälte zu erinnern.   Diese strenge Witterung, die
Beschwerlichkeit das Schiff zu regieren, und die Noth-
wendigkeit die Pumpen beständig im Gange zu erhalten,
übermannten endlich verschiedene von unsern Matrosen,

so, daß sie theils an heftigen Erkältungen daniederlagen, theils erfrorne Glieder hatten. Die ganze Zeit über kreuzten wir ab und zu, und legten alle vier Stunden um. Das Senkbley erreichte, wenn wir drey Seemeilen weit vom Lande waren, mehrentheils mit sechzig Faden den Grund; aber in einer noch einmal so großen Entfernung war das Meer unergründlich. Am 25sten hatten wir einige Augenblicke lang den Eingang der Bay Awatscha vor Augen, wagten uns aber bey so ungewissem Wetter nicht hinein. Indem wir uns wieder entfernten, verloren wir die Discovery aus dem Gesicht; doch beunruhigte uns diese Trennung nicht sehr, da wir dem Sammelplatz so nahe waren.

Am 28sten Morgens, klärte sich das Wetter endlich auf, und der Wind ging nur noch als ein leichter Luftzug, aus der vorigen Gegend. Der Tag war warm, und ließ Thauwetter hoffen. Unsere Matrosen mußten daher das Eis von dem Tauwerk, den Masten und Segeln losbrechen, damit es uns nicht auf den Kopf fiele. Mittags in 52° 44, nördlicher Breite und 159° östlicher Länge lag uns der Eingang von Awatscha-Bay Nordwest in einer Entfernung von drey oder vier Seemeilen. Um drey Uhr Nachmittags richteten wir endlich, mit Hülfe eines aufsteigenden Südwindes, unsern Lauf dahin, wobey die Tiefe sich regelmäßig von zwey und zwanzig bis auf sieben Faden verminderte. Die Mündung der Bay ist gegen Nordnordwesten offen; an der Südseite ist das Land von mittlerer Höhe, an der Nordseite hingegen bildet es eine stumpfe Landecke, welche die höchste an der ganzen Küste ist. Auf der Nordostseite des Kanals zwischen beyden Ufern, liegen drey sehr ausgezeichnete Felsen, und tiefer hinein, an der entgegengesetzten Küste, befindet sich eine einzelne große Klippe. An der Nordspitze steht eine Warte, welche als Leuchtthurm gebraucht wird, wenn die Russen eines ihrer

Schiffe erwarten. Für jetzt stand zwar ein Flaggenstock
darauf, aber von Menschen bemerkten wir nicht die
geringste Anzeige. Nachdem wir durch die Mündung
der Bay, welche ungefähr vier Englische Meilen lang
ist, hindurch waren, kamen wir in ein weites rundes
Becken, welches fünf und zwanzig Englische Meilen im
Umfange hält, Um halb fünf Uhr legten wir uns in sechs
Faden vor Anker, weil wir uns vor den felsichten Umie-
sen fürchteten, die, Herrn Müller zufolge, im Kanal
des Hafens von St. Peter und St. Paul vorhanden
sind *).

In der Mitte der Bay sahen wir eine Menge Eis-
schollen, die mit der Fluth forttrieben, und zugleich Vö-
gel von allerley Art in großen Zügen, desgleichen Raben,
Adler, und ansehnliche Flüge von grönländischen Tauben
(*Alca Alle*). Wir durchspähten nunmehr mit unsern
Ferngläsern alle Winkel der Bay, um die Stadt St.
Peter und St. Paul zu entdecken, die wir, den in Una-
laschka erhaltenen Nachrichten zufolge, für einen ansehn-
lichen, feſten Platz hielten. Endlich erblickten wir gegen
Nordnordosten auf einer kleinen Landspitze einige wenige
elende hölzerne Häuser, nebst einigen kegelförmigen auf
Pfählen ruhenden Hütten, die zusammen etwa dreyßig
Wohnungen ausmachten. Ihre Lage überzeugte uns
bald, daß wir sie, trotz aller Ehrfurcht, die wir für ein
Rußisches Ostrog **) zu hegen wünschten, für Petro-

---

*) Diese und andere Nachrichten aus den Schriften des Herrn
Etatsrath Müller sind sämmtlich aus dem Werke T. Jefferys,
Voyages made by the Russians from Asia to America, &c.
translated from the German, genommen. Anmerkung
der Urschrift.

**) In Sibirien pflegt Ostrog einen mit Palisaden, oder
auch mit querübereinandergelegten Balken, befestigten Ort
zu bedeuten. St. Peter und St. Paul scheint also diesen
Namen kaum zu verdienen. Petropawlowsk ist der
Rußische Name dieses Orts, G. F.

pawlowsk anerkennen müßten. Um aber gegen die großmüthige und gastfreye Begegnung, die uns hier widerfuhr, gerecht zu seyn, muß ich der Neugierde des Lesers zuvorkommen und ihm versichern, daß unsere fehlgeschlagene Erwartung keine ernsthafte Folgen hatte, sondern sich bald in Scherz und Lachen verwandelte. Denn in diesem elenden Erdzipfel, von dem wir vermutheten, er müsse über allen Begrif unwirthbar und roh seyn, und ganz außer dem Kreise der Verfeinerung liegen, zwischen Eisschollen und Sommerschnee, in einem elenden Hafen, der keinen Vergleich mit dem geringsten unserer Fischerstädtchen aushält, fanden wir Empfindungen der Menschlichkeit, mit Seelengröße und Erhabenheit der Gesinnungen verbunden, die in jedem Himmelsstrich und unter jedem Volke unsere Ehrerbietung verdient haben würde.

Während der Nacht trieb mit der Fluth eine Menge Eis am Schiff vorbey. Mit Tages Anbruch ward ich mit den Booten ausgeschickt, um die Bay zu untersuchen, und die Briefe, die wir aus Unalaschka mitgebracht hatten, dem Russischen Befehlshaber zu überreichen. Wir nahmen unsern Weg nach dem oben erwähnten Dorfe. Nachdem wir an das Eis gekommen waren, welches sich eine halbe Englische Meile weit vom Seeufer erstreckte, stieg ich mit Herrn Weber und zwey Matrosen aus. Der Schiffsmeister (Lootse) setzte indessen mit zwey Booten die Untersuchung der Bay fort, und die Jölle wartete auf uns, um uns zurückzuführen. Die Einwohner des Orts hatten bis jetzt vermuthlich weder die Schiffe noch die Boote gesehen, denn als wir schon auf dem Eise standen, bemerkten wir noch nicht das geringste Lebendige. Als wir indessen etwas vorgerückt waren, sahen wir einige Leute schnell hin und her gehen, und gleich darauf kam ein Mann in einem Schlitten, der von Hunden gezogen ward, uns gegenüber an den Strand. Wir staunten noch diese ungewöhnliche Erscheinung an, und bewunderten schon die Höflichkeit des fremden Mannes im Schlitten, der uns zu Hülfe zu kommen schien, als er plötzlich, nachdem er uns recht ins Auge gefaßt hatte, kurz umwendete und in vollem Lauf wieder nach dem Ostrog zueilte. Durch diesen Streich wurden wir nicht nur getäuscht, sondern wirklich in Verlegenheit gesetzt; denn unser Weg über das Eis war mühsam und gefährlich. Bey jedem Schritte versanken wir bis an die Knie in Schnee, und ob wir gleich auf festem Eise zu stehen kamen, so ließen sich doch die schwachen Stellen nicht unterscheiden, und wir liefen alle Augenblick Gefahr einzubrechen. Mir ging es endlich so. Ich ging nämlich schnell und leicht über eine verdächtige Stelle, und gerieth daselbst auf eine zweyte, woselbst, ehe ich noch still stehen konnte, das Eis unter mir brach. In sank hinein, kam aber zum Glück an einer offenen vom Eise freyen Stelle wieder hervor; und ergrif einen Boothaken, den mir der Matrose hinter mir zuwarf. Diese Stange legte ich queer über einige lose Eisschollen neben mir, und kam auf diese Art wieder auf festes Eis. Je näher wir dem Strande kamen, desto mehr fanden wir, gegen unsere Erwartung, das Eis zerbröckelt. Indeß tröstete uns der Anblick eines zweyten Schlittens, der auf uns zu kam; allein anstatt uns zu Hülfe zu eilen, hielt der Führer still und rief uns zu. Ich zeigte ihm sogleich Ismailof's Brief; und nunmehr wendete er plötzlich sein Fuhrwerk um, und jagte zurück. Man kann leicht denken, daß ihm unsre Gesellschaft eben keine Gebete und gute Wünsche nachschickte. Ohne uns sein räthselhaftes Betragen erklären zu können, setzten wir unsern Weg gegen das Ostrog behutsam fort, bis wir, da es noch eine Englische Viertelmeile von uns entfernt war, einen Trupp bewaffneter Leute auf uns zu kommen sahen. Um ihnen so wenig Besorgniß wie möglich zu erwecken und recht friedfertig auszusehen, traten

Herr

err Weber und ich vor, und liessen die beyden Matro=
n mit ihren Bootshaken hinter uns gehen. Die Russi=
chen Soldaten, deren etwa dreyßig seyn mochten, hatten
i ihrer Spitze einen Mann von anständigem Ansehen,
r ein Spanisches Rohr in der Hand führte. Wenige
chritte vor uns machte er Halt, und stellte seine Leute
gehörige kriegerische Ordnung. Ich überreichte ihm
s mailofs Briefe, und suchte ihm begreiflich zu machen,
ß wir Engländer wären, und jene Schriften von Una=
schka mitbrächten; aber, wie ich in der Folge erfuhr,
tte ich meinen Endzweck gänzlich bey ihm verfehlt.
achdem er uns aufmerksam betrachtet hatte, führte er
s in tiefer Stille und mit großer Feyerlichkeit nach dem
orfe: während des Marsches ließ er seine Leute oft hal=
n und verschiedene Bewegungen machen, vermuthlich
der Absicht, uns zu zeigen, daß wir es mit Leuten zu
un hätten, die uns ihre Geschicklichkeit jeden Augenblick
weisen könnten, wofern wir etwa verwegen genug wären,
Gewaltthätigkeiten zu schreiten. Ich war indeß zu
bedingter Folge bereit, und so sehr ich auch in meinen
rchnäßten Kleidern vor Kälte zitterte, und so viele Zeit
it diesem kriegerischen Prunk ganz ungelegenerweise
rloren ging, so konnte ich mich doch des Lachens nicht
halten. Endlich erreichten wir die Wohnung des An=
hrers unserer Wache und wurden hineincomplimentirt.
nser Wirth war erst noch sehr geschäftig, Befehl zu
theilen, und die Soldaten auszustellen. Endlich erschien
aber in Begleitung eines andern Mannes, welcher
geblich der Schreiber des Hafens war. Nunmehr
ard einer von Ismailofs Briefen eröfnet, und der
dere durch einen außerordentlichen Boten nach Bol=
heretsk an der Westseite der Halbinsel Kamtschatka
sandt, wo sich der Russische Befehlshaber dieser Pro=
nz gewöhnlich aufhält. Die hiesigen Einwohner hatten
stern, als wir vor Anker gegangen waren, das Schiff

IV. B

nicht wahrgenommen; ja sogar heute hatten sie es nicht
eher entdeckt, als bis die Boote dicht am Eise gewesen
waren. Wie sich aus allen Umständen ergab, mußte
dieser Anblick ihnen einen panischen Schrecken eingejagt
haben. Die ganze Besatzung war sogleich in die Waffen
getreten; ein Paar kleine Feldstücke waren vor des Befehlshabers Wohnung aufgepflanzt, und gegen unsere
Boote gerichtet worden, Kugeln, Pulver und brennende
Lunten lagen in völliger Bereitschaft.

Der Officier, in dessen Behausung wir bewirthet
wurden, war Sergeant und Befehlshaber des Ostrog.
Er begegnete uns, sobald er sich von seinem Schrecken
über unsere erste Erscheinung erholt hatte, mit ungemei-
ner Freundlichkeit und Gastfreyheit. In seinem Hause
war es unerträglich heiß, allein alles sah reinlich und sauber
darin aus. Er ließ mir einen vollständigen Anzug, damit
ich meine durchnäßten Kleider ablegen konnte, und bat
uns dann zu Tische. Die Speisen, die wir bekamen,
waren sicherlich die besten die er uns verschaffen konnte,
und in Rücksicht der kurzen Zeit, die darauf hatte verwendet werden können, in der That sehr wohl ausgesucht.
Suppe und Rindfleisch konnte zwar so schnell nicht gekocht
werden; dafür setzte er uns aber einige Schnitte kaltes
Rindfleisch vor, worüber kochendes Wasser gegossen war.
Hierauf folgte ein großer gebratener Vogel, von einer
mir unbekannten Gattung, der vortreflich schmeckte. Als
wir diesen zum Theil verzehrt hatten, nahm man ihn weg,
und trug auf zweyerley Art zugerichtete Fische auf. Bald
darauf kam der Vogel zum zweytenmal auf den Tisch, aber
in Form von schmackhaften, großen Pastetchen. Unser
Trank war der Russische Quaß, und bey weitem das
schlechteste bey unserer ganzen Bewirthung. Die Frau
des Sergeanten trug einige Gerichte selbst auf, und durfte
sich nicht zu uns setzen. Nach der Mahlzeit, wobey,
wie man leicht denken kann, die ganze Unterredung in

einigen Verbeugungen und andern gegenseitigen Höflichkeitsbezeugungen bestand, machten wir noch einen Versuch, die Ursach und Absicht unserer Ankunft in diesem
Hafen zu erklären. Da Ismailof in dem vorhinerwähnten Briefe vermuthlich denselben Gegenstand berührt
hatte, schien man uns bald zu verstehen. Desto schlim-
mer ging es uns aber mit dem Sinn der Antwort; denn
unglücklicherweise verstand im ganzen Ostrog kein Mensch
eine andere Sprache, als Russisch oder Kamtschadalisch.
Soviel begriffen wir endlich, daß zwar hier weder Mundvorrath noch Schiffsbedürfnisse zu bekommen wären, daß
aber zu Bolscheretsk beydes im Ueberfluß vorhanden sey.
Der dortige Befehlshaber würde vermuthlich bereitwillig seyn, uns alles was wir verlangten zu überlassen;
der hiesige Sergeant dürfte aber, bis er Befehl erhielte,
sich weder selbst an Bord unseres Schiffs begeben, noch
auch seinen Leuten oder den Eingebohrnen diesen Besuch
gestatten.

Es war jetzt Zeit Abschied zu nehmen. Meine Kleider waren aber noch nicht trocken, und ich mußte den
guten Sergeanten um Erlaubniß ansprechen, die seinigen
anbehalten und mitnehmen zu dürfen. Er willigte sehr
zuvorkommend in meine Bitte, und besorgte sogleich für
jeden von uns einen mit fünf Hunden bespannten, und
mit einem eignen Führer versehenen Schlitten. Die
Matrosen hatten ihre herzliche Freude über dieses Fuhrwerk; was sie aber noch mehr ergötzte, war die Ehre,
die ihren beyden Bootshaken wiederfuhr; denn auch für
diese war ein eigner Schlitten bestimmt. Diese Schlitten sind so leicht und ihrer Absicht so wohl angemessen,
daß wir sehr schnell und sicher über das Eis hinweg eilten,
als wir gleich mit aller Vorsicht unmöglich hätten zu Fuß
darüber gehen können.

Als wir an Bord kamen, zogen die Boote das
Schiff näher nach dem Dorfe zu, und um sieben Uhr

liessen wir den kleinen Buganker nach Nordosten und den großen nach Südwesten dicht am Eise fallen. Die Mündung der Bay lag uns südöstlich, und das Ostrog war anderthalb Englische Meilen weit gegen Norden von uns entfernt. Am folgenden Morgen schaften wir die Fässer und Kabeltaue auf das Quarterdeck, um das Schiff nach vorne zu leichter zu machen, damit die Schiffszimmerleute an Verstopfung des Lecks arbeiten könnten, welches uns während unserer letzten Fahrt so große Unruhe verursacht hatte. Es war, wie man nunmehr entdeckte, dadurch entstanden, daß sich von der äußern Bekleidung am linken Buge einige Bretter abgelöset, wodurch die Wellen zu den Planken Zugang gehabt, und das Werg aus den Ritzen los gespült hatten.

Die heutige Mittagswärme lösete das Eis sehr wirksam auf, es brach von allen Seiten los, trieb mit der Flut und füllte den Eingang der Bay fast gänzlich aus. Von unsern Officieren gingen einige ans Land und besuchten den Sergeanten, der sie sehr verbindlich aufnahm. Capitain Clerke schickte ihm bey dieser Gelegenheit zwey Flaschen Rum, die, wie er wußte, ein willkommnes Geschenk seyn würden, und erhielt zum Gegengeschenk einige schöne Vögel aus dem Waldhungeschlechte nebst zwanzig Forellen. Unsern Jägern wollte es übrigens nicht glücken, obschon ganze Züge Grönländischer Tauben und wilder Enten von verschiedenen Gattungen, in der Bay umherschwärmten; denn diese Vögel waren insgesamm so schüchtern, daß man sich ihnen nie bis auf eine gehörige Schußweite nähern konnte.

Früh Morgens am ersten May erblickten wir die Discovery, welche eben in die Bay steuern wollte. Wir schickten ihr unverzüglich ein Boot zu Hülfe, und Nachmittags legte sie sich dicht neben uns vor Anker. Wir erfuhren jetzt, daß unsere Freunde auf jenem Schiffe am 28sten, dem Tage unserer Trennung, nachdem sich da

Setter aufgeklärt, sich unterhalb dem Winde von der Bay befunden hätten. Tages darauf hätten sie den Eingang erreicht, ihn aber mit Eis verstopft gesehen, und sich wieder entfernt, weil sie einige Kanonen ohne Antwort zu erhalten abgefeuert, folglich geschlossen hätten, daß wir nicht da seyn könnten. Als sie aber in der Folge gewahr geworden, daß jenes Eis nur Treibeis wäre, hätten sie sich hineingewagt.

Am folgenden Tage hatten wir so unruhiges Wetter, daß die Zimmerleute ihre Arbeit nicht fortsetzen konnten. Abends fiel das Thermometer bis 28° und die Nacht über hatten wir scharfen Frost. Den andern Morgen sahen wir zwey Schlitten im Dorfe ankommen, und hierauf schickte Capitain Clerke mich ans Land, um Erkundigung einzuziehen, ob von dem Befehlshaber von Kamtschatka Antwort auf unsre Botschaft eingelaufen sey, welche wir jetzt schon erwarten konnten. Bolscheretsk ist auf dem gewöhnlichen Wege hundert fünf und dreyßig Englische Meilen von St. Peter und St. Paul entfernt. Unsere Briefe waren am 29sten um Mittag, in einem mit Hunden bespannten Schlitten abgegangen, und die Antwort war bereits diesen Morgen früh angekommen; folglich brauchte so ein Fuhrwerk wenig mehr als viertehalb Tage, um eine Reise von zwey hundert siebzig Englischen Meilen zu machen. Daß die Antwort des Befehlshabers schon angekommen sey, erfuhren wir übrigens erst in der Folge; für jetzt ward es geheim gehalten, und man sagte mir bey dem Sergeanten, wir würden erst am folgenden Tage Nachricht erhalten. Während der Zeit daß ich am Lande war, ward das Boot, welches mich hergeführt hatte, nebst noch einem von der Discovery, in dem Eise, welches mit einem Südwinde von der entgegengesetzten Seite der Bay herantrieb, gänzlich eingeschlossen. Das große Boot der Discovery, welches man ihnen zu Hülfe schickte, hatte bald ein gleiches Schick-

B 3

sal, und in kurzer Zeit war alles eine Englische Viertel
meile weit um sie her mit Eis belegt.   Wir mußten als
bis gegen Abend am Lande bleiben, und da noch kein
Möglichkeit vorhanden war, die Boote loszumachen, gin
gen einige von uns auf Schlitten an den Rand des E
ses, wo man uns andere Boote von den Schiffen zuschic
te; die übrigen aber brachten die Nacht am Lande zu
Der Frost hielt diese Nacht hindurch mit gleicher He
tigkeit an; am Morgen aber trieb ein andrer Wind all
Eis weg, und machte unsere Boote frey, ohne daß s
den mindesten Schaden gelitten hätten.

Gegen zehn Uhr sahen wir einige Schlitten an d
Rand des Eises fahren, und schickten ein Boot ab, u
die darin befindlichen Personen an Bord zu bringen. E
ner in der Gesellschaft, war ein Russischer Kaufman
aus Bolscheretsk, Namens Fedositsch, und der a
dere, Port, ein Deutscher, der uns einen Brief an C
pitain Clerke von Herrn Major Behm, dem Befehl
haber von Kamtschatka, überbrachte.   Als sie am Ra
de des Eises, wo sie nur noch ein Paar hundert Schri
von unsern Schiffen entfernt waren, die Größe ders
ben genauer beurtheilen konnten, schienen sie in die äuß
ste Verlegenheit zu gerathen, und wagten es nicht eh
die Boote zu besteigen, bis zwey von der Mannschaft
Geißel zurückgelassen wurden.   In der Folge erfuhr
wir, daß Ismailof, in seinem Briefe an den Befeh
haber die beyden Schiffe höchst sonderbar als kleine H
delsfahrzeuge (Boote) beschrieben hatte.   Der Serge
hatte diese unrichtige Angabe nicht verbessern können,
er die Schiffe nur aus der Ferne gesehen hatte.

Als sie endlich an Bord gestiegen waren, bemerkten m
an ihrem äußerst vorsichtigen, mistrauischen Betrage
daß sie sich in einer unerklärlichen Besorgniß befände
doch mahlte sich die lebhafteste Freude auf ihren Gesi
tern, als der Deutsche jemanden unter uns antraf, m

em er sich unterhalten konnte. Dieses war Herr We-
er, der vollkommen gut deutsch verstand, und es, wiewohl nicht ohne Mühe, dahin brachte, daß sie sich endlich
überzeugten, wir wären Engländer und Freunde. Herr
ort ward zu unserm Capitain geführt, und überreichte
m einen deutschen Brief des Befehlshabers, der nur
öflichkeitsbezeugungen nebst einer Einladung an ihn und
ine Officiere nach Bolscheretsk enthielt, wohin uns
e Leute, die er schickte, führen sollten. Port erzählte
ns, daß sich der Major eine ganz falsche Vorstellung von
nsem Schiffen so wie von unserm Vorhaben machte;
enn Ismailof hätte uns als zwey kleine Englische
acktboote beschrieben, den Major zugleich vor uns ge-
arnt, und ihm nicht undeutlich zu verstehen gegeben, daß
r uns für nichts besseres als für Seeräuber hielte. Auf
esen Brief waren denn zu Bolscheretsk allerley Muth-
aßungen über uns entstanden; der Major welcher es sehr
hrscheinlich fand, daß wir Handelsabsichten hätten, hatte
s deshalb den Kaufmann zugeschickt, der zweyte Offi-
r nach dem Major hingegen meynte, wir wären Franzo-
n und in feindlicher Absicht gekommen; man müsse also
ne Maaßregeln gegen uns nehmen. Der Befehlsha-
r hatte sein ganzes Ansehen anwenden müssen, um die
nwohner von Bolscheretsk zu beruhigen; denn ihre
urcht vor den vermeintlichen Franzosen war so groß,
ß sie schon tiefer ins Land hatten flüchten wollen. Diese
esorgnisse in Absicht der Französischen Nation entspran-
n vorzüglich aus einem Aufruhr, der vor wenigen Jah-
n zu Bolscheretsk entstanden war, und wobey der da-
alige Befehlshaber das Leben verloren hatte. Man
gte uns, ein verwiesener polnischer Officier, Namens
eniowsky, habe sich damals die Verwirrung in der
tadt zu Nutze gemacht, und sich einer Galliote bemäch-
gt, welche an der Mündung des Flusses Bolschaia
legen habe. Er sey mit einer Anzahl Rußischer Ma-

B 4

trosen, die er gezwungen, an Bord zu gehen und das
Schiff zu regieren, in See gegangen, habe aber einen
Theil der Mannschaft, und unter andern auch den Ismailof, auf den Kurilischen Inseln ans Land gesetzt, sey
dann bey Japan vorübergesegelt, habe in Luzon (der
großen Philippinen-Insel) angelandet, und dort erfahren, wie er seinen Lauf nach Canton richten müsse.
Bey seiner Ankunft daselbst habe er sich an die dortigen
Franzosen gewendet und auf einem ihrer Handelschiffe
die Rückreise nach Europa angetreten. Die meisten Russen, die er mitgenommen hatte, wären ebenfalls auf französischen Schiffen zurückgekehrt, und hätten dann ihren
Weg nach St. Petersburg genommen. Wir fanden im
Hafen St. Peter und St. Paul drey von Beni-
owskys Matrosen, und erfuhren von ihnen die näheren
Umstände seiner Reise*), Bey unserer Ankunft in Canton ward uns diese Geschichte durch die Herren von der
Englischen Faktorey bestätigt; sie erzählten uns nämlich, vor einiger Zeit sey ein Mann in einer Rußischen
Galliotte daselbst angelangt, welcher vorgegeben, er komme aus Kamtschatka, und dem die Französische Faktorey
nach Europa geholfen habe.

Wir mußten in der That über die Furcht und Besorgniß dieser guten Leute, noch mehr aber über Herrn
Ports Beschreibung von den schlauen Anstalten lachen,
die der Sergeant am gestrigen Tage gemacht hatte. Als
er mich mit einigen andern Herren ans Land kommen sah,
hatte er ihn (Hrn. Port) und den Kaufmann, der zugleich

---

*) Man erinnere sich der Nachricht, die uns Ismailof in
Unalaschka von dieser Reise mittheilte, und die uns so unbegreiflich vorkam, weil wir ihn nicht recht verstehen konnten.
Anmerkung der Urschrift. Beniowsky ist hernach
von Frankreich nach Madagaskar geschickt worden, um
daselbst eine Niederlassung zu bewerkstelligen, und soll sich,
den neuesten Nachrichten zufolge, noch daselbst aufhalten. G. F.

t ihm aus **Bolscheretsk** gekommen war, in seine Kü-
e versteckt, damit sie unsere Unterredung miteinander
horchen möchten, weil er auf diese Art zu entdecken hofte
) wir wirklich Engländer wären.   Der Auftrag sowohl
s die Kleidung des Herrn **Port** ließen uns vermuthen,
ß er des Befehlshabers Sekretair seyn müsse.   Herr
apitain **Clerke** lud ihn daher, nebst dem Kaufmann
Tische; und ungeachtet wir aus dieses letztern Betra-
n gegen **Port** bald argwohnen mußten, daß er nur
n gemeiner Bedienter wäre, so verboten wir doch, um
ner Erklärung vorzubauen, alle Nachfrage über seinen
tand, indem dieses kein Zeitpunkt war, wo wir unserm
tolz irgend eine Erleichterung unserer Lage aufopfern
nnten, und aus Erkenntlichkeit gegen die Dienste, die
uns als Dollmetscher leistete, fuhren wie fort, ihm auf
n vorigen Fuß zu behandeln.

Zehntes Hauptstück.

Mangel an Lebensmitteln und Schiffsbedürfnissen im Hafen St. Peter und Paul. Reise
einiger Officiere nach Bolscheretsk, um dem
Befehlshaber aufzuwarten. Sie gehn zum Theil
zu Wasser den Awatscha=Fluß hinauf, werden von dem Tojon zu Karatschin bewirthet,
und setzen die Reise auf Schlitten fort. Ihre Ankunft zu Natschikin. Nachricht von einigen
heissen Quellen. Einschiffung auf dem Fluß Bolschaia (reka). Empfang in der Hauptstadt.
Freygebigkeit und Gastfreyheit des dortigen Befehlshabers und der Besatzung. Beschreibung von
Bolscheretsk. Russische und Kamtschadalische
Tänze. Rührender Abschied von Bolscheretsk.
Rückkehr nach St. Peter und Paul in Gesellschaft des Herrn Majors Behm; dieser besucht die Schiffe. Grosmuth unserer Matrosen.
Herrn Behm werden Depeschen nach Petersburg
mitgegeben. Dessen Abreise und Charakter.

Wir konnten nunmehr mit Hülfe unseres Dolmetschers
die Russen ziemlich verstehen, und uns mit ihnen unterhalten. Eine von unsern ersten Fragen betraf natürlicher
weise die Aussicht, hier Lebensmittel und Schiffsbedürfnisse zu erhalten, da uns besonders der Mangel der letztern bereits seit einiger Zeit viel Ungelegenheit verursacht
hatte. Der ganze Viehstand in der Gegend an der Bay
bestand aber nur in zwey jungen Kühen, und diese versprach uns denn der Sergeant sehr bereitwillig. Hierauf
wendeten wir uns an den Kaufmann; allein die Bedin-
gungen, unter denen er unsere Versorgung unternehmen

wollte, waren so übertrieben, daß Capitain Clerke es
für nöthig hielt, einen Officier nach Bolscheretsk zu
senden, um den dortigen Befehlshaber zu besuchen, und
sich daselbst nach dem Preise der Waaren zu erkundigen.
Sobald wir Herrn Port diesen Entschluß sagten, schickte
er einen Boten an den Befehlshaber, um ihn von unserm Vorhaben zu benachrichtigen, und uns zugleich, in
Ansehung unserer Absichten und Reiseplane, von allem
Verdachte zu befreyen.   Capitain Clerke wählte mich
zu diesem Geschäft, und ertheilte mir Befehl, mit Herrn
Weber, der mir zum Dolmetscher dienen sollte, am folgenden Morgen reisefertig zu seyn.   Das Wetter blieb
aber bis zum siebenten so stürmisch, daß wir es nicht für
rathsam hielten, ehe es sich geändert hätte, eine lange
Reise durch ein so wüstes Land anzutreten.   Am siebenten schien es günstiger zu werden; wir ruderten also früh
Morgens von den Schiffen weg, um die Mündung des
Awatschaflusses noch bey hoher Fluth zu erreichen, damit wir dort mit den zahlreichen Untiefen nicht zu viel Mühe haben möchten.   An der Mündung des Flusses sollten
uns dann die Kähne der Einwohner entgegen kommen,
und Strom aufwärts führen.   Außer mir und Herrn Weber, fuhr auch Herr Capitain Gore mit, und die Herren Port und Fedositsch nebst zwey Kosaken begleiteten uns als unsere Wegweiser und Führer.   Sie gaben
uns warme Pelzkleider, die uns bald um so weniger ent-
behrlich schienen, da es kurz nach unsere Abreise recht
scharf zu schneyen anfing.   Um acht Uhr mußten wir an
den Untiefen, etwa eine Englische Meile weit vor der
Mündung des Flusses, halten.   Hier nahmen uns einige kleine Kamtschadalische Kanots sammt unserm Gepäcke auf, und führten uns über eine Sandband, welche der
reissende Strom hier verursacht, und deren Lage er unaufhörlich verändert.   Jenseits derselben, wo das Wasser
wieder tiefer war, lag ein bequemes wie eine Norwegische

Jölle gebautes Boot, welches uns und unsere Sachen den Strom hinan führen sollte.

Die Mündung des Awatschaflußes ist ungefähr eine Englische Viertelmeile breit, und wird hinaufwärts allmälig schmäler. Nachdem wir einige Meilen weit gekommen waren, sahen wir, daß der Fluß sich in mehrere Arme theilt. Diese ergießen sich in andere Gegenden der Bay; auch sollen einige Arme zur linken in den Paratunkafluß fallen. Die ersten zehn Englischen Meilen hinauf, ging die Fahrt gerade Nordwärts von der Bay an; dann aber wendete sich der Fluß nach Westen, und diese Biegung abgerechnet, ist der Lauf desselben mehrentheils gerade. Die Gegend, die er durchschneidet, ist, bis auf dreyßig Englische Meilen von der See, niedrig und platt, und öfteren Ueberschwemmungen unterworfen. Wir wurden von sechs Männern, nämlich zwey Kamtschadalen und vier Kosaken, von denen drey an jedem Ende des Boots standen, vermittelst langer Stangen fortgeschoben, und kamen in einer Stunde ungefähr drey Englische Meilen weit gegen einen starken Strom. Zehn Stunden lang ertrugen unsere rüstigen Kamtschadalen diese schwere Arbeit, ohne mehr als Einmal, und zwar nur auf kurze Zeit, inne zu halten, um einige Erfrischung zu sich zu nehmen. Man hatte uns heute früh gesagt, wir würden noch diesen Abend das Ostrog Karatschin erreichen; allein zu unserm großen Mißvergnügen erfuhren wir bey Sonnenuntergang, daß wir noch funfzehn Englische Meilen davon entfernt wären. Die Untiefen an der Mündung des Flußes, und weiter hinaufwärts, hatten uns zu lange aufgehalten; die Führer, die mit unserm Boot vorangingen, waren nemlich mit der veränderten Lage der Sandbänke noch nicht bekannt; auch war unglücklicher weise der Schnee noch nicht geschmolzen, und folglich das Wasser im Flusse äußerst niedrig. Wir mußten indeß, wegen der Abmattung unserer Leute, und wegen der Schwierigkeit, im Finstern

den Fluß hinan zu fahren, alle Hofnung aufgeben, diesen
Abend weiter zu kommen, und ließen daher, sobald wir
einen etwas geschützten Ort gefunden hatten, den Schnee
wegräumen, und unser Gezelt, welches wir mitgenom=
men hatten, daselbst aufrichten. Bey einem hellen Feuer
und einer guten Schale Punsch verging die Nacht noch
ganz erträglich. Die einzige Unbequemlichkeit bestand
darin, daß wir das Feuer in einiger Entfernung von uns
anlegen mußten, denn obgleich der Boden vorher ziem=
lich trocken geschienen hatte, so thaute er doch, sobald das
Feuer angezündet war, so schnell auf, daß alles rund um=
her zu schwimmen anfing. Wir bewunderten vor allen
Dingen die Hurtigkeit und Gewandtheit, womit die Kamts
chadalen unser Zelt aufschlugen und unser Abendbrod
kochten; auch wurden wir nicht wenig durch den Anblick
ihrer Theekessel überrascht, die sie mitgenommen hatten,
weil ihnen kein Ungemach größer und unerträglicher dünkt,
als einen Tag hinbringen zu müssen, ohne zwey= oder drey=
mal Thee zu trinken.

Mit Tages Anbruch setzten wir unsere Reise fort; und
waren noch nicht weit gekommen, als uns der Tojon,
der das Oberhaupt, von Karatschin, der von unserer
Annäherung wuste, entgegen kam, um uns in leichtere
Kanots aufzunehmen, welche zur Schiffahrt in den obe=
ren Gegenden des Flusses bequemer sind. Für uns ins=
besondere war ein sehr gemächliches, aus zwey aneinan=
dergebundenen Kanots bestehendes Fahrzeug bestimmt,
welches mit Bärenfellen ausgeschlagen, und mit Pelz=
mänteln versehen war. Die frischen rüstigen Leute des
Tojons verrichteten ihre Arbeit mit vorzüglicher Ge=
schicklichkeit und wir kamen sehr schnell vorwärts. Um
zehn Uhr erreichten wir sein Ostrog, und wurden am Ufer
von einigen Kamtschadalen, sowohl männlichen als weib=
lichen Geschlechts, und von einigen Bedienten des Kauf=
manns Fedositsch, die dort Kanots zimmerten, empfan=

gen. Die ganze Gesellschaft hatte sich festlich angekleidet; insbesondere war die Kleidung der Weiber ganz artig und glänzend genug. Sie bestand aus einem langen, weiten Gewande von weißem Nanking, welches um den Nacken anschließt und mit einem Halstuch von bunter Seide gebunden wird. Ueber dieses Gewand trugen sie kurze Leibchen ohne Ermel von farbigem Nanking, und Röcke von leichtem chinesischen Seidenzeuge. Ihre Hemden waren ebenfalls von Seide, und hatten Ermel, welche bis an die Knöchel der Hand herabhingen. Um den Kopf hatten sie seidene Tücher von verschiedenen Farben gebunden, und zwar mit dem Unterschied, daß die verheiratheten Frauen ihr Haar vollkommen bedeckt, die Mädchen hingegen die Tücher unter das Haar gebracht hatten, und dieses im Nacken fliegen ließen. (Man sehe die hier beygefügte Abbildung).

Das Ostrog Karatschin hat eine angenehme Lage an den Ufern des Flusses, und besteht aus drey hölzernen Häusern, ebensoviel Jurten oder unterirdischen Winter- und neunzehn Balagans oder Sommer-Wohnungen. Man führte uns in das Haus des Tojons, eines ganz einfachen ordentlichen Mannes, dessen Eltern eine Russin und ein gebohrner Kamtschadale gewesen waren. Dieses Haus, war, wie alle übrigen hier zu Lande, in zwey Zimmer getheilt. Im Vorzimmer bestand der ganze Hausrath in einem langen schmalen Tisch, um welchen Bänke gingen, und in dem innern, oder der Küche, waren die Geräthschaften nicht weniger einfach und sparsam; allein die gutmüthige Dienstbeflissenheit unseres Wirths, der uns mit vieler Herzlichkeit empfing, ersetzten jeden Mangel seiner ärmlichen Wohnung. Seine Frau war eine vortrefliche Köchin, und setzte uns allerley Wildpret und Fische, nebst verschiedenen Arten von Heidelbeeren vor, die sie vom vorigen Jahre her aufbewahrt hatte. Bey diesem Mittagsmal, in einer elenden Hütte, unter einem

Volke von deſſen Daſeyn wir zuvor kaum etwas gehört
hatten, und welches die äußerſte Spiße des Erdbodens
bewohnt, fiel mir ein abgenußter, einzelner zinnerner Löffel in die Augen, der durch ſeine wohlbekannte Form un-
ſre Aufmerkſamkeit reizte. Als ich ihn genauer betrach-
tete, fand ich ihn auf der Rückſeite mit London gezeichnet. Die vielen frohen Vorſtellungen, ängſtlichen Hof-
nungen und zärtlichen Erinnerungen, welche dieſer Anblick in uns erweckte, verdienen wohl, daß ich aus Dankbarkeit die Veranlaſſung dazu nicht mit Stillſchweigen
übergehe. Wer ſchon aus Erfahrung weiß, wie ſehr
lange Abweſenheit und weite Entfernung von dem Vaterlande auf Seele wirken, wird ſich das Vergnügen leicht
denken können, welches eine ſolche Kleinigkeit gewähren
kann; und dem Philoſophen ſowohl als dem Staatskun-
digen, wird der erwähnte Umſtand zu andern Betrachtungen Gelegenheit geben.

Wir ſollten hier den Fluß verlaſſen und unſern Weg
auf Schlitten fortſeßen; aber das Thauwetter hatte den
Tag über ſo viel aufgelöſet, daß der Nachtfroſt die Oberfläche des Schnees wieder härten mußte, ehe wir abrei-
ſen konnten. Dieſe Verzögerung gab uns Gelegenheit
im Dorf herumzugehen, und ſeit unſerer Ankunft in dieſem
Lande zum erſtenmal eine von Schnee befreyte Stelle in
Augenſchein zu nehmen. Das Dorf ſteht auf einer wal-
digen Fläche, die ungefähr anderthalb Engliſche Meilen
im Umkreiſe hält. Die Knoſpen der Bäume öfneten ſich
hen, und das Grün des Thals ſtach gegen die mit Schnee
bedeckten Abhänge der benachbarten Berge merklich ab.
Der Boden ſchien zum Anbau allerley gewöhnlicher Gar-
tengemüſe ſehr geſchickt, obſchon zu meinem Erſtaunen
nirgends auch nur das kleinſte bebaute Fleckchen zu finden
war. Wie elend muß nicht die Lage dieſer armen Einwohner im Winter ſeyn, da es ihnen durchgehends auch
an zahmem Viehe gänzlich fehlt! Jeßt war eben der Zeit-

punkt, wo sie ihre Jurten oder Winterwohnungen m
den Balagans vertauschten; wir hatten also Gelegen=
heit bende zu untersuchen und zu beschreiben. Das Volk
lud uns auf das freundlichste in seine Hütten ein,
und es herrschte eine allgemeine Heiterkeit und Zufrie=
denheit, woran wahrscheinlich die Annäherung der mil=
den Jahrszeit starken Antheil hatte.

Als wir zu dem Tojon zurückkamen, fanden wir das
Abendessen zugerichtet, welches in keinem Stücke von der
Mittagsmahlzeit verschieden war. Zum Beschluß des=
selben machten wir aus dem gebrannten Wasser, welches
wir mitgebracht hatten, Punsch und bewirtheten den To=
jon und seine Frau damit. Herr Capitän Gore, der
sich bey jeder Gelegenheit mit einer edlen Freygebigkeit
betrug, machte ihnen einige Geschenke von Werth. Hier=
auf begaben sie sich in die Küche, und überliessen uns
das Vorzimmer. Wir waren froh, daß wir nunmehr
auf unsern Bärenfellen der Ruhe so lange pflegen sollten,
bis nach unserer Verabredung die Wegweiser uns wecken
würden, nämlich sobald der Schnee hart genug wär.
Allein schon um neun Uhr Abends weckten uns die Hunde
mit ihrem traurigen Geheul, welches sie auch die ganze
Zeit über, so lange man mit dem Packen beschäftigt war,
fortsetzten. Als sie hingegen angespannt wurden und wir
alle zur Abreise in Bereitschaft waren, bellten sie fröhlich
und wurden endlich in dem Augenblick, da sie zu laufen
anfingen, gänzlich ruhig. Ehe ich aber den Verfolg der
Reise erzäle, muß ich den Leser mit diesem ungewöhnli=
chen Fuhrwerk näher bekannt machen. Der Schlitten,
dergleichen ich einen nach England gebracht habe, wel=
chen gegenwärtig Sir Ashton Lever in seiner großen
Sammlung besitzt, hat einen halbmondförmigen fünfte=
halb Schuh langen Kasten, von leichtem, zähen, mit star=
ker Korbarbeit verbundenen Holze, den Vornehmern zier=
lich, roth und blau malen lassen, und auf dessen Sitz si
Bären

Bärenfelle nebst anderm Pelzwerk legen.   Der Kasten
ruht auf vier Füßen, und diese stehen auf zwey Kufen,
oder langem, platten, etwa fünf bis sechs Zoll breiten
Brettchen, welche hinten und vorn einen Schuh über
den Kasten hinausgehen, nach vorn aber, wie Schlitt-
schuhe, aufwärts gebogen und mit dem Knochen eines
Thiers beschlagen sind.   Vorn an dem Fuhrwerk sind
Zierrathen angebracht, welche aus ledernen Gurten und
Frangen von buntem Tuch bestehen; und von der Quer-
stange, an welche das Geschirr befestigt wird, hängen kleine eiserne Kettchen oder kleine Schellen herunter, deren
Geklirre, wie man hier glaubt, den Hunden Muth giebt.
Selten führen sie mehr als Eine Person.   Man setzt sich
seitwärts; und stellt die Füße auf die Kufen.   Hinten
wird der Mundvorrath nebst andern Bedürfnissen in einem Bündel aufgepackt.   Gewöhnlich wird so ein Schlitten von fünf Hunden gezogen, von denen immer zwey
und zwey beysammen gespannt sind, der fünfte aber vorn
allein zieht.   Die Zügel werden nicht am Kopf sondern
am Halsbande befestigt, folglich hat der Führer die Hunde wenig in seiner Gewalt, und muß sich auf die Folgsamkeit derselben verlassen.   In dieser Absicht wendet
man vorzügliche Sorgfalt auf die Bildung und Abrich-
tung des vordersten Hundes, der gleichsam der Anführer
der andern ist, und, wegen seiner Folgsamkeit und Zu-
verlässigkeit so außerordentlich geschätzt wird, daß nicht
selten vierzig Rubel für einen solchen ausgelernten Hund
bezahlt werden.   Der Fuhrmann hat einen hakigten Stock
in der Hand, dessen er sich anstatt einer Peitsche und der
Zügel bedient.   Wenn er ihn in den Schnee stößt, kann
er den Lauf der Hunde mäßigen, oder ihn ganz aufhalten; und wenn sie träge oder ungehorsam sind, bestraft
er sie damit, indem er nach ihnen wirft.   In diesem Fall
haben die Führer eine bewundernswürdige Geschicklichkeit den Stock wieder aufzuheben, worin auch die größte

IV.   C

Schwierigkeit ihrer Kunst besteht. Da indessen hauptsächlich hiervon ihre Sicherheit abhängt, so müssen sie
sich wohl Mühe geben, diese Vollkommenheit zu erreichen. Sie versichern nämlich, daß die Hunde es unverzüglich merken, wenn der Führer den Stock verloren hat;
und wofern alsdenn der vorderste Hund nicht ganz vorzüglich ruhig und entschlossen ist, gehen sie durch, und stehen
nicht eher still, als bis sie ganz erschöpft sind. Dies ge-
schieht aber nicht so geschwind, und in der Zwischenzeit
wird der Schlitten umgeworfen, und gegen die Bäume
zerschmettert, oder sie stürzen mit demselben in Abgründe
hinunter, wo sie von dem Schnee begraben werden. Was
man uns von der Schnelligkeit dieser Hunde und von ihrer
Geduld bey Hunger und Ermüdung erzählte, wäre kaum
glaublich, wenn es nicht auf den zuverläßigsten Zeugen
beruhte. Wir selbst waren Augenzeugen von der Geschwin-
digkeit, womit der nach Bolscheretsk | gesandte Bote
nach dem Hafen St. Peter und Paul zurückkehrte,
ungeachtet der Schnee damals schon sehr weich geworden
war. Der Befehlshaber von Kamtschatka versicherte
mich, daß man diese Reise gewöhnlich in drittehalb Tagen zurücklege, und daß er einmal sogar innerhalb drey
und zwanzig Stunden einen Eilboten von dem letztge-
nannten Ort erhalten habe. Im Winter füttert man die
Hunde mit dem Abfall von getrockneten und stinkenden
Fischen. Wenn sie aber laufen sollen, so wird ihnen auch
diese elende Kost einen Tag vorher entzogen, und sie bekommen nicht eher wieder die mindeste Nahrung, als
bis sie an Ort und Stelle sind. Es soll gar nicht ungewöhnlich seyn, daß sie auf diese Art zwey ganze Tage lang
fasten, und dabey einen Weg von hundert und zwanzig
Meilen zurücklegen*). Uebrigens kommen sie der Bildung

---

*) So befremdend dies klingen mag, so erzählt doch Kra-
schenninikof in seiner glaubwürdigen Geschichte von

ach dem Pommer oder Spitz am nächsten, außer, daß
e viel größer sind. Die ganze Form dieses Fuhrwerks
nd die Art es zu gebrauchen ersiehet der Leser aus der
engefügten getreuen Abbildung.

Da wir unserer eigenen Geschicklichkeit im Fahren
ichts zutrauen durften, so hatte jeder von uns einen
Mann der den Schlitten führte, welches denn bey dem
itzigen schlechten Wege eine sehr mühsame Arbeit war.
In den Thälern war der Schnee schon stark aufgethaut;
wir mußten folglich an den Abhängen der Berge fahren,
wo unsere Führer, die zu dem Ende Schneeschuhe anhatten, mannigmal Meilenweit den Schlitten an der nie-
rigen Seite mit den Schultern unterstützen mußten.
Mein Begleiter war ein lustiger, aufgeräumter Kosake,
er aber in seinem Geschäfte so ungeschickt war, daß wir,
zur großen Unterhaltung unserer Mitreisenden, fast alle
Minuten im Schnee lagen. Die ganze Reisegesellschaft
estand aus zehn Schlitten. Herr Capitain Gore fuhr
in einem Schlitten der aus zweyen zusammengefügt und
reichlich mit Pelzen und Bärenfellen versehen war, und
von zehn Hunden, deren viere nebeneinander gingen, gezogen wurde. Vor die mit Gepäcke schwerbeladenen
Schlitten waren eben so viele Hunde gespannt.

Wir waren ungefähr vier Englische Meilen weit gekommen, als es zu regnen anfing. Diese unerwartete

C 2

Kamtschatka einige Beyspiele, die noch erstaunlicher
sind. „Oft, sagt er, überfällt die Reisenden ein schreckli-
„cher Schneesturm, bey dessen Annäherung sie mit der
„äußersten Geschwindigkeit in den nächsten Wald jagen, und
„daselbst das Ende des Sturms, der manchmal sechs oder
„sieben Tage lang anhält, abwarten müssen. Die Hunde
„bleiben die ganze Zeit über ruhig und thun keinen Schaden,
„außer daß sie zuweilen, wenn sie der Hunger plagt, die
„Zügel und anderes Lederwerk an ihrem Geschirr auffressen.“
„Anmerkung der Urschrift

Veränderung des Wetters und die Dunkelheit der Nacht
setzte uns in große Verlegenheit, so daß wir zuletzt beschlossen, bis Tages Anbruch zu halten. Wir ankerten also
im Schnee: (besser kann ich die Art, wie die Schlitten
fest gemacht wurden, nicht ausdrücken) hüllten uns in unsere Pelze und erwarteten geduldig den Morgen. Um
drey Uhr aber wurden wir aufgerufen, unsern Weg fortzusetzen weil unsere Führer besorgten, das Thauwetter
möchte uns verhindern, sowohl zurück als vorwärts zu
gehen. Nach vielem Ungemach, welches hauptsächlich
von dem bösen Wege herrührte, kamen wir um zwey Uhr
Nachmittags wohlbehalten in dem Ostrog Natschikin
an, welches an einem kleinen Flusse gelegen ist, der in
einer geringen Entfernung unterhalb des Orts in den
Bolschaia Fluß (reka) fällt. Der Weg von Karatschin nach Natschikin beträgt achtund dreyßig Werste,
oder fünf und zwanzig Englische Meilen. Diese würden
wir, wenn der Frost angehalten hätte, in vier Stunden
zurückgelegt haben; der Schnee war aber jetzt so weich
geworden, daß die Hunde bey jedem Schritt bis an den
Bauch hineinsanken. Gleichwohl erlagen sie, zu meinem Erstaunen, den Beschwerlichkeiten einer so mühseligen Reise nicht.

Natschikin ist ein sehr unbedeutendes Ostrog, welches nur aus einem hölzernen Hause, der Wohnung des
Tojons, aus fünf Balagans und einer Jurte besteht.
Man empfing uns hier mit eben der Feyerlichkeit und
Gastfreyheit, wie in Karatschin. Nachmittags gingen wir aus, um eine merkwürdige heiße Quelle zu besuchen, die unweit des Dorfes quillt. Schon in einiger
Entfernung sahen wir Dämpfe, wie aus einem kochenden Kessel, davon aufsteigen, und in der Nähe bemerkten wir einen starken Schwefelgeruch. Die Hauptquelle
hält drey Fuß im Durchmesser, und daneben giebt es rings
herum eine Menge kleinere, welche eben so heiß sind;

ja der ganze Platz, der im Umfang einen Morgen Landes hielt, war so heiß, daß wir keine zwey Minuten auf Einem Flecke bleiben konnten. Das Wasser dieser Quellen sammelt sich in einen kleinen Bade-Teich, und bildet dann einen kleinen Bach, der hundert und funfzig Schritte weiter hin in den Fluß fällt. Das Bad soll in Reumatismen, geschwollenen und contrakten Gliedern, und scorbutischen Geschwüren große Heilkraft äußern. Im Badeplatz stieg das Thermometer auf 100° (nach Fahrenheits Abtheilung) oder zur Blutwärme. Im Sprudel selbst hingegen, stand es, zwey Minuten nachdem wir es hineingetaucht hatten, einen Grad höher als kochender Weingeist. Das Thermometer in der freyen Luft stand zu gleicher Zeit auf 34°, im Fluß auf 40° und im Hause des Tojons auf 64°. Die Gegend, wo die Quellen hervorkommen, ist eine sanfte Anhöhe, hinter welcher sich ein grüner Berg von mittlerer Höhe erhebt. Es thut mir leid, daß ich nicht Botaniker genug war, um die Pflanzen die hier üppig aufsproßten, untersuchen zu können; doch mußten wir wohl den häufigen und im vollen Wachsthum stehenden wilden Knoblauch bemerken.

Am folgenden Morgen schifften wir uns auf der Bolschaia in Kanots ein, und hofften mit dem Strome Tages darauf das Ziel unserer Reise zu erreichen, da Bolscheretsk ungefähr achtzig Meilen von Natschikin liegt. Im Sommer, wenn der Fluß von dem geschmolzenen Gebirgsschnee angeschwollen ist und reißend geht, soll ein Kanot bisweilen in einem Tage hinunterkommen können. Jetzt aber, da erst vor drey Tagen das Eis losgegangen, und unsere Boote die ersten waren, welche die Fahrt hinabwärts wagten, gab man uns zu verstehen, wir würden vermuthlich länger unterwegens bleiben; und diese Nachricht bestätigte sich nur all zu gut. Die Untiefen hielten uns verschiedentlich auf, und obgleich der Strom an manchen Orten sehr reißend war, fanden wir doch alle halbe Meile seichte Stellen, über welche wir die Kähne ziehen mußten. Das Land zu beyden Seiten war sehr romantisch aber ohne Abwechselung*); der Fluß nahm seinen Lauf zwischen rauhen, öden Bergen, die dem Auge keine Veränderung der Aussicht darboten, wenn man nicht etwa das rechnen will, daß sich bisweilen ein Bär sehen ließ, oder ein Zug wilder Vögel vorübereilte. Ich kann also von diesem uninteressanten Wege weiter nichts sagen, als daß wir die zwey folgenden Nächte am Ufer unter uhserm Gezelte schliefen, und hier von der strengen Witterung und dem noch übrigen Schnee viel Ungemach erlitten. Am 12ten befanden wir nus, bey anbrechendem Tage, da wir die Berge im Rücken gelassen hatten, in einer niedrigen mit Gesträuch bewachsenen Ebene. Um neun Uhr Vormittags erreichten wir Opatschin, ein Ostrog von der Größe wie Karatschin, welches von Natschikin funfzig Englische Meilen weit entlegen war. Hier fanden wir einen Russischen Sergeanten und vier Soldaten, die bereits zwey Tage auf uns warteten, und nunmehr unverzüglich ein leichtes Boot mit der Nachricht, daß wir nahe wären, nach Bolscheretsk abfertigten. Von nun an waren wir in den Fesseln des Ceremoniels. Wir fanden einen mit Pelzen und Fellen prächtig versehenen Kahn für uns in Bereitschaft liegen, worin alles sehr bequem war; nur mußten wir die Gesellschaft unserer bisherigen Reisegefährten entbehren. Wir trennten uns ungern von unserm Freunde Port, der aber mit jedem Tage, je näher wir dem Ziel unserer Reise kamen, schüchterner und zurückhaltender geworden war. Er hatte uns sogar vor unserer Abreise selbst gesagt, daß er keinen Anspruch auf die Achtung machen dürfe, womit wir ihm begegneten; allein wir hatten darauf bestanden, daß ein

---

*) Manchem möchte dies widersprechend scheinen. G. F.

o bescheidener, artiger Mann während der ganzen Reise
mit uns leben sollte. Der Weg, den wir nun noch
zurück zu legen hatten, kostete uns nur wenige Zeit und
Mühe, denn der Fluß ward hier reißender, und die
Untiefen verminderten sich, je weiter wir hinunter kamen.

Zu unserm großen Mißvergnügen bemerkten wir,
indem wir uns der Hauptstadt näherten, an dem Gewirr
und der Unruhe der dort befindlichen Leute, daß wir
feyerlich empfangen werden sollten. Seit geraumer Zeit
waren anständige Kleider eine Seltenheit unter uns gewesen, und unsere Reisekleider waren ein sehr drolliges
Gemisch von Europäischer, Kamtschadalischer und In-
danischer Tracht. In diesem Aufzuge durch die Hauptstadt von Kamtschatka gleichsam zur Schau geführt zu
werden, schien uns gar zu lächerlich. Da wir nun am
Ufer des Flusses eine Menge Menschen versammelt sahen,
und hörten, daß auch der Befehlshaber sich daselbst ein-
finden würde um uns zu empfangen, hielten wir in einem
Soldatenhause, etwa eine Englische Viertelmeile vor
der Stadt an, und schickten Port an Seine Excellenz,
um uns empfehlen und ihm sagen zu lassen, wir würden,
sobald wir unsre Reisekleider abgelegt hätten, ihm in
einem Hause aufwarten, und ließen recht sehr bitten,
daß er sich nicht an den Fluß herunter bemühen möchte.
Er bestand aber darauf, uns diese Ehre zu erweisen;
folglich blieb uns nichts übrig, als weiter keine Zeit mit
dem Umkleiden zu verlieren, und ihm entgegen zu eilen.
Meine Begleiter benahmen sich bey den ersten Compli-
menten sehr links, und ich, wie mir mein Gefühl sagte,
um nichts besser; denn Verbeugungen und Scharrfüße
waren Artigkeiten, die wir seit drittehalb Jahren gar
nicht geübt hatten. Der Befehlshaber empfing uns auf
die einnehmendste Art; desto mehr beklagte ich, daß er
das Französische fast ganz vergessen hatte, so daß nur
C 4

Herr Weber das Vergnügen genoß, mit ihm sprechen zu
können.

Die Gesellschaft des Befehlshaber von Kamtschatka
Herrn Majors Behm, bestand aus Herrn Hauptmann
Schmalef, der nach ihm der nächste im Commando
war, und allen Kaufleuten des Orts. Sie führten uns
nach dem Hause des Befehlshabers, wo uns seine Gemahlin mit der größten Artigkeit empfing, und uns The
und andere Erfrischungen vorsetzte. Gleich nach den
ersten Höflichkeitsbezeugungen mußte Herr Weber dem
Major die Absicht unserer Reise, unsern Mangel an
Schiffsmunitionen, Mehl und frischen Lebensmitteln
eröfnen, und ihn zugleich versichern, wir kennten die Gegend um Awatscha-Bay schon hinlänglich, um von
dort her keinen großen Beystand zu erwarten. Auch sey
es augenscheinlich, zumal nach dem was wir selbst auf
der Herreise ausgestanden hätten, daß bey gegenwärtiger
Jahrszeit unmöglich schwere Transporte queer über die
Halbinsel zu bringen wären, und ehe die Wege besser
werden könnten, würden wir uns genöthigt sehen, unsere
Schiffahrt weiter fortzusetzen. Hier unterbrach uns der
Befehlshaber, mit der Bemerkung, daß wir ja noch
nicht wüßten, was sie leisten könnten; wenigstens sey es
nicht seine Sache, an die Hindernisse zu denken, die er
würde überwinden müssen, um unsern Bedürfnissen
abzuhelfen, sondern lediglich sich zu erkundigen, was
wir brauchten, und wie viel Zeit wir ihm längstens zuge-
stehen könnten, um es uns zu verschaffen. Wir dankten
ihm auf das verbindlichste für seine Bereitwilligkeit, und
überreichten ihm ein Verzeichniß von Schiffsbedürfnissen,
von der Anzahl Ochsen, und der Quantität Mehl, die
wir einzukaufen bevollmächtigt wären, und sagten ihm, daß
die Schiffe ungefähr den fünften Junius abreisen würden.

Hierauf lenkte sich die Unterredung auf andere Gegenstände. Man wird wohl leicht vermuthen, daß wir uns

hauptsächlich nach unserm Vaterlande erkundigten, von dem wir jetzt drey Jahre lang abwesend waren. Wir hatten auch sicher darauf gerechnet, daß wir von Herrn Major Behm interessante Nachrichten erhalten würden, und wurden daher unbeschreiblich traurig, als wir uns getäuscht fanden, indem er uns nichts von dem allen sagen konnte, was seit unsrer Abreise vorgefallen war.

In der Voraussetzung, daß wir von der Reise ermüdet wären und uns nach Ruhe sehnten, bat der Befehlshaber gegen sieben Uhr um Erlaubniß, uns nach unserer Wohnung führen zu dürfen. Umsonst verbaten wir uns diese Höflichkeit, worauf wir nur als Fremde einigen Anspruch hatten; allein gerade dieser Name war es, der nach den Grundsätzen des edlen Livländers alles andere überwog. Unterweges kamen wir an zwey Wachthäusern vorbey, wo die Soldaten, dem Capitain Gore zu Ehren, unter dem Gewehr standen. Hierauf traten wir in ein sauberes, anständiges Haus, welches uns Herr Major Behm als unsere Wohnung während unseres Aufenthalts anwies. Vor der Thüre standen zwey Schildwachen, und in einem angränzenden Hause war eine Sergeantenwache postirt. Nachdem uns der Major in unsere Zimmer begleitet hatte, nahm er Abschied und versprach, uns den andern Morgen zu besuchen. Erst jetzt konnten wir mit Muße alle die Bequemlichkeiten wahrnehmen, die er uns verschaft hatte. Zu unsrer Bedienung war ein Soldat, den man einen Putpros rstack*) nennt, und dessen Rang zwischen Sergeant und Korporal steht, nebst unserm Reisegefährten Port

C 5

---

*) So schreibt der Engländer das Wort. Vielleicht soll es Po'dprapporschtschik heißen; in dem Falle schiene der Rang nicht ganz richtig angegeben. G. F.

bestimmt; und außer ihnen waren noch ei   ..sgebe
und eine Köchin im Hause, welche Befehl hatten, n
Ports Anweisung uns ein Abendessen auf unsere Art
bereiten.   Noch denselben Abend schickten verschied
von den vornehmsten Einwohnern der Stadt sehr höf
zu uns, und ließen uns sagen, sie wollten uns jetzt m
ihrem Besuch nicht von der Ruhe abhalten, sondern u
den nächsten Morgen aufwarten.   Diese Höflichkeit
und die immerwährende Aufmerksamkeit, die man u
bezeigte, machten einen sehr merklichen und für die E
wohner vortheilhaften Kontrast mit dem öden unbebaut
lande.   Um das Maas voll zu machen, kam auch d
Sergeant, und brachte dem Herrn Capitain Gore d
Rapport von seiner Wache.

Früh am folgenden Morgen erhielten wir Besu
von dem Befehlshaber, von Capitain Schmalef, u
bald nachher von den angesehensten Einwohnern d
Stadt.   Die beyden erstern hatten, nachdem wir
Bette gegangen waren, Port zu sich rufen lassen, u
von ihm zu erfahren, was für Be rfnisse uns auf d
Schiffen am meisten mangelten.   t bestanden sie d
auf, den kleinen noch übrigen Mundvorrath zwisch
uns und der unter ihren Befehlen stehenden Besatzu
zu theilen, und beklagten nur, daß wir zu einer Jahr
zeit angekommen wären, wo alle ihre Vorräthe gewöh
lich erschöpft zu seyn pflegten, indem die Schaluppen v
Ochotsk ihnen noch nicht die jährlichen Bedürfni
zugeführt hätten.

Wir beschlossen, die Freygebigkeit dieser gastfreye
edlen Männer mit der bestmöglichen Art, doch unter d
Bedingung anzunehmen, daß man uns den Preis d
Sachen, welche wir erhalten würden, angeben möcht
und dann sollte Capitain Clerke hinlängliche Wechsel au
das Seecommissariat in London ausstellen.   Dies schlu
aber der Major schlechterdings ab, und so oft wir in d

...ge wieder darauf antrugen, unterbrach er uns mit der ...ersicherung, er könne seiner Monarchin sicherlich nicht ...er dienen, als wenn er ihren guten Freunden und ...desgenossen, den Engländern, allen möglichen Bei= ...leiste; die große Kayserin werde sich freuen, wenn ...erfahre, daß ihre Staaten in einer entfernten Welt= ...nd Schiffen von unserer Nation, zumal bey einer so ...igen und gemeinnützigen Unternehmung, wie die ...ge, Erleichterung verschaft, und Beistand geleistet ...n; er könne daher dem Charakter seiner Kayserin ...so sehr zuwiderhandeln und Wechsel von uns anneh= ...Um uns indeß zufrieden zu stellen, wolle er einen ...n Empfangschein über seine Lieferung von uns neh= ...en, und denselben als einen Beweis, daß er seine ...cht gethan habe, seinem Hofe einsenden. Die beyden ...möchten dann die Sache unter sich ausmachen.

...Sobald er dieses Geschäft in Richtigkeit gebracht ..., befragte er uns um unsere Privatbedürfnisse, und ...hinzu, er würde es als eine Beleidigung ansehen, ...en wir mit Kaufleuten handelten, oder uns an irgend ...nden als an ihn selbst wendeten. Wir konnten ihm ...en so außerordentlichen Edelmuth mit wenig mehr als ...Dank und Bewunderung erwiedern. Capitain Clerke ...mir zum Glück einen Band Kupferstiche und Kar= ...u Capitain Cooks voriger Reise in der Absicht mit= ...ben, daß ich ihn dem Befehlshaber in seinem Namen ...reichen möchte. Der Eifer, womit dieser für alle ...Entdeckungen eingenommen war, machte ihm dieses ...ge Geschenk so willkommen, daß wir deutlich sahen, ...hätte nichts aussuchen können, was ihm angenehmer ...esen wäre. Capitain Clerke hatte es mir ferner ...lassen, nach eigenem Gutbefinden, dem Befehlsha= ...eine Karte von den Entdeckungen unserer neuen Reise ...eigen. Augenscheinlich mußte einem Mann von seinem ...rakter und in seiner Lage diese Mittheilung einen

zehen Grad von Vergnügen gewähren, ungeachtet
sich aus seinem Gefühl keine andere als die allgemein
Fragen über diesen Gegenstand erlaubt hatte; ich
also nicht länger Bedenken, ihm dieses Zutrauen
beweisen, welches durch sein ganzes Betragen ger
fertigt ward. Zu meinem innigen Vergnügen fühlte
würdige Mann diese Behandlungsart, wie ich es er
tet hatte. Und wie erstaunte er nicht, als er auf Ei
Blick jene Küsten von Asien und Amerika in ihrem ga
Zusammenhange sah, von denen seine Landsleute i
vielen Jahren sich nur eine eingeschränkte und unvoll
mene Kenntniß erworben hatten *)!

Außer diesem Beweise von Zutrauen und den vorh
wähnten Kupferstichen, konnten wir ihm schlechterd
nichts anbieten, was des Annehmens werth gew
wäre; denn es verdient kaum erwähnt zu werden,
ich seinem kleinen Sohn meine silberne Uhr aufbr
und seiner kleinen Tochter mit zwey Paar Ohrringen
Französischer Paste eine Freude machte. Außer di
Kleinigkeiten hinterließ ich Herrn Capitain Schm
mein Reisethermometer, womit er ein Jahr lang

---

*) Bey dieser Veranlassung legte uns Herr Major Beh m
seine Karten zur Durchsicht vor. Die von der Halb
der Tschuktschen waren nach Plenischners Angaben
schen 1760 und 1770 entworfen worden. Herr Coxe
man habe die Plenischnerischen Charten bey der Verf
gung der allgemeinen Karte des Russischen Reichs, w
die Akademie im Jahr 1776 herausgab, benutzt; um
nöthiger ist hier die Erinnerung, daß wir jene Ang
äußerst irrig befunden haben, und daß folglich auch
Verfasser der Russischen Generalcharte auf Plenisch
Autorität verschiedene Fehler aufgenommen haben.
Karten des Befehlshabers, auf denen die Inseln an
Amerikanischen Küste verzeichnet waren, enthielten für
nichts neues, und waren bey weitem nicht so richtig als
welche wir in Unalaschka gesehen hatten. Anmerk
der Urschrift.

ufttemperatur genaue Beobachtungen anzustellen,
e seinem Bekannten, dem Hern (Etatsrath) Mül-
zustellen versprach.

Wir speisten bey dem Befehlshaber zu Mittag, und
setzte uns nächst mehreren nach unserer Art zuberei-
Schüsseln auch eine Menge Russischer und Kamt-
alischer Gerichte vor, um unsere Neugierde in jeder
sicht zu befriedigen. Nachmittags gingen wir aus,
ie Stadt und die umliegende Gegend zu besehen.
scheretsk liegt in einer niedrigen sumpfigen Ebene,
e sich bis an den Meerbusen von Ochotsk erstreckt,
ähr vierzig Englische Meilen lang, und von beträcht-
Breite ist, und zwar am nördlichen Ufer des Bol-
a-reka (oder des großen Flusses) zwischen den
ungen der Flüsse Gottsofka und Bistraia,
e hier in den eben erwähnten Strom fallen, und
Halbinsel bilden, die der gegenwärtige Befehlshaber
einen Kanal gänzlich vom festen Lande abgeschnit-
t. Auf diese Art ist der Ort nicht nur fester, son-
auch mehr als jemals gegen Ueberschwemmungen
ert worden. Unterhalb der Stadt ist der Fluß sechs
cht Schuh tief, und ungefähr eine Englische Vier-
ile breit; zwey und zwanzig Meilen weiter fällt er in
chotskischen Meerbusen, wo, Kraschenninikofs Be-
zufolge, Schiffe von ansehnlicher Größe hineinsegeln
en. In Kamtschatka baut man gar keine Art von
aide; und des Majors Garten, war, wie er mich
versicherte, der einzige, den man bisher angelegt
. Noch lag der Schnee fast überall: wo er weg-
molzen war, sah ich das Erdreich überall mit kleinen
eln von schwarzem Torfmoor bedeckt. Ferner sahe
ier gegen dreyßig Kühe, und der Major hatte sechs
e Pferde. Diese nebst den Hunden sind hier zu
e die einzigen Hausthiere; denn da man, wegen der
nwärtigen Landesbeschaffenheit, nothwendig viele

Hunde halten muß, so verbietet es sich von selbst, d
man Vieh zuziehen sollte, welches diesen keinen Wid
stand leisten kann. Die Hunde werden nämlich den So
mer hindurch frey gelassen, und müssen sich selbst ih
Unterhalt suchen; dadurch werden sie aber bisweilen
hungrig, daß sie sogar die Stiere anfallen.

Die Häuser in Bolscheretsk sind durchgängig v
einerley Bauart, aus Balken gezimmert, und mit Str
gedeckt. Des Befehlshabers Wohnung ist die ger
migste und enthält drey große mit Papiertapeten saub
ausgeschlagene Zimmer, die übrigens ganz artig sin
ausgenommen, daß die Fensterscheiben von Marieng
ihnen ein ärmliches und etwas unangenehmes Anseh
geben. Die Stadt enthält mehrere Reihen niedrig
Gebäude, deren jedes aus fünf oder sechs Wohnung
besteht, welche vermittelst eines langen Durchgan
zusammen verbunden sind, so daß Küche und Vorrat
kammer auf einer, und die Wohnzimmer auf der ande
Seite desselben liegen. Außerdem sieht man Barrack
für die Russischen Soldaten und Kosaken; eine wohlg
baute Kirche, eine Gerichtsstube, und zuletzt, am En
der Stadt, eine Menge Balagans, welche den Kam
schadalen gehören. Die ganze Volksmenge beläuft si
auf fünf bis sechs hundert Personen, von denen wir d
Vornehmsten, beyderley Geschlechts, bey einem Fe
sahen, welches der Major diesen Abend gab.

Den andern Morgen wendeten wir uns heimlich
den Kaufmann Fedositsch, um etwas Toback für die M
trosen zu kaufen, die nunmehr beynahe ein Jahr ohn
diesen Lieblingsgenuß hatten zubringen müssen. Abe
diese, wie alle andere Unterhandlungen von der An
gelangten sogleich vor den Major, und bald nachher wu
derten wir uns nicht wenig, als wir in unserm Hau
vier Ballen Toback, jeden zu mehr als hundert Pfund
antrafen, die er uns bat, in seinem und der ganzen B

...ung Namen, unserer Mannschaft zum Geschenk zu
...gen. Zu gleicher Zeit schickte man uns zwanzig Hüte
...n Zucker, und eben so viele Pfund Thee, woran
... wie man bereits wußte, gleichfalls Mangel litten,
...ein Geschenk für die Officiere. Madame Behm
...e noch ein Geschenk für den Capitain Clerke insbe-
...ere hinzu, welches in einem Vorrath von frischer
...ter, Honig, Feigen, Reis und anderen Bedürfnis-
...ieser Art bestand, den sie mit vielen gütigen Wün-
...e begleitete, daß er bey dem mißlichen Zustande seiner
...undheit einige Erquickung dadurch bekommen möchte.
...onst widersetzten wir uns dieser verschwenderischen
..., die ich im ganzen Ernst zu mäßigen wünschte,
...ch überzeugt war, daß man nicht bloß einen Theil,
...rn beynahe den ganzen Vorrath der Besatzung auf-
...te. Der Major blieb aber bey solchen Gelegenhei-
...st bey seiner Antwort, daß wir viel gelitten hätten,
...olglich auch viel bedürften. Die Zeit die wir auf dieser
...zugebracht hatten, ohne einen bekannten Hafen zu
...ren, kam in der That jedermann hier so unglaub-
...vor, daß man sich nur durch das übereinstimmende
...niß unserer Karten, und anderer Umstände davon
...eugen ließ. Dahin gehörte auch ein seltsames Fak-
... welches uns Ihrer Maje Behm diesen Morgen
...lte, und worüber er ohne unsere Ankunft keinen
...hluß bekommen hätte.

...Bekanntlich sind die Tschuktschen das einzige
... im Norden von Asien, welches seine Unabhängig-
...behauptet, und alle Versuche der Russen, es zu
...ngen, vereitelt hat. Im Jahr 1750 wurden sie
...letztenmal angegriffen, allein nach abwechselndem
...t endigte sich der Feldzug damit, daß die Russen,
...e ihren Anführer verloren hatten, sich zurückziehen
...en. Hierauf verlegten die Russen ihre Gränzfestung
...Anadir an den Ingiga-Fluß, der sich in den

nördlichsten Theil des Ochotskischen Meerbusen ergie
und einem Busen, der vom Penschinskischen westwä
liegt, seinen Namen giebt. Von dieser Festung h
hatte Herr Major Behm am Tage unserer Ankunft
Bolscheretsk die Nachricht erhalten, daß ein Stan
oder ein Haufe der Tschuktschen dort angekommen f
der Friedensvorschläge gethan, und sich freywillig zu
nem Tribut erboten habe. Man habe sich erkundi
woher diese unerwartete Veränderung ihrer Gesinnung
entstanden seyn könnte. Die Tschuktschen hätten hier
erzählt, gegen das Ende des vorigen Sommers wä
zwey sehr große Russische Boote bey ihnen gewesen, de
Mannschaft ihnen liebreich begegnet sey, und ein F
dens- und Freundschaftsbündniß mit ihnen errichtet ha
Auf diese freundschaftlichen Aeußerungen, kämen sie j
in das Russische Fort, um zur Zufriedenheit beyder N
tionen den Frieden gänzlich zu schließen. Diese seltsa
Begebenheit erregte, sowohl zu Ingiginsk als zu B
scheretsk, vieles Nachdenken, und wäre allen ein Rä
sel geblieben, wenn wir ihnen nicht den Schlüssel da
verschaft hätten. Für uns war es schmeichelhaft, d
wir den Russen, wenn gleich zufälligerweise, den rech
Weg, Tribut zu erheben und Bündnisse zu schließ
gezeigt hatten, und daß wir hoffen konnten, das g
Verständniß, welches dieser Vorfall veranlaßt h
werde künftig ein tapferes Volk vor den Einfällen sei
mächtigen Nachbaren beschützen.

Wir speißten diesen Mittag bey Capitain Schmal
Um unsern Zeitvertreib abzuwechseln, unterhielt er u
mit Russischen und Kamtschadalischen Tänzen. V
diesem rohen und ungebildeten Tanze kann keine Beschr
bung einen richtigen Begrif geben. Die Figuren d
Russischen Tanzes sind denen in unsrer Englischen ho
nippe sehr ähnlich, und werden von einer, oder au
vier Personen zugleich getanzt. Die Schritte sind tu

u

schnell; man hebt dabey die Füße kaum vom Boden
und setzt die Arme unbeweglich in die Seite. Der
er bleibt immer in einer geraden Stellung unbeweglich,
wenn die Tänzer einander vorbey tanzen, wo sie die
mit einer schnellen ungeschickten Bewegung aufhe=
Der Russische Tanz war also ohne Ausdruck und
erlich; bey dem Kamtschadalischen hingegen lag noch
rein die abgeschmackteste Idee zum Grunde, die je
nes Menschen Kopf gekommen ist. Er soll näm=
eine Darstellung der tölpischen, schwerfälligen Be=
ngen des Bären seyn, den das hiesige Volk so oft
genheit hat in mancherley Lagen zu beobachten. Man
tet wohl schwerlich, daß ich nun wirklich die possier=
Stellungen alle genau beschreiben soll; ich will also
rmerken, daß der Körper dabey immer gebückt und
nie gebogen sind, indeß die Arme alle Künste und
ungen des Thieres nachahmen.

nsere Reise nach Bolscheretsk hatte nicht nur
Zeit gekostet, als wir anfänglich erwartet hatten,
n man sagte uns auch, daß die Rückreise noch
verlicher und langsamer von Statten gehen würde.
r Nachricht gemäß, mußten wir dem Befehlshaber
diesen Abend unsern Entschluß, am folgenden Tage
zureisen, eröfnen. Es war uns äußerst schmerz=
an die Trennung von unsern neuen Freunden zu
n; desto angenehmer überraschte uns aber der Ma=
it dem Versprechen: falls wir noch einen Tag
ilten, wolle er uns begleiten; seine Berichte habe
eits geschlossen, und den Befehl über Kamtschatka
Nachfolger, dem Hrn. Hauptmann Schmalef,
eben. Alles sey zu seiner Abreise nach Ochotsk,
er in einigen Tagen abgehen würde, vorbereitet;
diese Reise könne er noch ein wenig verzögern, um das
nügen zu haben, mit uns nach St. Peter und Paul

D

zurückzukehren, und selbst Zeuge zu seyn, daß man a
was man nur könne, für uns thue.

Am 15ten früh erhielt ich ein Gegengeschenk f
die Kleinigkeiten, welche die Kinder des Herrn Maj
Behm von mir angenommen hatten. Der kleine K
be gab mir eine prächtige kamtschadalische Kleidung,
ich an ihrem Orte beschreiben werde. Es war ein
zug, wie ihn die vornehmsten Tojons hier zu Lande b
großen Feyerlichkeiten tragen, und Fedoßtsch sagte
nachmals, daß er nicht unter hundert und zwanzig
beln gekauft seyn könnte. Die Tochter des Befehls
bers beschenkte mich zu gleicher Zeit mit einem schö
Zobelmuff.

Wir speisten nochmals bey dem Befehlshaber zu M
tag, und, um uns die Sitten der Einwohner und die
desgebräuche, so viel es die Zeit gestattete, bekannt
machen, hatte er alle Einwohner von einigem Anse
auf den Abend zu sich geladen. Die Frauenzimmer
men in prächtiger Kamtschadalischer Kleidung. Capit
Schmalefs Gemalin und die Frauen der andern
ficiere trugen eine niedliche halbsibirische, halbeuropä
Kleidung, und Madame Behm hatte, um den
trast noch vollständiger zu machen, einen Theil ihres
päckes eröfnet, und ein reiches Europaisches Kleid a
zogen. Ich erstaunte sowohl über die Kostbarkeit
Mannigfaltigkeit der Seidenzeuge aus welchen die K
der der Damen bestanden, als über ihre ungewöhnl
Form. Die ganze Scene, mitten in dem unfreundl
sten, wildesten Erdwinkel schien einem Zauberwerke gle
Auch bey diesem Gastmale wechselten wieder Gesang
Tanz mit einander ab.

Da die Reise auf den folgenden Morgen festg
war, gingen wir frühzeitig nach Hause. Das erste,
uns hier in die Augen fiel, waren drey Reisekleider
landesart, welche der Major für uns besorgt hatte. B

ober fand er sich selbst bey uns ein, um   f zu se-
, daß unsere Sachen gehörig gepackt und in Acht ge-
men würden.   Seine ansehnliche Geschenke, nebst
jenigen, was Herr Hauptmann Schmalef und ver-
edene andere Personen aus Freundschaft hinzugefügt
en, machten mit dem reichlichen Mundvorrath für uns
Reise ein ansehnliches Gepäck aus.
Wie am Morgen alles frühzeitig zur Abreise in Be-
schaft war, lud man uns ein, auf dem Wege nach den
oten, nochmals einen Besuch bey Madame Behm
legen und von ihr Abschied zu nehmen. Unsere Her-
aren, für die hier genossene gütige, liebreiche und
nüthige Aufnahme, schon mit dem wärmsten Danke
l erfüllt; allein wie sehr wurden diese Empfindun-
durch den rührenden Anblick erhöht, der unser vor
Thüre wartete. Auf einer Seite standen alle Sol-
n und Kosaken der Besatzung aufgezogen, und ihnen
über alle männliche Einwohner der Stadt in ihren
Kleidungen. Indem wir aus dem Hause traten,
alle einen melancholischen Gesang an, der, wie uns
Major erzählte, hier zu Lande beym Abschied von
nden gewöhnlich gesungen wird. Unter Vortreten
ambours und der Musik der Besatzung, gingen wir
durch die Reihen nach des Befehlshabers Hause, wo
Gemahlin und die andern Damen, in langen seide-
mit kostbarem und verschiedenem Pelzwerk gefütter-
Mänteln uns in einem prächtigen Aufzug empfingen.
dem wir einige Erfrischungen, die schon bereit stan-
genossen hatten, gingen wir in Begleitung der Da-
die nunmehr mit den übrigen Einwohnern in den
ng einstimmten, an das Ufer. Hier nahmen wir
Madame Behm Abschied, versicherten sie, daß
die Gastfreundschaft von Bolscheretsk stets in
em Andenken bleiben werde, und waren so innig ge-
, daß wir mit möglichster Eile das Boot zu errei-

D 2

chen suchten. Als wir vom Ufer abstießen, erhielte
wir zum Abschied von der ganzen Gesellschaft, eine
dreymaligen Zuruf, den wir aus dem Boot erwiederte
und indem wir um eine Ecke gingen, welche uns de
Anblick unserer freundschaftlichen Wirthinnen raubte, ri
fen sie uns ihr letztes Lebewohl zu.

Der Strom war bey unserer Rückfahrt so außero
dentlich reissend, daß wir, ungeachtet der äußersten A
strengung unserer Kamtschadalen und Kosaken, das e
Dorf, Opatschin, erst am 17ten Abends erreichte
und folglich ungefähr zwanzig Englische Meilen den A
zurückgelegt hatten. Am 19ten trafen wir zu Natsch
kin ein, und am 20sten fuhren wir über die Ebene na
Karatschin, wo wir den Weg um vieles besser als d
vorige mal fanden, weil es in der Nacht vom 19
scharf gefroren hatte. Den 21sten schifften wir die Awa
scha hinunter, und kamen, noch eh es finster ward, üb
die Untiefen an ihrer Mündung in die Bay. Währe
unserer ganzen Reise freuten wir uns herzlich über die G
willigkeit der Tojons und ihrer Kamtschadalen, die u
in den Ostrogs Beystand leisteten. Wir bemerkten
ihren Gesichtern funkelnde Freude über den Anblick ih
Befehlshabers, und den lebhaftesten Ausdruck von
trübniß, sobald sie hörten, daß er sie sobald verla
würde.

Wir hatten bereits von Bolscheretsk einen Boo
an Herrn Capitain Clerke abgefertigt, um ihm von u
rer Aufnahme Bericht abzustatten, und zugleich sowohl
Majors Vorhaben uns zu begleiten, als auch den Tag u
serer vermuthlichen Ankunft anzuzeigen. Es freute u
daher, daß uns, indem wir dem Hafen näher kamen,
Boote beyder Schiffe entgegen ruderten. Unsere Le
waren reinlich, und die Officire so gut gekleidet, als
Dürftigkeit unserer Garderobe es erlaubte. Der M
jor erstaunte, daß unser Schiffvolk so stark und gesu

...ar, und noch mehr darüber, daß die meisten, ob es gleich ...en damals schneyete, weiter nichts anhatten, als ihr ...mde und ihre Schifferhosen. Er hatte die Absicht ge= ...ßert, noch ehe er ans Land ginge, die Schiffe zu be= ...hen; ich bat mir also, sobald wir vor der Stadt ange= ...mmen waren, seine Befehle aus. Allein er erinnerte ...deßen, was wir ihm von den sehr gefärlichen Ge= ...oheitsumständen des Herrn Capitain Clerke erzählt ...en, und besorgte, daß es etwas unvorsichtig seyn ...rde, ihn so spät (um neun Uhr Abends) zu stören. Ich ...leitete ihn also nach der Wohnung des Sergeanten, be= ...ubte mich hierauf bey ihm, und ging an Bord um ...Capitain Clerke von der Besorgung seines Auftrags ...icht abzustatten. Mit der äußersten Betrübniß ward ...gewahr, daß dieser vortrefliche Officier, in den acht ...en unserer Abwesenheit, merklich schwächer geworden ..., da wir im Gegentheil uns mit der Hofnung geschmei= ...hatten, daß die Ruhe im Hafen, und seine Nah= ..., welche nunmehr aus Milch und frischen Pflanzen= ...en bestand, ihm zuträglich seyn würden.

...Sobald dieses Geschäft abgethan war, kehrte ich zu ...Major zurück, und führte ihn am folgenden Morgen ...Bord des Schiffs. Bey seiner Ankunft begrüßten wir ...mit einer Salve von dreyzehn Kanonen, und empfin= ...ihn mit allen übrigen Ehrenbezeugungen, die wir ihm ...erweisen konnten. Sein Gefolge bestand aus dem ...ehlshaber einer Russischen Galliote, dem Schiffer ...s im Hafen liegenden Fahrzeugs, zwey Kaufleuten ...Bolscheretsk, und dem Geistlichen des benach= ...en Dorfs Paratunka, für den er die vorzüglichste ...rung zu hegen schien, und dessen ungemein verbindli= ...Betragen gegen den Capitain Clerke ich in der Fol= ...erwähnen werde.

...Nachdem der Major beyde Schiffe besucht und bese= ...hatte, speiste er am Bord der Resolution. Nach=

mittags zeigten wir ihm die Seltenheiten welche wir a
unserer Reise gesammelt hatten, und Capitain Cler
beschenkte ihn mit einer vollständigen Sammlung aus a
len von uns besuchten Ländern.   Indem ich aber dies
Aeußerungen unserer Dankbarkeit erwähne, darf ich u
so weniger ein Beyspiel von der Großmuth und Erken
lichkeit unserer Matrosen übergehen.   Als sie erfuhre
welch ein ansehnliches Geschenk an Taback sie von de
Major erhalten hätten, verlangten sie aus eignem Antr
be, daß man ihnen ihren G r o g vorenthalten, und ih
Portion Branntwein der Besatzung von B o l s c h e r e t
in ihrem Namen geben möchte, weil sie wüßten, daß d
ses Getränk hier zu Lande eine willkommene Seltenh
wäre, da ihnen die Soldaten am Lande schon vier Ru
für eine Flasche geboten hätten.   Da wir am besten m
sen konnten, wie sehr es die Matrosen empfanden, we
sie ihre gewöhnliche Portion G r o g *) nicht bekamen, mu
ten wir diese Aufopferung desselben und ihre Selbstve
leugnung um so viel mehr bewundern, da ihr Anerbie
sie dessen auf der uns bevorstehenden Fahrt nach dem r
besten Norden beraubte.   Damit sie indeß unter ih
Erkennlichkeit nicht leiden möchten, fügten Capit
C l e r k e und die übrigen Officiere, zu dem Wenigen w
der Major sich bereden ließ anzunehmen, eine gle
Quantität Rum hinzu, welche nebst ein Paar Dutz
Fläschchen Capwein, und einigen andern eben so gering
gigen Geschenken auf die verbindlichste Art angenomm
ward.   Den folgenden Morgen ließ man den Taback
ter die Mannschaft beyder Schiffe austheilen.   Ein je
welcher Taback kaute oder rauchte erhielt drey, und
übrigen jeder ein Pfund.

---

*) Ich habe schon mehrmahls erinnert, daß Grog Bra
wein, mit Wasser vermischt ist.   G. F.

Herr Major Be h m, der den Oberbefehl über Ka m t;
at ka bereits abgegeben hatte, und im Begriffe stand, in
em nach St. Petersburg abzugehen, erbot sich
alle Schriften mitzunehmen, die wir seiner Sorgfalt
ertrauen wollten. Diese Gelegenheit durften wir nicht
nachläßigen; und Capitain Cle r ke bat ihn sogleich
Erlaubniß, ihm einige unsere Reise betreffende Auf;
, an unsern Gesandten am Russischen Hofe mitgeben
ürfen. Zuerst wollten wir nur ein ins kurze gezogene
ebuch von unserer Reise einschicken; als aber Capi;
Clerke bedachte, daß einem Manne, der so unzwei;
fte Beweise seiner bürgerlichen und Privat;Tugen;
egeben hatte, die ganze ausführliche Nachricht von
Entdeckungen sicher anvertraut werden könne, und
uns noch eine gefährliche Reise bevorstehe, so ent;
er sich, ihm das ganze Tagebuch unseres verstorbenen
ehlshabers, nebst seinem eignen, von Capitain Co o ks
bis zu unserer Ankunft in Ka m t schatka, desglei;
ine Charte von allen bisher gemachten Entdeckun;
uzustellen. Herr Ba y ly und ich fanden ebenfalls
ut, einen allgemeinen Bericht von unseren Verrich;
en an die längen;Commission einzuschicken. Durch
Vorsicht konnte doch das Admiralitätscollegium eine
ührliche Nachricht von den vorzüglichsten Begeben;
n unserer Reise bekommen, im Fall uns etwa noch
Unfall begegnen sollte. Außerdem ward ein kleiner
Packet ausgefertigt, welches der Major durch einen
essen von Ochotsk abzuschicken gedachte, der im
ember zu St. Petersburg eintreffen sollte, falls der
or jenen Hafen zeitig erreichte. Er selbst vermuthete,
er erst im Februar oder März in der Hauptstadt an;
men würde.

Während der drey folgenden Tage bewirtheten wir
Major abwechselnd auf beyden Schiffen, so gut es
re Umstände erlaubten. Am 25sten nahm er Abschied

von uns, und ward mit dreyzehn Kanonen begrüßt, w
che die Mannschaft auf ihr eignes Verlangen mit ein
dreymaligen Zuruf begleitete. Am folgenden Mor
begleiteten wir, Herr Weber und ich, ihn einige M
len den Awatschafluß hinauf, wo wir den Russischen Ge
lichen, mit seiner Frau und Kindern fanden, die ih
Befehlshaber erwarteten, um ihm das letzte Lebewoh
sagen. Ob der gute Geistliche und die Seinigen, o
wir selbst bey diesem Abschiede am tiefsten gerührt war
ist schwer zu entscheiden. Unsere Bekanntschaft mit d
vortreflichen Manne war nur sehr kurz gewesen; al
sein edles, uneigennütziges Betragen flößte uns die hö
ste Achtung und Ehrerbietung gegen ihn ein. Wir
ren ohne Hofnung ihn jemals wieder zu sehen, und
überfiel uns dann mit dem Gefühl aller Verbindlich
ten, die er uns auferlegt hatte, bey dieser Trennung
wehmüthigste Schmerz. Der innere Werth der Pr
geschenke, die wir von ihm erhalten hatten, alle Von
the abgerechnet, welche das Ganze betrafen, belief s
nach dem gewöhnlichen Preise der Waaren in Ka
schatka, auf mehr, als zwey hundert Pfund Ster
(über 1200 Rthl.). Aber diese Freygebigkeit, so
ferordentlich sie an sich selbst ist, erh'lt einen neuen,
weit höhern Werth durch die Feinheit, womit er s
Geschenke anbrachte, und durch die äußerste Behuts
keit, unserm Gefühl die Last der Verbindlichkeiten zu
heelen, von denen er wußte, daß wir sie nicht zu erse
fähig waren. Gehen wir einen Schritt weiter, sehen
in ihm den Mann, der eine öffentliche Würde bekleid
und die Ehre einer großen Monarchin zu behaupten ha
so haben wir noch wichtigere Veranlassungen, die ri
gen großen Beweggründe zu bewundern, die seine Ha
lungen leiteten, „Das Unternehmen, worin Sie begr
„sen sind, sagte er uns oft, gereicht zum allgemeinen V
„theil des Menschengeschlechts, und giebt Ihnen die

htesten Ansprüche nicht allein auf alle Hülfsleistungen
Menschenliebe, sondern auch auf die Vorrechte der
rger in jedem Lande, wohin Sie der Zufall führt.
bin überzeugt, daß ich die Absichten meiner Kay-
in erfülle, wenn ich Ihnen allen möglichen Beystand
te, und kann weder den Charakter der erhabenen Mo-
chin, noch meine eigene Ehre soweit vergessen, daß
mit der Erfüllung meiner Pflicht Handel treiben sollte".
andermal sagte er uns, „er wünschte besonders seinen
tschadalen ein gutes Beyspiel zu geben, da sie sich
o eben der Barbarey und Wildheit entwöhnten, und
en Dingen die Russen zum Muster nähmen. Er
, sie würden es künftig als ihre Schuldigkeit anse-
Fremden aus allen Kräften beyzustehen, und diese
freyheit für den allgemeinen Brauch gesitteter Völ-
halten". Es war ihm aber nicht genug, unserm
wärtigen Mangel abzuhelfen; er dachte mit gleicher
samkeit auch auf unsere künftigen Bedürfnisse. Es
ihm mehr als wahrscheinlich, daß wir die gesuchte
fahrt nicht entdecken, und folglich Kamtschatka
den Herbst wieder besuchen würden. Demzufolge
sich vom Capitain Clerke schriftlich aufsetzen, was
n Tauwerk, Mehl, u. s. w. alsdenn vermuthlich
hen würden, und versprach, den Vorrath von Ochotsk
er zu schicken, damit wir ihn bey unserer Rückkunst
t. Peter und St. Paul vorfänden. In glei-
Absicht übergab er Herrn Capitain Clerke eine Schrift,
n er alle Unterthanen seiner Kayserin, denen wir et-
gegnen möchte, aufforderten, uns nach ihren Kräften
stehen*).

D 5

Ein Beyspiel von Tugenden, die in unsern Weltgegenden
ziemlich selten geworden sind, hat die heilsame Wirkung,
daß es uns mit unsern Zeitgenossen aussöhnt; denn es lehrt

uns, daß es nicht an der Entartung des Menschengeschle[...]
liegt, wenn Eigenschaften, um derentwillen wir das a[...]
thum bewundern und beneiden, heut zu Tage weniger[...]
wickelt werden. Wir sehen, daß edle Menschen, un[...]
ähnlichen Umständen, auf eine ähnliche Art handeln. M[...]
verpflanze einen großen Mann in die Wüsteneyen[...]
Kamtschatka, in die schauervolle Nähe eines Volks,[...]
die Bären für seine Muster und Lehrer erkennt, — und[...]
der Ankunft hülfsbedürftiger Fremdlinge lehrt ihn sein un[...]
dorbenes Gefühl, sich selbst ein Genüge leisten, inde[...]
nicht bloß die Pflichten der Menschlichkeit und der G[...]
freyheit ausübt, sondern zugleich in der Ausführung se[...]
wohlthätigen Entschlüsse diejenige Größe des Geistes z[...]
die nur der bessere Mensch fassen kann. Andere Verhält[...]
erfordern und erzeugen in gesitteten, volkreichen, und[...]
allem Ueberfluß gesegneten Ländern andre Tugenden. [...]
das Verdienst, auch da noch Mensch zu bleiben, auc[...]
noch den göttlichen Abel der Seele in seiner unverminde[...]
Kraft zu äußern, wo die Natur selbst ungewöhnliche H[...]
und Verschlossenheit zeigt, wo ihre stiefmütterliche E[...]
samkeit ihren Geschöpfen eher Eigennutz und Vereinzel[...]
als Geselligkeit und mittheilende Liebe einzuflößen sch[...]
dieses Verdienst, welches den Menschen gleichsam [...]
Oberherrschaft entzieht, und ihn über sie erhebt, hat et[...]
so hinreißendes, daß auch die verderbtesten Menschen,[...]
von keiner Tugend gerührt werden, diese Ueberleg[...]
fühlen und ihr huldigen müssen. Dem würdigen Ma[...]
der diese Betrachtungen veranlaßt, hat das Brittische A[...]
ralitätscollegium ein kostbares Silbergeschirr gesch[...]
worauf folgende, nach Herrn D. Douglas U[...]
geschmackvolle und zierliche, lateinische Inschrift stand:

"Viro egregio, Magno de Behm, qui Imperatricis Augu[...]
"fimae Catherinae aufpiciis, fummaque animi benign[...]
"faeva, quibus praecrat, Kamtfchatkae littora nav[...]
"nautisque Britannicis hofpitia praebuit; eolque in term[...]
"fi qui effent Imperio Ruffico, fruftra explorandis, [...]
"multa perpeffos, iterata vice excepit, refecit, recreav[...]
"commeatu omni cumulate auctos dimifit; Rei navalis[...]
"tannicae Septemviri in aliquam benevolentiae tam in[...]
"memoriam, amicifimo gratifinoque animo, fuo patri[...]
"nomine D. D. D MDCCLXXXI".

So ehrenvoll das Zeugniß ist, welches diese Inschrift d[...]
verdienstvollen Befehlshaber von Kamtschatka ertheilt.[...]
berechtigt uns gleichwohl alles, was Herr Capitain [...]
von der Denkungsart des edlen Mannes so eindringend[...]

erzeugend erzählt, zu der Vermuthung, daß ein Andenken
n einer andern Art, in den gerührten Herzen aller Leser
ser Reisegeschichte, eigentlich das Opfer ist, welches
nem Gefühl Genüge leisten, und ihm für seine Grosmuth
n süßesten Lohn ertheilen kann.   G. F.

Elftes Hauptstück.

Verfolg der Begebenheiten in St. Peter
Pauls Hafen. Ueberfluß an Fischen da-
Tod eines Matrosen am Bord der Reso-
. Das Russische Hospital wird der Aufsicht
r Schiffswundärzte übergeben. Zufuhr von
und Rindfleisch. Feyer des Königlichen Ge-
festes. Beschwerliche Fahrt aus der Bay.
ruch eines Vulkans. Lauf nordwärts, bey
ponskoi, Kamtschatskoi, Olutors-
nd Tschukotskoi Nos (Vorgebirge) vor-
Unrichtigkeiten der Russischen Charte. In-
t. Lorenz. Aussicht auf die Küsten von
und Amerika und die St. Diomedes-
ln, von demselben Punkt. Wir machen ver-
ene Versuche nordwärts zwischen den Küsten
sien und Amerika durchzukommen, werden
urch undurchdringliches Eis daran verhindert.
roß- und weiße Bärenjagd. Capitain Cler-
Entschließung und fernere Absichten.

ebenten May. bald nachdem Herr Weber und
s auf die Reise nach Bolscheretsk begeben hat-
var eine große Eisscholle dem Untertheil des Schiffs-
els der Resolution vorbeygetrieben, und hatte zu-
den kleinen Buganker aus dem Grunde gehoben.

Man sah sich daher genöthigt, den andern Anker eben
zu lichten, und ihn aufs neue fallen zu lassen. Die
merleute, die das Leck verstopften, mußten bey d
Arbeit die äußere Bedeckung vom Buge größten
abnehmen. Vieles davon war so abgelößt und verf
daß es sich mit den Fingern hervorziehen ließ. Am
ten hatte es so heftig aus Nordosten gestürmt, daß b
Schiffe ihre große Raaen und Marsstangen hatten
ziehen müssen. Nachmittags war indessen gelinderes
ter eingetreten, und das Eis bis an den Eingang
Hafens St. Peter und Paul fortgetrieben wor
Man hatte deshalb die Schiffe dem Ufer näher gez
um Wasser und Holz bequemer an Bord nehmen zu
nen. Am 12ten waren Leute ans Land geschickt wor
um Holz zu hauen, welches aber des vielen Schnees
gen nicht gut von Statten gehen wollte. Den Sch
gegenüber reinigte man einen bequemen Platz, w
klarer Bach floß, errichtete ein Zelt für den Bött
und schickte sowohl die Segelmacher, als auch die l
Fässer ans Land. Am 15ten war endlich der St
von allem Eise frey; unsre Leute mußten also das
ziehen, und fingen eine Menge Schollen für beyde Sch
Von dieser Zeit an wurden wir überflüssig mit F
versehen, die uns von allen Seiten zukamen. So
die Tojons von Petropawlowsk (St. Peter und P
als die von dem benachbarten Dorfe Paratunka h
vom Major Behm Befehl erhalten, alle Kamtsch
len unter ihrem Befehl für uns fischen zu lassen, so
wir am Bord oft nicht Raum genug hatten, alle Gesch
ke zu beherbergen. Man fing hier hauptsächlich So
len, Kabbeliau, Forellen und Heringe, von denen die
tern in größter Vollkommenheit, von vortreflichem
schmack, und erstaunlich häufig in der Bay vorha
waren. Die Mannschaft der Discovery fing einmal
so große Menge auf einen Zug, daß sie einen Theil da

r ins Wasser werfen mußten, weil sonst das Netz
en wäre; und die Ladung, welche sie ans Land brach,
var dennoch so ansehnlich, daß sie, außer dem was
verspeiset wurde, alle ihre entbehrlichen Tonnen da,
lten und einsalzten, auch überdies der Resolution
hinlänglichen Antheil in eben dieser Absicht schickten,
leichwohl mehrere Scheffel davon am Strande lie,
ssen.

ndlich fing auch der Schnee an schnell weg zu schmel,
nd man sammelte eine Menge wilden Knoblauch,
n, und junge Nesseln für die Mannschaft. Diese
en wurden mit Weizengraupen und Suppengallerte
wovon wir alle Morgen unsern Leuten ein gesun,
o willkommenes Frühstück reichen ließen. Auch
wir die Birken an, und vermischten den süßen
en sie in Menge gaben, mit dem täglichen Antheil
ranntwein, welchen die Mannschaft bekam. Am
chlachtete man ein junges Rind, welches der Ser,
erschaft hatte. Es wog zwey hundert und siebzig
und ward unter die Besatzung beyder Schiffe zu
Mittagsmahlzeit am Sonntage vertheilt. Seit drit,
Jahren war es ihnen so gut nicht geworden; denn
e war es her, daß sie das letzte frische Rindfleisch
orgebirge der guten Hofnung genossen hatten. An
ben Abend starb John Mackintosh, des Zim,
nns Gehülfe, der seit unserer Abreise von den Sand,
nseln beständig an einer Dyssenterie krank gewesen
ein fleißiger, stiller Mann, dessen Verlust seine
ellen bedauerten. Er war der vierte, den wir ver,
allein der erste, dessen Alter und Leibesbeschaffen,
m bey seiner Abreise ein anderes Schicksal verspre,
onnte. Watmann war ungefähr sechzig Jahr alt,
oberts, nebst Herrn Anderson, deren Gesund,
von offenbar, ehe sie England verließen, in Abnahme
en war, konnten unter keinen Umständen ein länge,

res leben erwarten.   Daß aber auch Capitain Cl
ungeachtet der frischen Lebensmittel, die ihm Kamtsch
darbot, von Tage zu Tage immer schwächer wurde, hab
bereits erwähnt. Der Geistliche von Paratunka ver
te ihn, sobald er seine schlechten Gesundheitsumstände e
ren hatte, täglich mit Bord, Milch, frischer Butter
Geflügel, obgleich seine Wohnung von dem Hafen,
wir vor Anker lagen, sechzehn Englische Meilen wei
fernt war.

Das Russische Hospital unweit St. Peter
Paul fanden wir gleich bey unserer Ankunft in den
desten Umständen.   Alle Soldaten litten mehr oder
niger am Scharbock, und bey vielen war diese fürch
che Krankheit schon bis auf den höchsten Grad gesti
Die übrigen Russischen Einwohner des Orts waren
besser daran, und unser Freund, der Sergeant, hatt
besonders durch den Gebrauch des starken Getränks,
ches wir ihm gaben, in wenigen Tagen so übel zuge
tet, daß es gefährlich um ihn aussah.   In diesem b
genswürdigen Zustande übergab sie Capitain Clerke
gesamt der Sorgfalt unserer Wundärzte, und ließ
erkohl und Malz zur Bierwürze in hinlänglicher M
für sie herausgeben.   Wir erstaunten daher, als wi
Bolscheretsk zurückkamen, über die auffallende
änderung und Besserung, welche fast bey einem
sichtbar war; und unsere Wundärzte versicherten
daß sie diese schleunige Wiederherstellung hauptsächli
Wirkung der süßen Bierwürze zuschreiben müßten.

Am ersten Junius nahmen wir zwey hundert und
zig Pud oder neun tausend Pfund Rockenmehl an B
womit wir aus den Magazinen zu St. Peter und P
versorgt wurden; und einen verhältnißmäßigen Vor
erhielt auch die Discovery. Von nun an bekam die M
schaft ihre volle Portion Brod, welche sie seit ihrer Ab
vom Vorgebirge der guten Hofnung nicht genossen h

en diesem Tage wurden wir mit dem Wasserfüllen
, so daß unser ganzer Vorrath in fünf nnd sechzig
en bestand.

m vierten hatten wir frischen Wind mit starkem Re-
und konnten daher unsere Schiffe nicht mit Flaggen
Wimpeln ausschmücken, sondern mußten uns begnü-
en Geburtstag des Königs mit ein und zwanzig Ka-
schüssen zu beehren, und ihn übrigens so gut wir im
e waren, feyerlich zu begehen. Port, den man
r Sprache wegen zurückgelassen hatte, betrug sich
gutem Anstand und so vieler Bescheidenheit, daß
bald sein Herr uns verlassen hatte, nicht mehr Jo-
Port sondern Herr Port der Dolmetscher hieß:
hm er, nebst dem Sergeanten, als Commendant
ts, Theil an unserm heutigen Feste. Unser wür-
Freund, der Priester zu Paratunka, gab an eben
Tage einen großen Schmaus, indem er gehört
daß der Geburtstag unseres Königs wäre. Einige
sern Officieren waren dabey zugegen und hatten
mit ihrer Bewirthung höchst vergnügt zu seyn. An
Essen und Trinken hatte es nicht gefehlt, und es
uch dabey getanzt.

n sechsten schickte man uns, auf Befehl des Ma-
wanzig Stück Rindvieh aus Werchnoi Ostrog,
untschatkafluß, welches in gerader Linie beynahe
r Meilen von diesem Orte entfernt ist. Die Och-
aren von mittlerer Größe, und wohlbeleibt,
tet die Kamtschadalen siebzehn Tage mit ihnen un-
s gewesen waren. Die vier folgenden Tage hin-
machten wir uns zur Abreise fertig und am elften,
ns, fingen wir an, die Anker zu lichten; ehe wir
en ersten aufgewunden hatten, kam der Wind so
aus Nordosten, daß wir genöthigt waren inne zu
und das Schiff von neuem festzumachen, da eben
Wind gerade in den Eingang der Bay hinein stür-

men mußte.   Wir schickten ein Boot ab, um diesen
gang zu besichtigen, und dies bestätigte unsre Vermuth
völlig.   Der Wind ging nämlich daselbst heftig aus S
ost, und dabey trat eine gewaltig hohe See in die B
jeder Versuch hinaus zu segeln wäre also mit Gefahr
bunden gewesen.   Unser Freund Port nahm nunm
von uns Abschied, und wir vertrauten ihm das Käst
mit unsern Tagebüchern an, welches der Major mit
men wollte, desgleichen das kleine Packet, welches er
Ochotsk durch einen Expressen abzufertigen gedac
Am 12ten war das Wetter ruhiger; wir fingen also
zweytenmal an die Anker aufzuwinden, fanden ab
viele Schwierigkeiten dabey, daß wir zuletzt auf die F
hoffen mußten, um den Anker vollends aus dem Gr
zu heben.   Endlich gelang es uns, doch wurden die
kertaue da, wo sie in das Schiff treten, beschädigt.
drey Uhr lichteten wir den großen Buganker und gi
unter Segel; um acht aber, da der Wind aufgehört
und die Fluth gegen uns war, ankerten wir wieder in
Faden Tiefe, der Mündung des Hafens Rakowin
genüber.

Um vier Uhr des andern Morgens lichteten wi
Ebbezeit, und schickten, da völlige Windstille wor,
Boote voraus, um die Schiffe zu ziehen.   Als abe
zehn Uhr der Wind aus Süd-Ost gen Süden auf
und die Fluth sich gegen uns wendete, mußten wi
Anker nochmals in sieben Faden Tiefe fallen l
Nachmittags begleitete ich Herrn Capitain Gore a
östliche Ufer der Einfahrt.   Hier fanden wir an
verschiedenen Stellen die Ueberreste großer Dörfer,
auf der Anhöhe eine alte verfallene Brustwehr, mit
oder fünf Schießscharten, welche den Eingang i
Bay bestrich und zu Behrings Zeiten, wie er selb
wähnt, mit Kanonen besetzt war.   Nahe dabey erk

ir verfallene Spuren von unterirdischen Höhlen, wel-
an vermuthlich zu Magazinen gebraucht hat.

m sechs Uhr Nachmittags lichteten wir mit der Eb-
e Anker, und lavirten gegen den Wind. Da aber
cht Uhr ein Nebel aufstieg, mußten wir abermals
n, weil wir es nicht wagen durften, blos nach An-
g des Senkbleyes zwischen den verborgenen Klippen
den Seiten des Kanals hindurch zu steuern. Um
frühe, als sich der Nebel verzog, gingen wir mit
ender Ebbe unter Segel, wobey die Boote, wegen
wachen Windes, ziehen halfen. Gegen zehn Uhr
Wind und Fluth so stark von der See her, daß
der in dreyzehn Faden ankern mußten. Der Wind,
ganzen Tag heftig in die Bay stieß, nöthigte uns
liegen. Gegen Abend ward das Wetter unge-
finster und umwölkt, und der Wind veränderlich
beständig.

15ten wurden wir, noch vor Tages Anbruch,
n Donner ähnliches dumpfes Geräusch von einem
aufgeschreckt. Als es helle ward, sahen wir die
e und Seiten des Schiffs einen Zoll hoch mit fei-
mirgelähnlichen Staube bedeckt. Die Luft blieb
noch trübe, und war mit eben diesem Staube an-
Nordwärts von dem Hafen, in der Gegend des
s, war alles so dick und finster umwölkt, daß wir
uptmasse des Berges nicht unterscheiden konn-
Um zwölf Uhr und den Nachmittag hindurch wur-
Ausbrüche lauter, und es kam ein Regen von
asche, deren einzelne Körner meistens von der
iner Erbse, zum Theil aber auch wie Haselnüsse
größer waren. Mit dem Aschenregen fielen auch
Steinchen herunter, welche aber vom Feuer keine
derung erlitten hatten. Gegen Abend donnerte
itzte es fürchterlich, und die Dunkelheit der mit
sel erfüllten Atmosphäre, nebst den übrigen furcht-

E

baren Umständen machten dies Gewitter zu einem vor
lich schauerlichen und Ehrfurcht erregenden Schausp
Vom Fuße des Vulkan mochten wir jetzt etwa acht S
meilen entfernt seyn.

Am 16ten, gegen Morgen, lichteten wir die A
und steuerten aus der Bay hinaus; allein wir kamen,
dem die Ebbe queer über die Einfahrt nach dem östli
Ufer strömte, den dortigen Nadelfelsen sehr nahe,
mußten die Boote aussetzen, um uns hinweg ziehe
lassen. Um Mittag hatten wir das Land bereits zwey S
meilen weit im Rücken. Auch hier fanden wir mit dem S
blen, in drey und vierzig Faden Tiefe, den Meeresg
mit dergleichen kleinen Steinchen bedeckt, wie nach
Ausbrüchen des Vulkans auf unser Verdeck gefallen
ren; ob sie aber von diesem letztern, oder von früh
Ausbrüchen herrührten, müssen wir dahingestellt seyn la
Der Anblick des Landes hatte sich seit unserer ersten
kunft von dieser Küste sehr merklich verändert. Nu
Spitzen der Berge waren noch mit Schnee bedeckt: da
gegen prangten ihre bewaldeten Abhänge überall mit
schönsten Grün. Um die Lage von Kamtschatka zu be
men, suchte Capitain Clerke, wenigstens so lange es
Wetter erlaubte, die Küste stets vor Augen zu be
Bis zum 18ten steuerten wir daher mit schwachem u
ständigen Winde Nordnordostwärts. Aus dem Vu
stiegen noch immer unermeßliche Rauchwolken auf,
vier Seemeilen weit vom Lande war die Tiefe mit hu
und funfzig Faden nicht zu ergründen. Der frische S
wind, den wir am 18ten erhielten, brachte so tru
neblichtes Wetter mit, daß es unvorsichtig gewesen w
uns länger in der Nähe des Landes aufzuhalten.
indeß die Untersuchung sogleich fortsetzen zu können, w
sich der Nebel zerstreuet haben würde, steuerten wir
Richtung des Landes, nach Maaßgabe der Russi
Charte, parallel, und löseten von Zeit zu Zeit Kano

er Discovery anzuzeigen, wohin sie uns zu folgen
Um elf Uhr, kurz vorher, ehe wir das Land aus
Gesichte verloren, lag Tschepunskoi-Nos
gebirge) sieben oder acht Seemeilen weit von uns
Nordnordosten.

m 20sten, früh um drey Uhr, heiterte sich das
er auf, und wir näherten uns wieder der Küste,
hen sie nach Verlauf einer Stunde fünf Seemeilen
vor uns liegen. Den nördlichen Theil derselben
wir für das Kronotskoi-Nos. Mit der in
ussischen Charten angegebenen nördlichen Breite
° 42′ kam es nämlich so ziemlich überein; hinge-
es der Länge nach davon verschieden, indem sie
° 48′ östlich von Awatscha setzen, dahingegen
Rechnung, nach der Längenuhr und den Monds-
tungen 3° 34′ östlicher Länge von Awatscha,
62° 17′ östlicher Länge von Greenwich ausweiset.
egend um dieses Vorgebirge ist hoch, und die
e die tiefer im Lande liegen, waren noch mit
bedeckt. Das Ufer bildete einen jähen Absturz,
llen Anschein von Buchten oder Bayen. Wir
diesen Anblick noch nicht lange gehabt, als ihn
dicker Nebel, mit Südwestwind begleitet, wieder
, wobey wir Nord-Ost gen Osten steuern mußten.
Mittag zertheilte er sich wieder, und wir durften
abermals der Küste nähern, wo wir bey Tages-
am 21sten, unserer Erwartung gemäß, Kamt-
koi-Nos erblickten.

ld darauf wehete, anstatt des südlichen Windes,
fte Landluft, die uns nicht nahe genug kommen
die Beschaffenheit des Landes zu erkennen, oder
Lage genau zu bestimmen. Um Mittag fanden
nach vielen Mondsbeobachtungen die Breite in
2′ N. und 163° 50′ östliche Länge. Abends um
Uhr befanden wir uns nur zwey Seemeilen weit

vom Lande, welches hier eine, zwölf Seemeilen la[ng]
von Norden nach Süden gerichtete Halbinsel bil[det]
Sie ist eben und von mittlerer Höhe; gegen Süden l[äuft]
sie in eine abhängige flache Spitze zu; gegen No[rden]
hingegen erblickt man eine steile stumpfe Höhe (he[ad?]
und zwischen diesen Punkten liegt, vier Meilen nordw[ärts]
von der Südspitze, eine beträchtliche Oefnung, wo [das]
Land zu beyden Seiten sehr niedrig ist. Ueber der [Oef]
nung, oder im Hintergrunde derselben, erhebt sich [ein]
merklicher sattelförmiger Berg, und über den Rü[cken]
der ganzen Halbinsel zieht sich eine Kette von hohen
Schnee bedeckten Gebirgen hin. Wo wir Kamtsch[at]
koi-Nos (Vorgebirge) an einer grade fortstreichen[den]
Küste suchen sollten, ließ sich nicht wohl ausma[chen]
Nach Herrn Müller, bildet es gegen die Mitte [der]
Halbinsel eine hervortretende Spitze; aber dergleiche[n ist]
gewiß nicht vorhanden.   Seitdem habe ich bem[erkt]
daß jene Benennung, in der Generalcharte, welch[e die]
Akademie zu St. Petersburg im Jahr 1776 her[aus]
gegeben hat, der Südspitze beygelegt worden ist. [Nach]
genau bestimmten Beobachtungen liegt dieses Vorge[birge]
in 56° 3' nördlicher Breite und 163° 20' öst[licher]
Länge.   Uebrigens muß noch angemerkt werden, [daß in]
den Russischen Charten die Länge desselben verhä[lt]
mäßig, wie die Länge von Kronotskoi-Nos, von u[nsrer]
Angabe abweicht.   Die Magnetnadel hat hier 10° [Ab]
weichung nach Osten.   Südwärts von dieser Halb[insel]
fällt der große Kamtschatkafluß ins Meer.

  Da diese Jahrszeit zu unsern nördlicheren Entde[ckun]
gen benutzt werden mußte, so konnten wir die Kü[ste]
von Kamtschatka, nicht genau untersuchen, sondern [mußten]
Capitain Clerkes Absichten gemäß, unser Augen[merk]
auf die Bestimmung der (wichtigsten) Landspitzen di[esseit]
der Behringstraße richten. Demzufolge steuerten [wir]
jetzt bey dem Eingange des großen Busens, we[lcher]

h das Kamtschatskoi-und Olutorskoi-Nos
det wird, queer vorüber, um das letztere Vorge-
, wo die große Halbinsel Kamtschatka an das
der Koriäken gränzt, ansichtig zu werden.

m 22sten segelten wir an einem todten Wallfisch
n, welcher auf eine ganze Seemeile umhin einen
lichen Gestank verbreitete, und von einer Menge
ögel gleichsam bedeckt war, die alle von ihm zehrten.
dem der Wind in dreyen Tagen den ganzen Kom-
urchlaufen hatte, setzte er sich am 24sten in Süd-
n und brachte uns heiteres Wetter, wobey wir
Ost gen Norden vor dem Busen fortschifften, ohne
o Land zu erblicken. Heute ließen sich eine große
Seemewen sehen; auch beobachteten wir die ekel-
Art, wie die nordischen Seemewen ihre Nahrung
, wovon sie den Namen Parasiten erhalten haben *).
m 25sten, um ein Uhr Nachmittags, als wir uns
° 12' nördlicher Breite und 168° 35' befanden,
ey eben demselben, indeß stärker gewordenen
, ein dicker Nebel auf. Dadurch wurden wir
ert, das Vorgebirge Olutorskoi in Augen-
zu nehmen, dessen Anblick wir bereits erwarteten.
Müllers Angabe liegt es in 59° 30' nördlicher
e und 167° 36' östlicher Länge und konnte folglich
och zwölf Meilen von uns entfernt seyn. Ein Land
ittlerer Höhe wäre leicht in dieser Entfernung zu
gewesen. Findet aber hier in Absicht der Länge
r Irrthum statt, den wir bisher überall bemerkt
, so mußte uns das Vorgebirge, schon ehe der Nebel

E 3

---

ieser Vogel (*Larus Parasiticus Linn.*) der etwas größer als
e gemeine Seemewe ist, verfolgt nämlich letztere, wo er
e nur sieht. Diese fliegt mit lautem Geschrey in großer
ugst umher, und läßt zuletzt ihren Unrath fallen, den der
erfolger, ehe er noch ins Meer fällt, begierig aufschnappt.
nmerkung der Urschrift.

herankam, ungleich näher liegen, und folglich entw
das Land daselbst äußerst niedrig, oder Herrn Müll
Angabe irrig seyn; denn sonst würden wir es ge
haben.   Wir warfen das Senkbley, doch ohne
hundert und sechzig Faden Grund zu finden.   Noch
mer ward es dunkler und trüber, so daß wir uns
Lande nicht nähern durften; wir richteten daher um
Uhr unsern Lauf Ost gen Norden, folglich etwas östli
als die Küste jenseits Olutorskoi-Nos sich den
sischen Charten zufolge erstrecken soll.   Am 26sten
men wir einen frischen Südwestwind, der bis
folgenden Mittag anhielt.   Dann zerstreute sich der
bel, und wir konnten Nordwärts steuern, um das
aufzusuchen. Unsere Beobachtungen gaben 59° 49'n
licher Breite und 175° 43' östlicher Länge; Nach
tags zeigten sich einige Wasserraben, welche nie wei
die See fliegen sollen; demungeachtet sahen wir erst
28sten um sechs Uhr Morgens im Nordwesten
An der Küste selbst waren die Berge von mäßiger H
aber tiefer hinein schienen sie ansehnlicher zu
Waldungen sahen wir nirgends; und da der Schnee
und dort große Strecken bedeckte, so hatte das G
eine höchst unfruchtbare Aussicht.   Um neun Uhr b
den wir uns nur neun Englische Meilen weit von
Küste, und sahen eine Spitze in 61° 48' nörd
Breite und 174° 48' östlicher Länge liegen, jenseits
cher nach Süden hin die Küste sich westwärts zu w
schien.   Nach den Russischen Charten müßte sie un
der Mündung des Opuka Flusses gelegen seyn.
gen Norden hin glaubten wir zu bemerken, daß die
ebenfalls westwärts eine tiefe Bay bilde.

Ungefähr acht Englische Meilen weit vom
befanden wir uns in einem heftigen Strudel.
besorgten daher Untiefen, und steuerten längs der
gegen Nordosten.   Das Senkbley fand aber überall

wanzig Faden Tiefe auf sandigem Boden, und wir
en daraus, daß jene starke Bewegung durch eine
verursacht würde, welche dazumal südwärts floß.
gs waren wir von dem nächsten Ufer vier Seemei-
tfernt. Uns gegenüber lag ein niedriges Land,
s die beyden Spitzen, zwischen denen wir vorher
ay vermuthet hatten, mit einander verband. Die
lenkt sich nur wenig nach Westen, und hat daselbst
eringe Einbucht, welche vielleicht die Mündung
unbeträchtlichen Flüßchens ist. Wir beobachteten
1° 56' nördlicher Breite, 175° 43' östlicher Länge
° 30' östlicher Abweichung der Magnetnadel.
ittags setzten wir mit Hülfe eines schwachen west-
üftchens unsern Weg längs der Küste fort, und
regelmäßig zwischen acht und zwanzig und sechs
reyßig Faden Tiefe. Der Anblick des Landes ist
en so öde, als gegen Süden. Im Innern sind
iche Gebirge, doch konnten wir sie nicht bestimmt
ehen, da ihre Gipfel immer in Wolken verhüllt
Gegen acht Uhr Abends glaubte man im Ost
rden Land zu sehen. Wir steuerten sogleich darauf
nden aber bald, daß es bloßer Nebel war. Um
nacht sahen wir Nordostwärts die äußerste Spitze
üste, und hielten sie für das Vorgebirge (Nos)
däus. Südwärts von demselben wendet sich die
nach Westen, und bildet eine tiefe Bucht, worin
ussischen Charten zufolge, die Katirka fließt.
n 29sten hatten wir Nordostwind mit unveränder-
, unbeständigen Wetter. Am 30sten Mittags
eten wir die Breite in 61° 48' N. und hatten
östlicher Länge; damals lag das Vorgebirge St.
däus Nord in Nord Westen drey und zwanzig
eilen weit von uns entfernt, und jenseits desselben
wir die Küste beynahe gerade Nordwärts fortgehen.
stliche Spitze jenes Vorgebirges (Nos) liegt in 62°

50′ nördlicher Breite und 179° östlicher Länge, folglich viertehalb Grade östlicher als die Russischen Charten es angeben. Da wir das Land in einer so großen Entfernung sahen, muß es sehr hoch seyn. Während der letzten beyden Tage kamen eine Menge Wallfische, große Robben, und Wallrosse, imgleichen Mewen, Seepapageyen und Albatrosse zum Vorschein. Wir machten uns eine kleine Windstille zu Nutze, um zu fischen, und fingen, in einer Tiefe von fünf und sechzig bis fünf und siebzig Faden, eine große Menge vortreflichen Kabbeliau.

Am ersten Julius ließ Herr Bligh das große Senkbley in eine Tiefe von fünf und siebzig Faden herunter, und befestigte ein kleines Fäßchen daran, wodurch er abmessen konnte, daß das Schiff in einer Stunde eine halbe Englische Meile Nord gen Osten trieb. Er vermuthete indessen keine Strömung, sondern schrieb diese Bewegung einer hohen See aus Süden zu. Gegen Abend erhielten wir einen frischen Südostwind, und richteten mit dessen Hülfe unsern Lauf nach der Landspitze welche in Behrings Charte Tschukotskoi-Nos heißt. Wir hatten dieses Vorgebirge bereits am vierten September des vorigen Jahrs zu gleicher Zeit mit der Insel St. Lorenz erblickt. Es bildet mit dem Vorgebirge St. Thaddäus die äußersten Gränzen des tiefen Meerbusens von Anadir, in welchen der Fluß dieses Namens fällt, der in seinem Lauf die Gränze zwischen dem Lande der Koriäken und der Tschuktschen ausmacht. Mittags, den dritten, eine halbe Stunde vorher ehe wir Tschukotskoi-Nos zu Gesicht bekamen, befanden wir uns in 63° 33′ nördlicher Breite und 186° 45′ östlicher Länge. Das Vorgebirge lag Nord gen Westen, dreyzehn oder vierzehn Seemeilen entfernt. Um fünf Uhr Nachmittags erblickten wir auch die Insel St. Lorenz und zwischen dieser und Andersons Insel noch ein kleineres Eiland, welches uns nicht genau

ekannt war. Capitain Clerke ließ, um es näher in
ugenschein zu nehmen, das Schiff sogleich so nah als
nöglich am Winde segeln; allein wir konnten unglück-
icherweise nicht windwärts an der Lorenzinsel vorbey-
ommen, und mußten also an den sämmtlichen Inseln
unterdem Winde vorbey schiffen.

Wir hatten das vorigemal bessere Gelegenheit, die
Länge der Insel St. Lorenz zu bestimmen, als jetzt.
Ihre Breite hingegen hatten wir damals nur nach der
muthmaßlichen Entfernung angeben können; nunmehr
aber setzten wir sie, nach genauen Beobachtungen der
Polhöhe um Mittag, auf 63° 47' nördlich, fest; die
Länge nahmen wir, so wie zuvor auf 188° 15' östlich an.
Die ganze Insel hat, wenn wir anders diesesmal ihre
wahren Gränzen gesehen haben, ungefähr drey Seemeilen im Umfange.   Den nördlichen Theil erblickt man
von in einer Ferne von zehn bis zwölf Seemeilen; der
oöstliche hingegen ist niedriger, und es ließ sich nicht
gewiß bestimmen, wie weit sich das Land dorthin erstrecke.
Einige von uns vermutheten daher, es könnte mit dem
weiter ostwärts gelegenen Lande zusammenhängen; dies
mußten wir aber wegen der Dunkelheit des Wetters
unentschieden lassen.   Diese Inseln und das Land um
Tschukotskoi-Nos herum waren mit Schnee bedeckt,
und stellten uns eine öde traurige Landschaft dar. Um
Mitternacht lag St. Lorenz Süd Süd Ost fünf bis
sechs Englische Meilen von uns entfernt.   Hier fanden
wir achtzehn Faden Tiefe, und wurden von allerley See-
vögeln begleitet; auch ließen sich einige kleine gehäubte
Habichte sehen.

Das Wetter blieb noch immer trübe und wir verloren
das Land gänzlich aus dem Gesichte, bis wir es am fünften im Nordosten und Nordwesten wieder erblickten.
Nach unserer Rechnung mußten wir Mittags in 65° 24'
nördlicher Breite und 189° 14' östlicher Länge seyn.

E 5

Da wir nun bereits im vorigen Jahr die Breite der In=
seln St. Diomedes, welche in der Behringsstraße
zwischen den Küsten beyder festen Länder liegen, auf 65°
48' nördlich bestimmt hatten, konnten wir die Lage des
nordöstlichen Landes mit jenen Inseln nicht reimen. Wir
segelten deshalb darauf zu, und waren um drey Uhr
Nachmittags nur noch vier englische Meilen weit davon
entfernt. Nunmehr sahen wir, daß es zwey Inseln
waren, und wir erkannten sie für die ebenerwähnten wie=
der. Da die Finsterniß noch immer fortdauerte, segel=
ten wir, um unserer Lage gewiß zu seyn, bis sieben Uhr
Abends nach Asien hinüber, und befanden uns dann zwey
bis drey Seemeilen weit vom Ostkap jenes Welttheils
entfernt. Dieses Vorgebirge besteht in einem hohen
abgerundeten Lande, welches sich vier oder fünf Englische
Meilen weit von Norden nach Süden erstreckt, und ein
Halbinsel bildet, die vermittelst einer schmalen niedrigen
Landenge, mit dem festen Lande zusammenhängt. Die
Ufer sind steil und an der Nordseite sieht man drey hohe
einzelne, kirchthurmähnliche Felsen. Die Gegend war
jetzt mit Schnee bedeckt, und der Strand mit Eis einge=
schlossen. Hier wurden wir überzeugt, daß eine starke
Strömung aus Norden her, die wir auch im vorigen
Jahre in dieser Meerenge bemerkt, auf unsere Schiffe
gewirkt und heute, um Mittag, einen Irrthum von
zwanzig Meilen in der Breite verursacht hatte.

Da wir nunmehr unsre Lage zuverläßig wußten, fuh=
ren wir fort Nord gen Osten zu segeln. Um zehn Uhr
Abends klärte sich der Himmel auf, und wir konnten
nunmehr zu gleicher Zeit sowohl das Vorgebirge des
Prinzen von Wales an der Küste von Amerika, als
das Ostkap von Asien, und die zwischen beyden
liegenden St. Diomedes Inseln sehen.

Am sechsten, Mittags, waren wir nach unsrer
Rechnung in 67° nördlicher Breite und 191° 6' östlicher

nge. Da wir bisher schon bey vielen ansehnlichen
massen vorbeygesegelt waren, und das Eis an ver-
edenen Stellen auf den Asiatischen Küsten noch festsitzen
hen hatten, verwunderten wir uns eben nicht sehr, als
Nachmittags um drey Uhr ein großes Eisfeld erblickten,
ches sich westwärts hin erstreckte; allein die Hoffnung
diesem Jahre weiter als im vorigen nordwärts vorzudrin-
, erlitt dadurch einen ziemlichen Stoß. Nachmit-
hoben wir, bey sehr gelindem Winde, die Boote
, um Wallrosse zu erlegen, die in großer Anzahl auf
den einzelnen Eisschollen lagen. Unsre Mannschaft
te aber bald unverrichteter Sachen zurück; denn diese
ere waren im höchsten Grade scheu, und stürzten sich
Wasser, ehe man sich ihnen auf einen Büchsenschuß
ern konnte. Um sieben Uhr Abends nahmen wir die
ote wieder ein, und steuerten mit stärkerem Winde
oöstlich, um die Küste von Amerika zwischen 68° und
der Breite zu untersuchen, da wir es im vorigen
re wegen des Nebelwetters nicht hatten thun können.
wurden aber auch jetzt wieder einigermaßen an die-
Vorhaben gehindert; denn am folgenden Morgen
sechs Uhr ward unser Lauf durch ein großes Eisfeld
mmt, welches sich von Nordost nach Südost erstreckte.
o nachher, als sich das Wetter aufheiterte, sahen
die Küste von Amerika zwischen 68° und 68° 20'
licher Breite zehn Meilen weit von uns liegen. Bey
m heitern Wetter und der geringen Höhe des Eises
ten wir eine große Strecke desselben übersehen, und
en, daß die Oberfläche durchaus fest, dicht, und
im mindesten aufgethaut war, und daß es, dem
hein nach, noch mit dem Lande zusammen hing.
nachher ward der Horizont wieder so trübe, daß
das Land nicht mehr sahen. Da auch keine Mög-
eit vorhanden war, näher hinan zu kommen, so
ten wir Nordnordwest nahe am Eise hin, und um-

schifften zu Mittage, da wir, unserer Rechnung zufolg
in der nördlichen Breite von 68° 22′ und 192° 34′ öst
cher Länge waren, die westliche Spitze desselben. Nu
mehr ging unser Lauf wieder Nordnordost ebenfalls läng
dem Eise, und zwischen verschiedenen von der feste
Masse abgebröckelten Stücken hin, die, ob wir gleic
alle Vorsicht anwandten, dennoch mit vieler Gewa
gegen die Schiffe stießen. Um acht Uhr Abends sahe
wir einige Stücken Treibholz, und um Mitternac
änderte sich der Wind, und ward nordwestlich. D
Thermometer fiel von 38° auf 31° und dabey schney
und schloßte es unaufhörlich.

Am achten, um fünf Uhr Morgens, ging der Wi
noch nördlicher, so daß wir, wegen des Eises, nic
mehr denselben Lauf halten konnten, sondern nach Wes
umlegen mußten.   Die Tiefe hatte sich bis auf neunze
Faden vermindert, woraus wir nach Anleitung unser
im vorigen Jahre angestellten Beobachtungen schlosse
daß die Amerikanische Küste nur sechs bis sieben Seemei
len weit entfernt seyn könne, ob wir gleich wegen ein
heftigen Schneeschauers lange nicht so weit sehen konnt
Um zwey Uhr Nachmittags ward das Wetter heiter, u
wir befanden uns, wie es vom Verdecke schien, nah
einer Strecke von dichtem Eise; vom Mastkorbe aus zei
es sich aber als ein Haufen großer fester Klumpen, wel
im Umkreise dicht aneinander verschränkt waren, in d
Mitte aber leere Räume im Wasser ließen, worin d
einzelne lose Stücken umher schwammen.   Wir segelt
längs demselben südwärts, um an eine offene Stelle
kommen; denn der nördliche Wind hatte so viele gro
Massen herunter geflößt, daß wir eine Zeitlang ganz dar
umringt waren, und bisweilen nothwendig daran stoß
mußten, ob wir gleich, um gemach fortzuschiffen, d
Marssegel eingereft hatten.

Am neunten kam der Wind frisch aus Nordnordwest,
brachte heftigen Schnee und Schlossenregen.   In
Nacht stand das Thermometer auf 28° und bey Tage
30°.   Wir steuerten Westsüdwest, so nahe als mög-
neben der grossen Eismasse fort.   Dabey hatten wir
Unglück, etwas von der Bekleidung des Schiffs am
ge zu verlieren und den Untertheil des Schiffsschnabels
eschädigen, indem wir manchem heftigen und wirk-
mit Gefahr verbundenen Stoße nicht ausweichen
ten.   Nunmehr hatten wir gegen vierzig Seemeilen
s dem Rande des Eises zurückgelegt, ohne nord-
ts, jenseits desselben, eine Oefnung oder eine freye
zu entdecken.   Die Aussicht, weiter gegen den Pol
mmen, war also für jetzt so gut als verloren, und
tain Clerke faßte den Entschluß, nach Süden,
einzigen Gegend die uns noch offen blieb) zu segeln,
eine spätere Jahrszeit abzuwarten, ehe er einen
n Versuch wagte.   In der Zwischenzeit nahm er
vor, die Bay St. Lorenz und die südlich von der-
n gelegene Küste zu untersuchen, da ein Hafen in
r Nähe uns sehr willkommen seyn mußte, falls wir
in der Folge vom Eise Schaden leiden sollten.   Auch
chten wir, unsern Freunden, den Tschuktschen,
einen Besuch abzustatten, zumal da wir durch den
ehlshaber von Kamtschatka so gute Nachrichten
hnen erhalten hatten.

Wir segelten südwärts und kamen bey einer großen
ge Treibeis vorbey.   Am folgenden Mittag, wo
nach unseren Beobachtungen, in 68° 1′ nörd-
e Breite und 188° 30′ östlicher Länge waren, ward
öllig Windstill.   Vormittags sahen wir einige Wall-
e, und nach dem Essen hoben wir die Boote aus,
einige von den Wallrossen tödten zu lassen, welche
Menge auf den Eisschollen herum lagen.   Diesmal
en unsere Leute glücklicher als neulich; sie brachten

nämlich drey große und ein junges an Bord, u
hatten außerdem noch einige andere getödtet und ve
schiedene verwundet. Die Officiere, welche mit auf d
Jagd gegaugen waren, hatten einige merkwürdige Be
spiele von der mütterlichen Sorgfalt dieser Thiere für ih
Jungen gesehen. Bey der Annäherung unserer Boo
nahmen sie ihre Jungen unter ihre Flossen, und such
sich mit ihnen vom Eise in die See zu retten. Mehre
deren Junge getödtet oder verwundet auf der Oberflä
des Wassers schwammen, kamen wieder aus der T
herauf, und zogen sie in dem Augenblick, wo unsere le
sie ins Boot heben wollten, mit sich hinunter; und m
konnte bemerken, daß sie dieselben eine große Str
durch das Wasser forttrugen, weil dies mit ihrem B
gefärbt ward. Von Zeit zu Zeit brachten sie sie wie
über die Oberfläche des Wassers hervor, vermuthlich
ihnen frische Luft zu verschaffen, und tauchten dann m
der mit entsetzlichem Gebrüll unter. Das Weibch
dessen Junges erschossen und in das Boot genomm
ward, gerieth in solche Wuth, daß es unser Boot an
und mit seinen beyden Hauzähnen den Boden desse
durchbohrte. Um acht Uhr Abends erhob sich ein
wind, mit dem wir südwärts fortschifften. Um Mit
nacht begegneten wir einer Menge großer Eismaß
durch welche wir uns, aus Furcht das Schiff zu bes
digen, mit wenigen Segeln einen Weg zu bahnen such
Als wir aber noch etwas weiter südlich gekommen war
entdeckten wir ein festes Eisfeld, welches sich, so
das Auge reichte, südwest, südost und nordostw
erstreckte. Diese unverhofte und furchtbare Erschein
vereitelte Capitain Clerke's Vorhaben, die Tschu
schen zu besuchen; denn nunmehr blieb uns ni
anders übrig, als Nordwärts zurückzugehen, welc
wir am elften, um drey Uhr Morgens, auch wirk
thaten. Mittags befanden wir uns in 67° 49' n

er Breite und 188° 47′ östlicher Länge. Am 12ten
ten wir schwache Winde und trübes neblichtes Wetter.
Strömung floß hier nordwestwärts, und zwar eine
de Englische Meile in der Stunde. Bis zum 13ten,
en Mittag, setzten wir, mit Hülfe eines mäßigen
dwindes den Lauf nach Norden fort; dann befanden
uns aber wieder dicht am Rande eines festen Eisfel-
, dessen Gränzen wir vom Mastkorbe nicht absehen
ten. Unsere Hoffnung weiter vordringen zu kön-
, war bisher ziemlich gestiegen, da wir eben jetzt
Seemeilen weit auf einer Stelle zurückgelegt hatten,
e noch am neunten mit undurchdringlichem Eise
t gewesen war; aber nunmehr verschwand sie auf
al. Wir befanden uns gegenwärtig in 69° 37′
licher Breite ungefähr in der Mitte zwischen beyden
theilen, und die Eisfelder erstreckten sich von Ost-
st bis Westsüdwest. In dieser Gegend des Meeres
auch nicht die entfernteste Aussicht übrig, daß wir
cher würden gelangen können. Capitain Clerke
loß sich also, noch einen letzten Versuch an der Ame-
schen Seite anzustellen, um sich der Baffinsbay zu
n, zumal, da wir im vorigen Jahr auf dieser Seite
eitesten vorgedrungen waren. Wir lavirten nun
eberrest des Tages gegen einen frischen Ostwind an.
rend der Zeit ließen sich einige Sturmvögel (Malle-
n) und nordische Mewen sehen; auch trieben zwey
e bey uns vorbey, welche vermuthlich schon lange
asser gelegen hatten. Der größere hatte ungefähr
chuh in der Länge und drey im Umfange; die Rinde
weige hatte er schon verlohren, aber die Wurzel
r noch. Am 14ten setzten wir unsern Lauf, bey-
n einer Parallellinie mit dem Wege, den wir am
und neunten zurückgelegt hatten, nur sechs See-
nördlicher, nach Osten fort. Das Wetter war
und neblicht, bis am 15ten ein stärkerer Westwind

den Nebel zerstreute. Hierauf segelten wir sogleich n
Norden, um das Eis näher in Augenschein zu nehme
und kamen in einer Stunde schon ganz nahe heran. W
fanden es dicht und fest, am Rande zerrissen und n
ungleicher Höhe: inwendig aber war die Oberfläche eb
und ragte acht bis zehn Schuh über dem Meere herv
Da das Wetter gelinde war, konnten wir längs dem E
hinsegeln, und bemerkten, daß es an mehreren Stel
tiefe Einbuchten hatte.

Früh am 16ten ward der Wind heftiger, und brac
häufige Schneeschauer mit. Um acht Uhr Vormit
stürmte es so sehr aus Westsüdwest, daß wir die M
segel doppelt einreffen mußten. Als hierauf das Wa
sich ein wenig aufklärte, sahen wir, daß unsre Schiffe
allen Seiten von dem Eise, welches sich plötzlich südostw
gewendet hatte, umringt waren. Nur gegen Süden
noch ein Ausweg offen, und dahin hielten wir uns
dicht am Winde. Wir waren jetzt bis auf 70° 8′ n
licher Breite gekommen, und mochten etwa fünf und z
zig Seemeilen weit von Amerika entfernt seyn.
Wind nahm noch immer an Heftigkeit zu; wir mu
daher um vier Uhr Nachmittags die Marssegel völlig
reffen, das Kreuzsegel ganz einnehmen und die B
raaen auf das Verdeck herablassen. Um acht Uhr fa
wir nur zwey und zwanzig Faden Tiefe; wir glaubte
der Amerikanischen Küste näher gekommen zu seyn,
legten das Schiff nach Norden um. Es stürmte und sch
te die ganze Nacht; am folgenden Morgen aber h
sich der Himmel auf, und um acht Uhr war der Win
gemäßigt, daß wir die Bramraaen wieder aufziehen,
mit einem Westsüdwestwinde weiter schiffen konnten.
tags waren wir, nach unsern Beachtungen, in 69°
nördlicher Breite und 194° 30′ östlicher Länge. G
Abend ließ der Wind nach, und um Mitternacht h
wir eine Windstille. Auf diese folgte um fünf Uhr

ein leichtes Lüftchen aus Ostnordost, womit wir nord=
s segelten, um so bald als möglich wieder an das
zu kommen. Indeß schwammen einige kleine Stücke
bholz bey uns vorbey; auch sahen wir eine Menge
agentaucher, kleine Eis-Sturmvögel und Wallfische.
Mittag befanden wir uns, unseren Beobachtungen
ge, in 70° 26' nördlicher Breite und 194° 54' öst=
r Länge. Die Tiefe des Meeres betrug hier drey und
zig Faden, und das Eis erstreckte sich von Nord nach
ordost, drey Englische Meilen weit. Um ein Uhr
mittags hatten wir den Rand eines festen Eisfeldes
ht, welches von Westnordwest bis nach Osten vor
ag; wir legten daher um, und schifften mit westli=
Winde ostwärts längs demselben hin. Als hierauf
f Uhr in der Nacht ein dicker Nebel aufstieg, und
iefe um diese Zeit nur neunzehn Faden betrug, hiel=
ir uns am Winde, und liefen nach Süden. Die
netnadel wich, nach den heutigen Beobachtungen,
o' östlich ab. Es war merkwürdig, daß, ob wir
auf dem festen Eise keine Wallrosse sahen, sie gleich=
in größern Heerden als wir noch gesehen hatten, auf
bgelösten Eisschollen lagen. Abends um neun Uhr
mm ein weisser Bär dicht an der Discovery vorbey,
egab sich auf das Eis, wo sich noch zwey andere auf=
n. Am 19ten, früh um ein Uhr, klärte sich das
er auf, und nun steuerten wir sogleich nochmals
ostwärts; aber um zwey Uhr waren wir wieder so
mmen eingeschlossen, daß Süden die einzige Rich=
lieb, in welcher wir uns heraus ziehen konnten.
ingen also, bey vorzüglich stiller See und günsti=
Wetter auf eben dem Wege, auf dem wir hineinge=
en waren, zurück. Weiter nordwärts, als wir
mal gekommen waren, nämlich bis zu 70° 33' nord=
Breite haben wir nie gegen den Pol vordringen
n, ob wir gleich im vorigen Jahre fünf Seemeilen

F

weiter gekommen waren. Wir hielten uns noch imm
nach Südsüdwesten, und segelten mit Hülfe eines schw
chen Nordwestwindes, am Rande des großen Eisfeld
hin, welches uns zur Linken, oder zwischen uns und d
Amerikanischen Küsten lag. Mittags beobachteten w
die Polhöhe unter 70° 11′ nördlicher Breite und 196° 1
östlicher Länge. Hier war das Wasser sechzehn Fad
tief; aus diesem Umstande vermutheten wir, das Eis
(*Icy Cape*) könne nur noch sieben bis acht Seemeilen v
uns entfernt seyn, ob wir es gleich nicht sehen konnt
da der Horizont, ungeachtet wir übrigens heitres Wet
hatten, mit Dünsten bedeckt war.

Nachmittags sahen wir ein Paar weiße Bären
Wasser; wir setzten ihnen sogleich in der Jolle nach, u
erlegten sie glücklich. Das größere Thier war vermu
lich die Mutter des jüngeren; denn dies wollte, da e
zuerst erschossen ward, sie nicht verlassen, so leicht es m
während der Zeit, da wieder geladen wurde, hätte e
kommen können. Die Maaßen des größern waren f
gende:

	Fuß 3
Von der Schnauze bis ans Ende des Schwanzes	7′
= = den Schulterknochen	2′
Höhe der Schulter : :	4′
Umfang unweit der Vorderbeine =	4′ 1
Breite der Vorderpfote , :	=′ 1
Gewicht der vier Viertel 436 Pf.	
dito des Kleineren 256 Pf.	

Diese Maaße stimmen fast ganz genau mit denen,
lord Mulgrave (damals Capitain Phipps in fei
Reise nach dem Nordpol) angegeben hat, überein,
Dicke oder den Umfang des Thiers ausgenommen, wel
bey unserm Bäre weit geringer ist. Diese Jagd versch
uns einige vortreffliche Mahlzeiten von frischem Fleisc
welches zwar einen starken Thrangeschmack hatte, a

chwohl dem Wallroßfleische weit vorzuziehen war. Es
ete indeß wenig Ueberredung, unsere Leute dahin zu
ngen, daß sie auch dieses letztere lieber genossen als
e eingesalzene Schiffskost.

Am 20sten um sechs Uhr Morgens entstand ein groß=
Nebel, der uns zwey Stunden lang das Eis verbarg.
bald er sich wieder verzog, sahen wir die Hauptstrecke
der in Südsüdosten, legten uns an den Wind, wel=
r aus Osten kam, und erwarteten daß sich die Ameri=
ische Küste zeigen würde. Dies geschah auch um halb
Uhr wirklich. Mittags befanden wir uns, der Schiffs=
nung zufolge, in 69° 33' nördlicher Breite und
°53' östlicher Länge, wo die Tiefe neunzehn Faden be=
t. Das Land war von Süd gen Ost nach Südsüd=
½ Westen acht bis zehn Seemeilen weit vor uns,
zwar dieselbe Gegend, welche wir bereits im vorigen
re gesehen hatten, nur mit dem Unterschiede, daß
ungleich mehr Schnee darauf lag, und das Eis ver=
lich am Lande fest saß. Nachmittags segelten wir
h gebröckeltes Eis, und näherten uns dem Lande so
, als es der Ostsüdostwind erlaubte. Um acht Uhr
o das Wetter stiller, und zugleich entstand ein Nebel.
n sah im Wasser einen Strudel, und dieser veranlaßte
eine Untersuchung der Strömung. Wir fanden, daß
in der Stunde eine Meile Ostnordostwärts getrieben
den, und segelten deshalb die Nacht hindurch vor dem
de, um der Strömung und den großen Eisklumpen,
ns gegen das Land trieben, entgegen zu arbeiten. Um
ernacht fanden wir zwanzig Faden Tiefe. Am 21sten
cht Uhr Vormittags ward der Wind etwas stärker
vertrieb den Nebel. Hierauf sahen wir die Ameri=
schen Gestade acht oder zehn Meilen weit südostwärts,
ichteten unsern Lauf nach denselben hin. Das Eis
ß uns aber bald wieder auf und zwang uns, westwärts
Rande desselben hin zu steuern. Mittags berechne=

F 2

ten wir unsere Breite auf 69°34′ und die Länge auf 195° östlich, wobey wir vier und zwanzig Faden Tiefe fanden. Da auf diese Art ein ununterbrochenes festes Eisfeld, welches allem Anschein nach mit dem Lande zusammenstieß, jeden Versuch diesem näher zu kommen vereitelte, so gaben wir nunmehr die Hofnung, eine nordöstliche Durchfahrt nach England zu finden, gänzlich auf*). Ich werde mit Capitain Clerke's eigenen Worten die Beweggründe seines endlichen Entschlusses sowohl, als seiner weiteren Plane, hersetzen, und zwar um so viel mehr, da dies das letzte ist, welches seine Kräfte ihm aufzuschreiben erlaubten.

---

*) Da der ganze Hauptendzweck der Reise die Entdeckung einer nördlichen Durchfahrt war, so habe ich nicht umhin können, der Urschrift in diesem für den mittelländischen Leser äußerst trocknen und ermüdenden seemännischen Detail für diesesmal pünktlich zu folgen. Uebrigens zeigt die Erzählung, theils, daß alles mögliche versucht worden ist um die unburchdringlichen Eisbarrieren zu überwältigen und irgendwo, bald am Asiatischen, bald am Amerikanischen Ufer durchzuschlüpfen, oder in der Mitte zwischen zwey Eisfeldern hinzuschiffen; daß also, wenn demungeachtet die geschicktesten Seeleute mit einer Unverdrossenheit und einem wachsamen Beharren, welches seines Gleichen sucht, hier nichts haben ausrichten können, auch in Zukunft, bis auf eine etwanige Aenderung der physischen Umstände, für eine Durchfahrt nichts zu hoffen sey; theils aber auch, was eigentlich bey so langwierigem Hin- und Herkreuzen, unter jenem unfreundlichen Himmel, und zwischen so vielen Gefahren, die Officiere sowohl als die Gemeinen auf einer Entdeckungsreise leiden müssen, und mit welcher großen Aufopferung eine jede Entdeckung hier dem Schicksal abgekauft worden ist. Endlich glaube ich auch, daß diese Paar Bogen voll Längen und Breiten, Abweichungen der Magnetnadel und Tiefen des Meeres, Lagen des Landes und der Eisfelder, Richtungen des Schiffs und der Segel, ein für allemal zur Probe desjenigen dienen können, was ich meinem Publikum erspart habe, ohne etwas wesentliches auszulassen. G. F.

„Nunmehr ist es unmöglich, an dieser Küste (von A-
merika) im geringsten weiter nordwärts zu kommen, und
zugleich höchst unwahrscheinlich, daß diese ungeheure Eismassen innerhalb der wenigen Wochen, welche noch zur
Vollendung des gegenwärtigen Sommers übrig sind,
wegschmelzen sollten: Vielmehr ist es glaublich, daß dieselben immerfort einem jeden die unübersteiglichsten
Schwierigkeiten in den Weg legen werden. In dieser
Voraussetzung scheint es mir am rathsamsten und zweckmäßigsten, hinüber nach der Asiatischen Seite zu stehen, und eine Oefnung zu suchen, die uns weiter nach
Norden lasse; gelingt aber dies nicht, so bliebe ferner zu
untersuchen übrig, was sich an jener Küste selbst noch
thun ließe. Ich wünschte daß es mir daselbst besser gelingen möchte, schmeichle es mir aber nicht, da die See
nunmehr so gepfropft voll Eis ist, daß man schwerlich
weiter an eine Durchfahrt denken darf.“

Zwölftes Hauptstück.

Fruchtlose Bemühungen, nordwestwärts durch das Eis zu dringen. Gefährliche Lage der Discovery. Wallroßjagd. Neue Hindernisse, welche das Eis verursacht. Bericht von dem Schaden, den die Discovery erlitt. Capitain Clerke's Entschluß nach Süden zu steuern, und Freude der Mannschaft bey dieser Gelegenheit. Rückkehr bey Serdze Kamen vorbey, durch die Behringsstraße. Allgemeine Bemerkungen über die Unmöglichkeit auf einem nordöstlichen oder nordwestlichen Wege vom atlantischen in das stille Meer zu schiffen. Vergleichung unserer Bemühungen in den Jahren 1778 und 1779. Ueber die See und die Küsten, Nordwärts von der Behringsstraße. Fortsetzung der Reisegeschichte. Die Insel St. Lorenz. Die Kupferinsel (Mednoi-Ostrow). Capitain Clerke's Tod. Kurze Nachricht von seiner nautischen Laufbahn.

Den Entschließungen unseres Befehlshabers gemäß setzten wir am 21sten Nachmittags unsern Lauf nach Westnordwesten durch viele Eisstücken fort. In der Nacht sahen wir uns abermals vom Eise umringt, und wider unsern Willen genöthigt, ihm südwärts auszuweichen. Bey dieser Gelegenheit muß ich bemerken, daß wir seit dem achten dieses Monats diese Meeresgegend zweymal, in beynahe parallellaufenden Linien, durchschnitten, das zweitemal aber zehn Seemeilen mehr nordwärts segeln konnten, und überhaupt die Eisfelder durchgehends gegen fünf Seemeilen südlicher als vorhin bemerkten. Dies beweiset hinlänglich, daß die großen, dichten Eismaßen

uns vor Augen lagen, bewegt oder vermindert wur=
den; zugleich giebt es aber sehr wenig gegründete Hof=
nung, selbst in der vortheilhaftesten Jahreszeit weiter kom=
men zu können.

Wir schifften, um dem Eise zu entgehen, noch immer
glücklich, bis zum 22sten Abends um sieben Uhr, wo wir
es mehr sahen und nach Westen steuerten; allein an=
derhalb Stunden später zertheilte sich der Nebel, und
entdeckten daß wir mitten im losen Eise und dicht
festen wären, so daß wir Gefahr liefen, von den ab=
gesonderten Klumpen, die der Wind uns schnell entgegen
trieb, ganz eingeschlossen zu werden. Am 23sten des
Morgens blieb nur noch ein offener Raum von andert=
halb Engl*schen Meilen übrig, in welchem wir hin und
her kreuzten, und der ebenfalls von einem Augenblick
zum andern kleiner wurde. Nachdem wir alles ange=
wandt hatten, um das gebröckelte Eis zu umsegeln, blieb
endlich kein anderer Rath übrig, als uns nach Sü=
den hin mit Gewalt durchzudrängen. Um sieben Uhr
gelang uns dies auch, doch bekamen wir dabey einige hef=
tige Stöße. Die Discovery hatte diesmal schlechteres
Glück. Sie hatte sich um elf Uhr beynahe hindurch ge=
arbeitet, als auf einmal einige große Eisschollen sie der=
gestalt umringten, daß die Gewalt ihres Laufs dadurch
gebrochen ward. Das Schiff trieb sogleich unter
Wind, und fiel mit der ganzen Seite gegen den Rand
der ansehnlichen Eismasse. Hier stieß es nun, wegen
der Brandung, welche der Wind über eine kleine offene
Strecke erregen konnte, sehr heftig auf. Endlich zer=
brach oder bewegte sich der Klumpen hinlänglich, um ei=
nen zweyten Versuch zu gestatten; allein unglücklicher=
weise trieb das Schiff, ehe es soviel Moment bekam, daß
es es regieren konnte, nochmals auf ein Eisstück. Un=
ter diesen Umständen blieb nun nichts übrig, als es in

eine kleine Oefnung zu schieben, es mit dem Eish
festzumachen, und die Segel einzuziehen.

In dieser mißlichen Lage sahen wir es um Mittag
wa drey Englische Meilen nordwestwärts von uns.
frischer Südostwind, der viel Eis vor sich hin trieb,
größerte den Haufen noch, der uns voneinander tren
Unsere traurigen Ahndungen wurden Nachmittags
durch einen dichten Nebel vermehrt, der uns die Di
very gänzlich verbarg. Um indeß nahe genug zu ble
und ihr Hülfe leisten zu können, hielten wir uns dich
Rande des Eises. Zum Glück wandte sich der
bald nach Norden, und wir konnten also hoffen, d
das Treibeis zertheilen, und das Schiff losmachen w
Da wir aber nicht wissen konnten, in welchem Zu
es alsdenn seyn würde, löseten wir alle halbe St
Kanonen, um eine Trennung zu verhüten. Um
Uhr verschwanden endlich unsere Besorgnisse; indem
Antwort auf unsere Signale hörten. Bald darauf
uns unsere Freunde an, und benachrichtigten uns, daß
sey gleich nach der Veränderung des Windes auseina
gegangen; hierauf hätten sie alle Segel aufgespann
sich einen Weg durch dasselbe gebahnt. Während
Zeit, daß sie fest lagen, hatten sie bemerkt, daß sich
Eisfeld in der Stunde eine halbe Englische Meile
Nordosten fortbewegte. Vom Buge war indeß die
kleidung größtentheils abgerieben worden, auch h
die gewaltsamen Erschütterungen das Schiff, als es
den Rand des Eises stieß, leck gemacht.

Am 24sten, um vier Uhr Nachmittags, entstand
Windstille, die wir uns zu Nutze machten, um auf
Wallrosse, die uns in großen Heerden umgaben;
zu machen. Wir erlegten zehn davon, deren Fleisch
frische Speise verschafte, und aus deren Fett wir Lamp
schmelzten. Die folgenden Tage schifften wir südostw

...hen dem Eise hin, bis wir am 27sten, Nachmittags
...wey Uhr das feste Land von Asien erblickten. Um
...ag hatten wir die Polhöhe in 67° 47′ nördlicher
...te beobachtet, die östliche Länge war 188°.

Nunmehr mußte entschieden werden, wohin wir wei-
...euern sollten. Capitain Clerke schickte daher die
...merleute an Bord der Discovery, um von dem Scha-
...den dieses Schiff erlitten hatte, Bericht abzustatten.
...ohl Capitain Gore, als die Zimmerleute beyder
...iffe, waren der Meinung, daß es drey Wochen er-
...en würde, die nothwendigen Ausbesserungen zu vol-
...n, und daß man zu dem Ende einen Hafen suchen
... Da wir nun wegen des Eises weder weiter nach
...en dringen, noch dem einen oder dem andern Welt-
...näher kommen konnten, so fanden wir es zwecklos
...er Sicherheit der Schiffe nachtheilig, uns ferner
...nnützen Versuchen aufzuhalten. Capitain Gore's
...ellung gab diesen Gründen ein neues Gewicht, und
...e endlich Capitain Clerke's Entscheidung zuwege,
...nen unerreichbaren Gegenstand länger keine Zeit zu
...nden, sondern nach Awatscha-Bay zu segeln, um
...Schaden auszubessern, und ehe der Winter allen Ent-
...ngsversuchen ein Ende machen würde, die Küsten von
...an zu untersuchen. Ich will es nicht verheelen, daß
...en Gesichtern Freude glänzte, als diese Entschließ-
...ekannt wurde. Wir alle waren dieser Gefahrvol-
...chiffahrt, wobey das hartnäckigste Beharren nicht
...em geringsten Fortgang belohnt worden war, herz-
...erdrüßig, und wendeten jetzt heiter und zufrieden
...lick nach unserer Heimat hin, von der wir bereits
...anze Jahre abwesend waren. Trotz der mühsamen
...die uns noch bevorstand, und der ungeheuern Ent-
...ng, waren unsere Empfindungen so lebhaft, und
...enossen sie vielleicht schon eben so uneingeschränkt,

als ob Landes End*) bereits vor unsern Augen gewesen wäre.

Am 28sten um vier Uhr Morgens lag uns die Gegend, welche wir nach Müllers Angabe für das Vorgebirge Serdze Kamen (steinernes Herz) hielten, sechs
oder sieben Seemeilen weit im Südsüdwesten. An mehreren Stellen auf den Bergen, welche sich im Innern zu
beyden Seiten des Vorgebirges erheben, sahen wir Un-
gleichheiten von beträchtlicher Höhe, welche ungeheuern
Felsen, oder steinernen Säulen glichen. Am 30sten
Abends erblickten wir das Vorgebirge des Prinzen von
Wales (an der Amerikanischen Küste) und schifften Tags
darauf durch die Behringsstraße, konnten aber wegen
des widrigen Windes die Tschuktschen nicht zum zwenten-
malbesuchen, sogern wir es auch gethan hätten**).

---

*) Die südwestlichste Spitze von England. G. F.

**) Herr King stellt hier eine Beurtheilung der Charten des
Herrn Etatsraths Müller an, welche unserm Publiku
äußerst unwichtig seyn würde. Schon a priori sieht ma
ein, daß die Bestimmungen der Englischen Entdecker
Gewißheit verbreiten, wo die Angaben eines Deschne
Popof, Schalaurof, u. a. m. nur zu unsicher
Muthmaßungen berechtigen können. Daher bedarf es au
jetzt keiner weitläuftigen Auseinandersetzung, um unwid
sprechlich darzuthun, 1) daß das Tschukotskoi-Nos d
älteren Russischen Entdecker, vor Behrings Zeiten,
östliche Spitze Asiens, oder Cooks Ostcap ist. (M
muß es wohl von Behrings und der spätern Russisch
Geographen Tschukotskoi-Nos unterscheiden, welch
an der Südostspitze der Tschuktschischen Halbinsel liegt u
ehedem Anadirskoi-Nos genannt wurde.) 2) Daß
Kowymafluß, von welchem Deschnef nach dem Aus
dir um das Ostcap herum gefahren ist, aller Wah
scheinlichkeit zufolge, weder so hoch im Norden, wie m
bisher geglaubet hat, ins Eismeer fällt, noch so weit n
Westen von der Ostspitze Asiens entlegen ist, als ihn
Charten angeben. Uberhaupt hatten die früheren Russisch
Seefahrer den Fehler, daß sie ihre Entdeckungen zu h

Hätte Capitain Cook diesen Zeitpunkt unserer Reise
[er]ebt, und selbst zum zweytenmal erfahren, wie unmög[lich]
[g] eine nordöstliche und nordwestliche Fahrt aus dem stil[len]
[Meer] ins atlantische Meer ist, so würde er ohne Zweifel eine
[voll]ständige Uebersicht aller der Hindernisse entworfen ha[ben]
[n], welche diesen Hauptzweck unserer Ausrüstung ver[ei]telten. Seine Beobachtungen über einen so wichtigen
[G]egenstand, worüber Gelehrte und Seefahrer seit mehr
[als] zweyhundert Jahren gestritten haben, kann ich dem
[Pu]blikum freylich nicht ersetzen; um aber gleichwohl die
[Er]wartung der Leser nicht gänzlich zu täuschen, empfehle
[ich] folgende Bemerkungen ihrer Nachsicht.

Das Resultat der Entdeckungen, welche vor unserer
[Re]ise hergingen, (mit Inbegrif der Reise des Herrn
[He]arne *) macht es höchst wahrscheinlich, daß keine nord[östliche]

---

gegen den Pol hinauf rückten. Alles scheint Capitain Cook's
Meynung zu bestätigen, daß die Kowyma sich schon unter
dem 68° Grad der Breite ins Eismeer ergießt, wie es auch
seine Charte angiebt. Folglich ist in der Müllerischen Charte,
die Halbinsel, die sich nach Nordosten hinauf erstreckt, allerdings auf einen Mißverstand der Deschnefischen Nachrichten gegründet, der aber so lange wohl unvermeidlich war,
als in jener Weltgegend keine genaue astronomische Beobachtungen angestellt werden konnten. Da endlich nach Scha-
laurofs Angabe, die Küste von Schalatskoi-Nos in
südöstlicher Richtung ununterbrochen bis an das Ostkap
fortzugehen scheint, so folgt daraus, daß die Englischen Seefahrer sich diesmal dem vorhinerwähnten Schalatskoi-
Nos bis auf einen Grad, oder sechzig Englische Meilen
genähert haben, und daß also auf der ganzen Küste bloß
diese geringe Entfernung noch unberichtigt bleibt. Denn,
daß Schalatskoi-Nos das nördlichste unter allen hier
gelegenen Vorgebirgen sey, ist schon daraus erweislich,
weil die Russischen Seefahrer zwischen dem Kowyma und
Anadir, außer dem Ostcap, keines merkwürdigen Vorgebirges erwähnen. G. F.

*) Man sehe meinen Versuch über Cook im vorhergehenden
Bande. G. F.

westliche Durchfahrt aus dem atlantischen ins stille M
südwärts vom 65sten Grad der Breite existiren ka
Wenn also eine solche Durchfahrt vorhanden ist, so muß
entweder westwärts, durch Baffinsbay, oder auch
den Norden von Grönland herum, oder ostwärts du
das Eismeer über Sibirien gesucht werden; in bei
Fällen aber müssen die Schiffe, welche auf diese Entt
kung ausgehen, durch die Behringsstraße steue
Nun muß ich entwickeln, in wie fern es auf beyden S
ten unmöglich sey, durch diese Meerenge in das atla
sche Meer zu kommen.

Aus unserer eigenen Erfahrung ergiebt sich, daß
Meer, nordwärts von der Behringsstraße, im Aug
weniger mit Eise belegt ist als im Julius; und viell
ist es im September noch zugänglicher.   Allein nach
Aequinoctium nehmen die Tage so schnell ab, daß n
auf kein ferneres Aufthauen und Schmelzen rechnen d
und vernünftigerweise können wir von der Wärme in
ersten Hälfte des Septembers keine so schleunige Wirk
erwarten, daß sie uns zu der Hofnung berechtigen kön
das Eis werde dadurch von den nördlichsten Gegen
der Amerikanischen Küste verschwinden.   Doch vora
gesetzt, es sey möglich, so wird man gleichwohl einge
hen müssen, daß es ein rasender Versuch seyn wü
wenn man in so kurzer Zeit, als die Fahrt dann noch
sen bleiben kann, vom Eiscap bis in die bekannten G
genden der Baffinsbay einen Weg von vierhund
und zwanzig Seemeilen zurücklegen wollte.

An der Asiatischen Seite bleibt noch weniger H
nung übrig, wenn man sich an das erinnert, was
der Beschaffenheit des Meeres südwärts vom Nord
bekannt geworden ist, und was sowohl Behrings Lieu
nants als auch Schalarof gegen Norden von Sibir
erfahren haben. Deschnefs Reise, wenn sie anders
verläßig ist, beweiset zwar unstreitig, daß es möglich

e Nordostspitze zu umsegeln. Allein man bedenke, daß
it ihm anderthalb Jahrhunderte verflossen sind, ohne
aß jemand in unseren unternehmenden Zeiten im Stan=
gewesen wäre, ihm auf diesem Wege zu folgen; dann
ird man von dem allgemeinen Vortheil der aus jener
ahrt entspringen könnte, eben nicht die lebhaftesten Er=
artungen haben können. Denn gesetzt auch, es fände
n Schiff in einer vorzüglich günstigen Jahrszeit einen
euen Weg um die Küste von Sibirien, und gelangte
her bis zur Mündung der Lena, so bleibt noch das Vor=
birge Taimura übrig, welches sich bis zum 78sten
rad der Breite erstreckt, und welches noch kein einziger
eisender umschiffen zu können glücklich genug gewesen
. Man behauptet wohl, das Meer sey desto freyer
n Eise, je näher man dem Pol komme; man pflegt
ch vorzugeben, alles von uns gesehene Eis sey auf den
üssen in Sibirien und Amerika entstanden, und ins
Neer hinabgeschwemmt worden. Allein wenn nun auch
eses zugegeben wird, so folgt doch unfehlbar daraus,
ß jenes offene Meer so lange unzugänglich bleibt, bis
e großen Eismassen im Sommer soweit geschmolzen
d, daß ein Schiff sich durcharbeiten kann. In dem
alle hätten wir also wohl gar die unrechte Jahreszeit
wählt, und besser gethan im April oder May die Durch=
hrt zu suchen, ehe noch der Eisgang aus den Flüssen
tatt haben konnte. Allein wie viele Gründe lassen sich
cht dieser Hypothese entgegensetzen! Aus dem was wir
 Hafen zu St. Peter und Paul erfuhren, konnten wir
ließen, was wir weiter nordwärts zu erwarten hätten.
ielleicht sind im Winter beyde Welttheile, vermittelst d. s
ises, sogar fest mit einander verbunden; denn in Kamt=
hatka erzählte man uns, daß man im Winter von den
ibirischen Küsten aus weiter über das Eis hingehen
nn, als die Breite der See von einem festen Lande zum
dern an einigen Stellen beträgt.

Die Aussagen der Rußen enthalten unter andern auch
folgenden merkwürdigen Umstand über das Land, welches von Tschukotskoi-Nos (Ostcap) gesehen werden kann. „Im Sommer, heißt es, schifft man nach
„diesem Lande in einem Tage hinüber, und zwar in Kähnen
„aus Wallfischknochen, die mit Seehundsfell überzogen
„sind, und Baidaren genannt werden. Im Winter
„legt man denselben Weg mit Renthieren in eben so vie-
„ler Zeit zurück". Hier haben wir einen hinlänglichen
Beweis, daß die beyden Welttheile gewöhnlich durch das
Eis mit einander verbunden sind.

Noch merkwürdiger ist die Nachricht, die Herr Müller von einer Reise mittheilt, welche die Entdeckung einer
vorgeblichen Insel im Eismeer zur Absicht hatte. „Ma-
„rüstete im Jahr 1714 zu Irkutzk von neuem eine Ent-
„deckungsparten unter Anführung des Alexei Marke
„aus. Er erhielt den Auftrag, von der Mündung der
„Jana abzusegeln, und falls seine Kähne (Schytki)
„See nicht brauchbar wären, an einem bequemen Or-
„bessere und sicherere Fahrzeuge zimmern zu lassen. Nach
„seiner Ankunft zu Ust-Janskoje Simowie, dem
„Orte, von wo er auslaufen sollte, schickte er unter dem
„zweyten Februar 1715 einen Bericht an die Kanzley zu
„Irkutzk, worin er erwähnt, daß es unmöglich sey, die
„dortige See zu befahren, weil sie Sommers und Win-
„ters gefroren bleibe; man könne das Unternehmen folg-
„lich nicht anders als in Schlitten, die von Hunden gezo-
„gen würden, ausführen. Mit diesem Fuhrwerk reiste
„er dann auch am zehnten März desselben Jahres, in Be-
„gleitung neun anderer Personen ab, und kehrte am drit-
„ten April nach Ust-Janskoi Simowie zurück. Nach
„seiner Aussage fuhren sie sieben Tage lang, so schnell
„die Hunde laufen konnten (welches bey gutem Weg und
„Wetter täglich achtzig bis hundert Werste beträgt) gerade
„nach Norden auf dem Eise fort, ohne irgend eine Insel

„zu entdecken. Hier habe er, berichtete er ferner, end=
lich nicht weiter kommen können, weil sich das Eis im
Meere wie Berge gethürmt hätte. Von diesen Eisber=
gen habe er einige bestiegen, und sehr weit umher sehen
können, ohne irgendwo Land zu erblicken. Endlich sey
ihm das Futter für die Hunde ausgegangen, viele von
ihnen wären gestorben, und er habe zurückreisen müssen".

Nächst diesen Gründen, wobey man die Vorausse=
zung, daß Eis in jenen Meeren komme alles aus Flüssen,
noch gelten ließ, giebt es Ursachen genug, um an der
Wahrheit dieser Hypothese selbst zu zweifeln. So sehr
er auch Capitain Cook ehedem zugethan war, so hatte er
noch während dieser letzten Reise hinlängliche Veranlas=
sung, seine Meynung gänzlich zu ändern. Die Küsten
beyder Welttheile sind hier niedrig, einander überaus
ähnlich, und die Tiefe des Meeres nimmt gegen beyde
allmählig ab. Es läßt sich also nach Anleitung von Hrn.
Hearne's Beschreibung des Kupfer=Erz=Flusses
Coppermine river mit vieler Wahrscheinlichkeit vermu=
then, daß die Flüsse, welche sich aus Amerika ins Eis=
meer ergießen mögen, mit den Asiatischen einerley Be=
schaffenheit haben; nun sollen aber die letztern an ihrer
Mündung so seicht seyn, daß sie nur kleine Fahrzeuge
tragen können. Das Eis, welches wir gesehen haben,
ragt aber um so viel über die Oberfläche des Meeres her=
vor, als die Tiefe jener Flüsse beträgt; folglich muß des=
sen ganze Höhe zum wenigsten zehnmal grösser seyn.

Hieher gehört noch eine Bemerkung, die sich ganz
und gar nicht mit der Meynung derer verträgt, welche Land
zur Bildung des Eises für unentberlich halten. Ich mey=
ne den Unterschied zwischen der See um Spitzbergen,
und dem Meere nordwärts von der Behringsstraße.
Woher mag es kommen, daß in jener Gegend, wo so viel
bekanntes Land liegt, der Seemann jährlich bis zum 80sten
Grad der Breite kommt, da er hingegen auf der andern

Seite mit der äußersten Anstrengung nicht über den 71sten gelangen konnte, ungeachtet die beyden Welttheile sich daselbst beynahe östlich und westlich von einander entfernen, und dort noch kein Land unweit des Pols entdeckt worden ist. Zu fernerer Befriedigung über diesen Punkt verweise ich auf Herrn Doktor Forsters Bemerkungen*), wo die Frage von der Entstehung des Eises ausführlich und vollkommen genugthuend abgehandelt, und die Wahrscheinlichkeit einer freyen See in der Gegend des Pols mit vielen triftigen Gründen bestritten wird.   Hier kann ich in wenigen Worten nur noch eine Vergleichung zwischen den Fortschritten, die wir in zwey verschiedenen Jahren gegen Norden machten, nebst einigen Bemerkungen über die See und die beyderseitigen Küsten nordwärts von der Behringsstraße mittheilen.

Im Jahr 1778 fanden wir zuerst in 70° nördlicher Breite am 17ten August Eis, und zwar in dichten unabsehlichen Massen, die zum Theil oder auch gänzlich beweglich seyn mußten, da sie auf uns zutrieben, und wir nur mit Noth der Gefahr entgingen, zwischen denselben und dem Lande eingeklemmt zu werden.   Nachdem wir gesehen hatten, wie gefährlich und zwecklos der Versuch wäre, hier weiter nordwärts vordringen zu wollen, begaben wir uns zwischen 69° und 70° der Breite nach der Asiatischen Seite, und fanden unterwegens große, weitläuftige Eisfelder.   Wir konnten zwar den ununterbrochenen Zusammenhang derselben queer über das ganze Meer wegen des trüben Nebelwetters nicht überall vollständig aufnehmen; doch trafen wir, so oft wir unsern Lauf nordwärts richteten, allemal das Eis wieder an, ehe wir noch 70° nördlicher Breite erreicht hatten. Am 26sten August in 69° 19

nörd-

---

*) die zu Berlin, in groß Octav, im Jahr 1783 herauskommen sind. s. Seite 59. u. f.

nördlicher Breite und 184° östlicher Länge umringte es
uns in solcher Menge, daß wir nicht länger nordwärts
oder westwärts schiffen konnten, sondern am Rande desselben nach Südsüdwesten laufen mußten, bis wir die
Küste von Asien erblickten. Die Jahrszeit war nunmehr
schon weit verstrichen; Schnee und Schlossen kündigten
den nahen Winter an, und ermahnten uns für diesesmal
unser Vorhaben aufzugeben.

Bey dem gegenwärtigen zweyten Versuch konnten
wir wenig mehr thun, als die Resultate des vorigen
bestätigen. Der Asiatischen Küste nahten wir uns
nirgends über dem 67sten Grad der Breite und von der
Amerikanischen sahen wir nichts, was wir nicht schon vo-
rigesmal untersucht hatten, ausgenommen eine Strecke
von wenigen Meilen zwischen 68° und 68°20' nördlicher
Breite. Diesmal hatten wir schon drey Grade südlicher
mit dem Eise zu kämpfen, und kamen in der Mitte zwischen beyden Welttheilen noch am weitsten nach Norden.
An der Amerikanischen Seite drangen wir drey Grade weiter als an der Asiatischen, und fanden also in beyden Jahren das Eis an der letzteren Küste früher und in größerer
Menge. Je weiter wir nach Norden kamen, desto dichter und fester war das Eis, und dennoch war, allem Anschein nach, das meiste beweglich; denn wir segelten, bey
dem Hin- und Herkreuzen von einer Küste zur andern,
über Räume hinweg, wo alles vorher belegt gewesen war.
Im Durchschnitt war alles Eis acht bis zehn, das höchste aber sechzehn bis achtzehn Fuß hoch. Zweymal untersuchten wir die Richtung der Strömungen, und fanden sie jedesmal verschieden, aber nie gingen sie schneller,
als eine Englische Meile in der Stunde. Wenn wir unsre Schiffsberechnung mit den Astronomischen Beobachtungen verglichen, ergab sich ebenfalls eine doppelte
Strömung, doch mehrentheils kam sie von Südwesten
her. In jeder Richtung aber war ihre Wirkung so ge-

IV.   G

ring, daß man, in Beziehung auf die Fahrt nach Norden hin, keine Folgerungen daraus ziehen kann. Der
Julius war ungleich kälter als der August; in jenem Mo-
nat fiel das Thermometer einmal bis auf 28° und oft auf
30°, hingegen im August des vorigen Jahrs selten bis
zum Gefrierpunkte*). In beyden Jahren hatten wir einige heftige Winde, und zwar jedesmal von Südwesten
her. Bey gelindem Winde, er mochte aus einer Gegend
kommen, aus welcher er wollte, pflegten sich Nebel ein-
zustellen, doch am stärksten bey Südwinde.

Die Meerenge zwischen beyden Welttheilen ist an der
engsten Stelle, in 66° nördlicher Breite, dreyzehn Seemeilen breit. Jenseits dieses Punkts entfernen sich die
Küsten Nord-Ost zu Osten, und West-Nord-Westen, so
daß sie in 69° nördlicher Breite schon mehr als hundert
Seemeilen (14 Grade der Länge) voneinander liegen.
Nordwärts von der Meerenge sind die entgegengesetzten Küsten einander sehr ähnlich; beyde sind gänzlich
von Waldung entblößt; ihre Ufer sind niedrig, aber tief
im Innern erheben sich hohe Gebirge. In der Mitte
zwischen beyden festen Ländern beträgt die Tiefe neun und
zwanzig bis dreyßig Faden, und nimmt nach jeder Küste
zu allmählig ab, doch mit dem Unterschiede, daß sie an
der Amerikanischen Seite in gleichen Entfernungen etwas
seichter ist, als an der Asiatischen. Der Meeresgrund
ist in der Mitte ein weicher zäher Schlamm, und gegen
das beyderseitige Ufer hin ein brauner Sand mit kleinen

---

*) Ganz allgemein darf, aus den Beobachtungen in zwey
Jahren, doch nicht geschlossen werden, der Julius sey
allemal kälter als der August; und zwar um so viel weniger,
wenn man im ersten Jahre die Witterung des Julius, und
im andern des Augusts nicht hat erfahren können. Es folgt
eigentlich nur: der Julius 1779 war kälter als der August
1778. G. F.

Bruchstücken von Knochen und wenigen Muschelschalen.
In der Meerenge selbst bemerkten wir keine starke Fluthen oder Strömungen, die geringe, die wir noch gewahr
wurden, kam von Westen her.

Nunmehr ist es Zeit, die Erzählung unserer Reise-
begebenheiten, welche am 31sten Julius unterbrochen
ward, wieder fortzusetzen. An diesem Tage waren wir
Mittags bereits achtzehn Seemeilen weit südwärts vom
Ostcap gekommen. Am ersten August hatten wir bis zum
Mittag schwache Lüftchen, und befanden uns um diese Ta-
geszeit, unsern Beobachtungen zufolge, in 64°23′ nördlicher Breite und 189°15′ östlicher Länge. Die Asia-
tische Küste lag zwölf Seemeilen weit von uns, und zu
gleicher Zeit sahen wir nordwärts von St. Lorenz Land.
Am zweyten klärte sich das Wetter auf, und nunmehr hob
sich das letzterwähnte Land in mehreren hohen Hügeln.
In der Ferne sahen sie wie einzelne Inseln aus; wir konnten aber nicht nahe genug kommen, um hierüber Gewißheit zu erlangen. Schon am dritten Julius waren wir
an dem westlichsten Ende desselben, welches wir damals
für die Lorenz-Insel hielten, vorbeygesegelt, und im
September des vorigen Jahres hatten wir die östliche
Gegend desselben, die aus hohen abschüssigen durch flaches
und verbundenen Felsen besteht, Clerke's Eiland
genannt. Jene Abstürze waren uns im vorigen Jahre,
wie wir sie in der Nähe gesehen hatten, ebenfalls wie abgesonderte Inseln vorgekommen. Dennoch vermuthe ich,
daß die Insel St. Lorenz nicht mit Clerke's Inseln
zusammenhängt, indem der Zwischenraum zwischen beyden,
wo wir nicht das geringste erblickten, beträchtlich genug
ist. Nordostwärts von diesen Inseln entdeckten wir Nachmittags etwas, das einer kleinen Insel ähnlich war; wir
kamen es aber wegen des neblichten Horizonts nicht wieder zu Gesicht. Es mochte etwa neunzehn Seemeilen
von der Insel St. Lorenz Nordostwärts liegen. Erst

am vierten Nachmittags verloren wir die letztgenannte
Insel aus unserm Gesichtskreise, und steuerten nach Südsüdwesten.   Am 7ten um Mittag befanden wir uns in
59° 38' nördlicher Breite und 183° östlicher Länge.
Nachmittags fingen wir, während einer Windstille, in
einer Tiefe von acht und siebzig Faden, eine Menge Kabbeliau.   Von diesem Tage an bis zum 17ten setzten wir
unsern Lauf, ohne irgend ein merkwürdiges Ereigniß, nach
Süden fort.   Von Zeit zu Zeit bekamen wir Wind aus
Westen, der uns weiter Ostwärts trieb als wir es wünschten, indem wir die Behrings=Insel aufsuchen wollten.   Am 17ten, früh um halb fünf Uhr, sahen wir im
Nordwesten Land, dem wir uns aber, weil der Wind
aus eben dieser Gegend kam, nicht nähern konnten. Wir
hielten es für die Insel Mednoi (Kupferinsel) der Russen, welche in den Charten Südostwärts von der Beh-
rings=Insel, und nach unserer Bestimmung in 54° 2
nördlicher Breite und 167° 52' östlicher Länge liegt.
Das Senkbley erreichte heute mit hundert und fünf-
zig Faden keinen Grund.

Herr Capitain Clerke konnte jetzt das Bett nicht
mehr verlassen; er verlangte daher, daß die Officiere nun
nun an meinen Befehlen Folge leisten sollten, und befahl
uns, ohne Zeitverlust nach der Bay von Awatscha
segeln.   Am 21sten um halb sechs Uhr Morgens, erblickten wir in einer Entfernung von fünf und zwanzig
dreyßig Seemeilen, einen hohen Pik in Kamtschatka,
welcher der Berg Tschipunskoi heißt, weil er hinter
dem Vorgebirge (Nos) dieses Namens liegt.   Die Küste selbst, auf der ein dicker Nebel lag, war um Mittag
noch zwölf Seemeilen weit von uns entfernt.   Nachmittags und am folgenden Tage wehten nur leichte Lüfte. Mit
dem Bleywurf erreichten wir in hundert und vierzig Faden keinen Grund.

Am 22sten August starb Capitain Carl Clerke im
ht und dreyßigsten Jahre seines Alters, an einer Aus-
hrung, welche ihn augenscheinlich schon in England an-
griffen, und woran er während der ganzen Reise gelit-
n hatte. Ein langsames Hinschwinden machte ihn für
ine Freunde schon lange vor seinem Tode zu einem Ge-
nstande der Traurigkeit. Was sie einigermaßen trö-
en konnte, war seine Gleichmüthigkeit und die beständ-
ige gute Laune, die ihn bis zu dem letzten Augenblick
icht verließ, und ihn heitere Ergebung in sein Schick-
l lehrte. Man mußte mehr als gewöhnliches Mitleid
r einen Mann empfinden, dessen Leben eine ununter-
rochene Kette von jenen Mühseligkeiten und Widerwär-
gkeiten war, denen der Seefahrer unterworfen ist, und
nter deren Last er endlich erlag. Von seiner frühesten
ugend an hatte er auf der königlichen Flotte gedient,
o mehreren Schlachten im Kriege von 1756 beyge-
ohnt, namentlich dem Gefechte zwischen der Bellona
nd dem *Courageux*, worin er mit dem Besaanmast, in
ssen Mastkorb er stand, über Bord fiel, aber unbeschä-
gt wieder herausgezogen wurde. Er war am Bord
s Delphin, unter dem Commodore Biron, Midschip-
an, oder See-Cadet gewesen, hatte dessen Reise um die
Belt mitgemacht, und hernach an der Küste von Ame-
a gedient. Im Jahr 1768 that er in der Endeavour
s Steuermanngehülfe seine zweyte Reise um die Welt,
d kam als Lieutenant zurück. Die dritte Reise um die
Belt machte er an Bord der Resolution als zweyter
utnant. Bald nach seiner Zurückkunft im Jahre 1775
hielt er den Rang eines Master and Commander oder
witains der königlichen Schiffe vom letzten Range.
s man die Schiffe zu unserer gegenwärtigen Reise
rüstete, erhielt er das Commando der Discovery,
nd zu Capitain Cooks Begleiter ernannt, und erhielt,
ch dessen Tode, den Oberbefehl.

Es wäre die äußerste Ungerechtigkeit gegen sein A
denken, wenn ich nicht sagte, daß er während der kurz
Zeit, da unser Entdeckungsgeschäft unter seinem Befeh
stand, für den glücklichen Erfolg desselben mit Eifer u
mit der äußersten Theilnehmung gesorgt hat.   Gera
um die Zeit, als er das Commando antrat, gerieth sei
Gesundheit schnell in Abnahme, und er war gänzlich au
ßer Stande, die Strenge des nördlichen Himmels zu e
tragen.   Allein die Kraft und Thätigkeit seines Geist
hatten in keinem Betracht durch die Zerrüttung seines Kö
pers gelitten; und ob er gleich wußte, daß er alle Ho
nung zu seiner Genesung verlor, indem er die Rückke
in einen wärmeren Himmelsstrich aufschob, so brannte
dennoch vor edler Begierde nach dem Ruhm, das Be
des Dienstes seinem eigenen Vortheil vorgezogen zu h
ben, und hütete sich, daß kein Seitenblick auf seine La
Einfluß auf seine Urtheile und Entschlüsse haben möch
Er beharrte so lange in dem schweren Geschäft eine Dur
fahrt zu suchen, bis die Officiere von beyden Schiffen
einstimmig für unmöglich, und jeden ferneren Versu
sie zu finden, für unnütz und gefährlich erklärten.

Dreyzehntes Hauptstück.

Rückkehr in den Hafen St. Peter und Paul.
Beförderung der Officiere. Beerdigung des Capitains Clerke. Ausbesserung der Discovery,
und andere Beschäftigungen der Mannschaft.
Briefe vom Befehlshaber von Kamtschatka.
Vorrath von Mehl und Schiffsmunitionen aus
einer Rußischen Galliote. Nachrichten von einem Verwiesenen. Bärenjagd und Fischfang.
Feyer des Krönungstages. Besuch vom Befehlshaber. Ein Rußischer Soldat wird auf unsere Bitte befördert. Bemerkungen über die
Mannszucht der Rußischen Armee. Kirche zu
Paratunka. Noch etwas von der Bärenjagd,
und Kamtschadalische Nachrichten von den Bären.
Inschrift zu Capitain Clerke's Andenken. Ver-
sorgung mit Rindvieh. Fest am Namenstage der
Kayserin. Geschenke des Befehlshabers. Versuch eines Matrosen zu desertiren. Abreise aus der
Bay. Astronomische Beobachtungen.

Ich schickte Herrn Williamson mit der Nachricht
von Capitain Clerke's Tode an Capitain Gore, und
erhielt einen Brief von ihm, worin er mir auftrug, wo
möglich mit der Discovery in Gesellschaft zu bleiben, im
Fall einer Trennung aber in den Hafen St. Peter und
Paul einzulaufen. Am 23sten um Mittag segelten wir
mit einem frischen Ostwinde nach dem Eingang der Awatscha-Bay, und sahen ihn um sechs Uhr Abends fünf
Seemeilen weit vor uns. Um acht Uhr waren wir von
dem Leuchtthurm, worin ein helles Licht brannte, nur noch
drey Englische Meilen entfernt. Um eben diese Zeit legte

sich der Wind; wir schickten aber, weil uns die Fluth güns
stig war, unsere Boote voran, und ließen uns durch die
engere Gegend des Eingangs ziehen. Um ein Uhr Mor=
gens kam uns die Ebbe entgegen, und wir ließen die An=
ker fallen. Um neun Uhr lichteten wir, lavirten bis ein
Uhr, mit Hülfe des Bogsprens, bey schwachem Winde
in die Bay, und gingen dann, mit Hülfe eines frischen
Windes vor drey Uhr im Hafen St. Peter und St.
Paul, wohin uns die Discovery bald nachfolgte, vor
Anker. Unsere Flagge hatten wir nur an den halben
Stock hinaufgezogen, weil wir den Leichnam unsers ver=
storbenen Capitains noch an Bord führten.

Sobald unser Anker im Grunde lag, kam unser
Freund der Sergeant, der hier noch immer commandirte,
mit einem Vorrath von Beeren an Bord, die er unserm
Capitain zum Geschenke bestimmt hatte. Als wir ihm
dessen Tod bekannt machten, und ihm den Sarg mit sei=
nem Leichnam zeigten, ward er sehr gerührt. Capitain
Clerke hatte uns ausdrücklich gebeten, ihn am Lande
und wo möglich in der Kirche von Paratunka begra=
ben zu lassen; wir ergriffen daher diese Gelegenheit, um
dem Sergeanten unser Anliegen vorzubringen, und mit
ihm zu berathschlagen, was in der Sache zu thun wäre.
So unvollkommen wir uns ohne allen Dollmetscher un=
terredeten, so erfuhren wir doch, daß Herr Professor
de l'Jsle und verschiedene hier verstorbene Rußische
Herren in der Gegend der Baracken, nah am Ostrog St.
Peter und Paul begraben lägen, und daß diese Stelle
besser als Paratunka wäre, weil die Kirche im folgen=
den Jahre dorthin versetzt werden sollte. Wir beschlos=
sen daher, die Ankunft des Geistlichen von Paratunka
zu erwarten, weil er, wie der Sergeant sehr richtig be=
merkte, der einzige Mann war, der uns hierüber die beste
Auskunft geben konnte. Der Sergeant versprach zugleich
einen Boten mit der Nachricht von unserer Ankunft an

den Befehlshaber in Bolscheretsk abzufertigen, und Capitain Gore schrieb durch diese Gelegenheit an ihn, um ihn zu bitten, daß wir so bald als möglich mit sechzehn Stück Rindvieh versehen werden möchten. Weil aber der Befehlshaber (Hauptmann Schmalef) keine andere als seine Landessprache verstand, so eröfneten wir auch dieses Anliegen dem Sergeanten, der sich denn augenblicklich erbot, mit dem Brief zugleich eine Erläuterung über den wesentlichen Inhalt desselben abzuschicken.

So sehr sich auch seit unserer letzten Anwesenheit der Anblick des Landes verschönert hatte, so bemerkten wir doch, daß die Russen wo möglich noch elender als zuvor aussahen. Freylich machten sie aber, in Ansehung unserer, eben dieselbe Bemerkung. Da nun niemand immer hören wollte, wie übel er aussähe, so trösteten wir uns alle, und maßen die Schuld dem Lande bey, dessen lebhaft grüne Farbe einen Schein von Blässe auf unsere Gesichter würfe. Der Ausbruch des Vulkans, der, als wir die Bay verließen, so heftig wüthete, hatte keinen Schaden gethan, ob gleich Steine von der Größe eines Gänse-Eyes in das Ostrog gefallen waren.

Am 25sten fertigte Capitain Gore die neuen Bestallungen aus, welche durch den Tod des Capitain Clerke nöthig geworden waren. Er übernahm das Commando der Resolution, und ernannte mich zum Befehlshaber der Discovery. Herr Lanyan, Steuermann an Bord der Resolution, der bereits an Bord der Adventure auf der vorhergehenden Reise in eben dieser Qualität gedient hatte, ward zur erledigten Lieutenantsstelle befördert. Daraus entstanden folgende Versetzungen: die Lieutenants Burney und Rickman wurden aus der Discovery als erster und zweyter Lieutenant in die Resolution versetzt. Herr Williamson hingegen ward erster Lieutenant der Discovery. Herr Capitain Gore erlaubte mir, vier See-Cadetten, die mir bey Astronomischen

G 5

Berechnungen behülflich, und jetzt, da wir auf dieses
Jahr keinen Astronomischen Almanach und keine Tabellen
hatten, noch unentbehrlicher waren, mit mir in die Discovery hinüber zu nehmen. Dagegen nahm Herr Bayly
meinen Platz an Bord der Resolution, damit ins künftige, wie bisher, in beyden Schiffen die Astronomischen
Beobachtungen fortgesetzt werden könnten.

An eben diesem Tage besuchte uns Herr Roman of
Wereschagin, der würdige Geistliche von Paratunka.
Er beklagte den Tod unseres Capitains herzlich, bestä-
tigte alles, was uns der Sergeant von Versetzung der
Kirche erzählt hatte, und fügte noch hinzu, man behaue
schon das dazu nöthige Zimmerholz. Indeß überließ er
Herrn Gore die Wahl des Platzes zum Begräbniß.

Die Discovery war, wie ich an seinem Orte erwähnt
habe, vom Eise sehr beschädigt, und besonders seit dem
23sten Julius so leck geworden, daß man besorgte, es
möchten wohl gar einige Balken losgegangen seyn. Capitain Gore schickte mir deshalb seine Zimmerleute,
damit sie den unsrigen bei der Ausbesserung Hülfe leisten
sollten. Wir räumten den Vorderraum aus, um das
Schiff vorn leichter zu machen, und ließen dort am linken
Buge die beschädigte Bedeckung (Haut) abreißen. Durch
diese Operation bestätigten sich unsere Besorgnisse; denn
wir fanden eine drey Fuß lange Stelle, wo die Planken
eingestoßen, und die Balken hinter denselben losgegangen waren. Wir schlugen nun sogleich für die Leute, die am
Lande beschäftigt waren, ein Zelt auf, und schickten einige von
ihnen eine Englische Meile weit ins Land, um Bauholz
zu fällen. Am westlichen Ende des Orts errichteten wir
die Sternwarten, und zwar unweit eines Gezelts, worin
wir, der Capitain Gore und ich, wohnten.

Jemehr von der Bedeckung des Schiffs abgerissen
ward, desto gefährlicher befand man den Zustand desselben. Am folgenden Morgen entdeckte man ein acht Schu-

langes Stück Planke das gänzlich verfault war, so daß
es nothwendig durch ein anderes ersetzt werden mußte.
Hierüber waren wir eine Zeitlang sehr verlegen, weil in
beyden Schiffen kein Holz dazu vorhanden war, wenn
man nicht eine Marsstange dazu zerschneiden wollte,
welches indeß nur im äußersten Nothfall geschehen konnte.
Zum Glücke fanden unsere Zimmerleute Nachmittags am
Lande die einzige Birke, die in dem ganzen Umfang der
Bay dazu tauglich seyn mochte, und die wir schon das
vorigemal abgesägt hatten.   Dieser Baum war uns also
wenigstens darum vortheilhaft, weil er schon eine Zeit=
lang gelegen hatte.   Wir ließen ihn auf der Stelle be=
hauen, und am folgenden Morgen an Bord bringen.

Die Jahrszeit war nun schon soweit verflossen, daß
ich besorgte die Ausführung von Capitain Gore's etwa=
nigen Entdeckungsplanen möchte verzögert oder wohl gar
verhindert werden, falls die Ausbesserung des Schiffs
nicht bald geendigt würde.   Damit man also nicht noch
mehr beschädigte Planken entdecken möchte, befahl ich,
man sollte ja nicht mehr von der Bekleidung abreißen, als
zur Ausbesserung des schon entdeckten Schadens unum=
gänglich nöthig wäre; denn meines Erachtens war es
weit besser, die alten Planken unberührt zu lassen, als
nasses Birkenholz an ihre Stelle zu setzen, wenn auch
dies wirklich zu haben gewesen wäre.   Die ganze Mann=
schaft arbeitete indeß fleißig, um uns, so bald die Zim=
merleute mit der Ausbesserung fertig seyn würden, in
segelfertigen Stand zu setzen.   Vier Mann hatten den
Auftrag mit dem Netze Lachse zu fangen, deren jetzt eine
große Menge vorhanden waren, und die vortreflich schmeck=
ten.   Außer dem was beyde Schiffe frisch verbrauchten,
salzten wir täglich beynahe ein Orhoft voll ein.   Die
Kranken, deren wir vier hatten, mußten grüne Kräuter
sammlen, und für die Leute am Lande die Küche besorgen.
Unser Schießpulver ließen wir ans Land bringen und trock=

nen, und das Wallroß=Fett, wovon beyde Schiffe im
Norden einen ansehnlichen Vorrath eingelegt hatten,
ward zu Oel geschmolzen, welches, da wir schon längst
keine Lichter mehr hatten, zu unsern nothwendigsten
Bedürfnissen gehörte. Auch der Böttcher hatte alle
Hände voll zu thun. So ging die Arbeit ununterbrochen
bis zum Sonnabend Nachmittag fort; diesen aber schenk=
ten wir unsern Leuten, damit sie ihr Leinenzeug waschen
und ihre Kleider einigermaßen zurecht machen könnten,
um auf den Sonntag anständig zu erscheinen.

Sonntags Nachmittags leisteten wir dem Capitain
Clerke die letzte Pflicht. Die Officiere und Mann=
schaft beyder Schiffe, gingen in Procession zum Grabe;
von den Schiffen wurden, wie gewöhnlich, von einer
Minute zur andern Kanonen gelöset, und als das Rituale
abgelesen war, gaben die Seesoldaten drey Salven.
Wir begruben den Leichnam unter einem Baume, auf
einer Erhöhung im Thal an der Nordseite des Hafens, wo
das Hospital und die Vorrathshäuser stehen. Capitain
Gore glaubte, daß diese Stelle dem Wunsche des Ver=
storbenen am besten entspräche, weil der Geistliche ihm
sagte, daß sie, so genau als es sich jetzt bestimmen ließe, die
Mitte der neuen Kirche ausmachen würde. Der ehrwür=
dige Mann ging in der Procession neben dem Officier, der
das Rituale vorlas, und die ganze Besatzung des Ostrogs
war bey dieser Gelegenheit versammelt, und begleitete
uns mit der größten Ehrerbietung und Feyerlichkeit.

Am 30sten gingen unsere Leute wieder an ihre Arbeit,
und am zweyten September untersuchten nunmehr die
Zimmerleute, nachdem sie die Ausbesserung am Bag=
Bord (an der linken Seite) vollendet hatten, die Steu=
erbord=(rechte) Seite des Bugs. Auch hier fanden sie
ein vier Fuß langes Stück Planke so verfault, daß sie ein
anderes einsetzen mußten. Sie kamen am dritten völlig
damit zu Stande, und noch an demselben Nachmittag

nahmen wir etwas Ballast ein, hoben das Ruder aus und
schickten es ans Land, weil das Bley an den Klammern
und Hacken nebst der Bekleidung ganz abgerieben war.
Da man die Zimmerleute der Resolution noch nicht
brauchte, wurden wir mit dieser Arbeit am folgenden
Tage fertig; allein das Ruder war jetzt über alle Maaße
schwer, ja schwerer als das auf der Resolution gewor=
den, und blieb also noch am Lande, um durch Trocknen
leichter zu werden.

An eben diesem Tage kam ein Fähnrich, mit einem
Briefe von dem Befehlshaber zu Bolscheretsk an den
Capitain Gore bey uns an. Wir gaben den Brief dem
Sergeanten, und brachten durch seine Hülfe heraus, daß
wegen des Viehes schon Befehl ergangen sey, und daß
wir es in einigen Tagen erwarten könnten. Capitain
Schmalef, der jetzige Befehlshaber, versprach außer=
dem, uns zu besuchen, so bald eine Schaluppe angekom=
men seyn würde, die er täglich aus Ochotsk erwartete.
Der junge Officier, der uns diesen Brief überbrachte,
war ein Sohn des Capitain Lieutenants Synd, welcher
vor elf Jahren die Entdeckungsreise zwischen Asien und
Amerika commandirte, und sich gegenwärtig zu Ochotsk
aufhält *). Er hatte den Auftrag, von dem was wir

---

*) Alles was von dieser Reise bekannt ist, nebst einer Charte
der dabey gemachten Entdeckungen, steht in Herrn Coxe's
Nachricht von den Russischen Entdeckungen
zwischen Asien und Amerika. Mehr konnten wir
von den Russen in Kamtschatka nicht erfahren, ob sie uns
gleich alles was sie wußten, bereitwillig mittheilten. Wie
uns Herr Major Behm erzählte, verfehlte die Reise ihren
Endzweck, und der Anführer ist deshalb sehr getadelt wor=
den. Er war indeß zu verlässig zwischen 64° und 65° nörd=
licher Breite südwärts vom Vorgebirge des Prinzen von
Wales an der Amerikanischen Küste. Seeottern sind der
Hauptgegenstand, auf den die Russischen Entdeckungen
gerichtet sind; da nun Synd zu weit nach Norden gekom=

bedürften Nachricht einzuziehen, und dahin zu sehen, daß
wir mit allem Erforderlichen versehen würden. Auch
sollte er so lange bey uns bleiben, bis der Befehlshaber
selbst von Bolscheretsk abgehen könnte, alsdenn aber
zurückreisen, damit jene Besatzung nicht ohne Officier
bliebe.

Am fünften nahmen wir unsere bisher am Lande
beschäftigten Leute wieder an Bord, liessen dann den
Schiffsboden reinigen, und ungefähr acht Tonnen Ballast laden. Nunmehr brachten wir auch zwey Kanonen
auf das Verdeck, welche bisher im Vorderraum gelegen
hatten; denn jetzt standen wir im Begriff Nationen zu
besuchen, bey denen unser Empfang wahrscheinlich von
unserm guten kriegerischen Ansehen abhing. Am achten
ward die Resolution ans Land gezogen, damit ihr Schaden unter dem Schiffsschnabel ausgebessert werden könnte;
und nunmehr gingen unsere Zimmerleute den ihrigen zur
Hand.

Wir fingen um diese Zeit an, aus den Sprossen einer
hier sehr häufigen Art von Zwergfichte einen starken Ab-

---

men war, als daß er dergleichen Thiere hätte antreffen können, und da seine Entdeckungen dem Handel auch sonst
keine Vortheile versprachen, so liegt wahrscheinlich hierin
die Ursache seiner Disgrace, und der Verachtung, womit
die Russen seiner Reise jederzeit erwähnten. Die Inselgruppe in Synds Karte, zwischen 61° und 65° nördlicher
Breite enthält unstreitig Behrings, St. Lorenz,
und unsere Clerke's Anderson's und King's Inseln,
nur daß ihre Größe und relative Lage sehr unrichtig ist.
Anmerkung der Urschrift. Die große Russische
Monarchin kann den etwas verächtlichen Seitenblick, den
der Engländer hier auf die Russen wirft, nämlich daß nur
Seeottern ein Gegenstand ihrer Entdeckungen wären, durch
Ausrüstung eines oder mehrerer Entdeckungsschiffe widerle-
gen. An der Küste von Amerika bleibt noch manches zur
Nachlese; und warum sollte nicht auch Rußland, den Wissenschaften zum Besten, Schiffe ausschicken? G. F.

sud zu bereiten, weil wir hofften, daß wir künftig Bier daraus bereiten könnten, wenn wir in Kanton entweder Zucker oder Syrup zur Gährung erhielten. Auf allen Fall wußte ich, daß es gegen den Scharbock eine gute Arzney seyn würde, und wünschte daher um so mehr, einen hinlänglichen Vorrath davon einzulegen, da unsere übrigen Mittel gegen diese Krankheit, uns theils ausgegangen, theils verdorben waren. Wir hatten aber erst ein Oxhoft voll bereitet, so entdeckte man, daß der große Schiffskessel sehr dünn geworden sey und an mehreren Stellen Risse bekommen habe. Ich ließ also einhalten, und befahl, daß der Kessel so selten als möglich gebraucht werden sollte. Künftig möchte es bey langen Seereisen dieser Art, Vorsichts halber, nöthig seyn, einen überzähligen Kessel mitzunehmen oder wenigstens für einen recht starken zu sorgen. Man braucht ihn in vielen ausserordentlichen Fällen, und vorzüglich zum Absud antiscorbutischer Kräuter, so nothwendig, daß diese Sorge in der That nicht überflüssig ist; indeß würde ich eher jenen ersten Vorschlag empfehlen, weil ein dicker Kessel zu viel Feuerung kostet.

Am zehnten des Morgens schickten wir die Boote von beyden Schiffen einer Russischen Galliot aus Ochotsk zu Hülfe, um sie in den Hafen zu bogsiren. Sie war fünf und dreyßig Tage unterweges gewesen, und man hatte sie vom Leuchtthurm schon seit ein Paar Wochen gegen den Wind kämpfen gesehen. Die Mannschaft dieses Fahrzeugs hatte damals ihr einziges Boot aus Land geschickt, um frisches Wasser zu holen, woran sie großen Mangel litt; allein als das Boot schon zurückfuhr, ward der Wind stärker, und es ging verloren. Die Galliote ward von neuem in See getrieben, und die Leute an Bord mußten viel ausstehen. Außer dem Schiffsvolk, welches in fünf und zwanzig Mann bestand, waren funfzig Soldaten mit ihren Weibern und Kindern, und verschiedne

andere Passagiere, zusammen mehr als hundert Personen, auf diesem Fahrzeuge befindlich. Für eine Galliote
von achtzig Tonnen war diese Anzahl sehr beträchtlich,
zumahl da sie noch eine schwere Ladung von Mundvorrath und allerley Munitionen an Bord hatte. Im Bau
ähnelte sowohl diese Galliote, als die Schaluppe, die
wir im May hier sahen, einem Holländischen Dogger.
Sobald sie vor Anker lag, besuchte uns ein Unter-Lieu-
tenant *), der sich als Passagier an Bord der Galliote
befand, und das Commando in dem Ostrog überneh-
men sollte. Die Soldaten waren zum Theil zur Verstärkung der hiesigen Besatzung bestimmt, und man
brachte auch ein Paar kleine Kanonen ans Land, um das
Ostrog in bessern Vertheidigungszustand zu setzen. Fast
sollte man aus diesen Umständen schließen, daß die Ruf-
sischen Befehlshaber in Sibirien durch unsern Besuch
auf den wehrlosen Zustand des Orts aufmerksam geworden wären. Unser ehrlicher Sergeant äußerte auch mit
manchem bedeutenden Achselzucken: da wir einmal den
Weg in die Bay gefunden hätten, so könnten uns nunmehr auch andre Nationen folgen, die vielleicht nicht so
willkommen seyn möchten.

Der Schaden den die Resolution vom Eise erlitten
hatte, war nun soweit ausgebessert, daß sie am folgenden Morgen wieder vom Ufer abgezogen und flott gemacht
werden konnte. An demselben Tage erhielten wir von
der Galliote einen kleinen Vorrath von Pech, Theer,
Thauwerk und Segelgarn. Wir hatten auch um Segel-
tuch angehalten, aber davon konnten die Russen selbst
nichts entbehren. An Mehl überließen sie uns hundert
und vierzig Schläuche (Tkins) welche, 5 ℔ für das Gewicht

*) Put-parouchick schreibt Herr King; vermuthlich soll
es heißen: Podporutschick. G. F.

wicht eines jeden Sackes abgerechnet, 13,782 ℔, Eng-
lisch Gewicht betrugen.

Das Wetter, welches bisher beständig trocken gewesen war, veränderte sich heute, und wir bekamen starke
Regengüsse mit heftigen Windstößen, die uns nöthigten
die Marsraaen und Stengen einzuziehen. Auch der
Sonntag, den wir, als einen Ruhetag, zum Einsammeln der hier herum so häufig wachsenden Beeren von
mancherley Art und zu anderm Zeitvertreib bestimmt
hatten, ward uns durch das schlechte Wetter verdorben.
Der Fähnrich Synd reiste an diesem Tage mit den
übrigen Soldaten von der Galliote, nach Bolscheretsk. Während seines hiesigen Aufenthalts war er
beständig unser Gast gewesen, und im Grunde betrachteten wir ihn, seines Vaters wegen, als wenn er zu
uns, zu der Familie der Entdecker, gehörte, und also
auf unsere Zuneigung gerechten Anspruch machen könnte.
Bisher hatten wir auch den Sergeanten, in Rücksicht
seiner Commendantenstelle, an unsere Tafel gezogen, und
dies um so viel lieber, da er ein lebhafter, verständiger
Mann war, und die wenigen Russischen Worte, die wir
erlernt hatten, am besten verstand. Herr Synd hatte
die Höflichkeit, ihm während seiner Anwesenheit dieses
Vorrecht zu lassen; als aber der neue Commandant aus
Ochotsk ankam, fiel der arme Sergeant, wegen einer
uns unbekannten Ursache, in Ungnade, und durfte sich
in Gegenwart seiner eigenen Officiere nicht mehr setzen.
Es wäre vergebliche Mühe gewesen, für ihn bitten zu
wollen, so viel Vergnügen uns auch Nachsicht in diesem
Falle gewährt hätte, die sich vermuthlich nicht mit der
Russischen Mannszucht verträgt.

Am 15ten wurden wir mit dem Anfüllen des Schiff-
raums fertig, brachten unsern Vorrath von frischem
Wasser und Brennholz an Bord, und waren auf den
ersten Wink bereit, in See zu stechen. Indeß war das

IV.   H

Rindvieh von Werchnoi-Ostrog noch nicht angekommen, und ohne den wichtigsten Artikel unserer Bedürfnisse, frisches Fleisch, dessen unsere Mannschaft zu
ihrer Stärkung so sehr bedurfte, konnten wir nicht an die
Abreise denken. In dieser Lage, und bey einem neuen
Anschein zu gutem Wetter, glaubten wir der Gelegenheit wahrnehmen zu müssen, um uns einen Zeitvertreib
am Lande zu suchen und zugleich die Gegend näher kennen zu lernen. Capitain Gore schlug eine Bärenjagd
vor, und wir alle willigten sogleich in seinen Vorschlag.

Wir machten uns indeß erst am 17ten auf den Weg,
damit der Hospodir (Herr) Jwaskin, ein neuer Be-
kannter, der an unserer Jagdlustbarkeit Theil nehmen
sollte, zuvor einen Rasttag halten könnte. Dieser Herr
soll sich gewöhnlich zu Werchnoi aufhalten; Herr Major Behm hatte ihn aber ersucht, er möchte sich bey unserer Rückkehr in den Hafen hieher begeben, und unser
Dollmetscher seyn. Alles was man uns im Voraus von
ihm erzählt hatte, machte uns sehr neugierig ihn zu sehen. Er ist von einer ansehnlichen Rußischen Familie.
Sein Vater stand als General in Diensten der Kayserin;
er selbst aber, war in Frankreich und Deutschland erzo-
gen worden, und dann Page bey der Kayserin Elisa-
beth und Fähnrich von der Garde gewesen. Im sech-
zehnten Jahre bekam er die Knute, man schlitzte ihm
die Nase auf und verwies ihn erst nach Sibirien, und
dann nach Kamtschatka, wo er nunmehr ein und dreyßig Jahre gelebt hatte. Er war ein langer hagerer
Mann, mit einem Gesicht voll Runzeln, und überhaupt
allen Kennzeichen des hohen Alters, ob er gleich nur
eben ins vier und funfzigste Jahr getreten war. Wir
freuten uns außerordentlich auf seine Bekanntschaft, indem wir durch ihn recht viel von diesem Lande zu erfahren hofften. Allein wie sehr fanden wir uns in unsern

Erwartungen betrogen, als wir entdeckten, daß der arme Mann das Deutsche und Französische so völlig vergessen hatte, daß er sich schlechterdings nicht darin ausdrücken und nur mit Mühe verstehen konnte, was wir ihm in diesen Sprachen sagten. Auf das Vergnügen die Lebensgeschichte dieses außerordentlichen Menschen zu hören, welche er uns, als Fremden, die ihm eher einige kleine Dienste leisten als schaden konnten, vielleicht am ersten erzählt hätte, mußten wir folglich auch Verzicht thun. Die Ursach seiner Verbannung war hier niemanden bekannt. Man nahm aber insgemein an, daß sein Verbrechen sehr groß gewesen seyn müsse; denn es hatten sich schon zwey oder drey Befehlshaber von Kamtschatka während der jetzigen Regierung für seine Zurückberufung verwendet, ohne es nur einmal dahin bringen zu können, daß der Ort seiner Verbannung verändert worden wäre. Zwanzig Jahre lang, sagte er uns selbst, hätte er kein Brod gekostet, und schlechterdings gar nichts zu seinem Unterhalt bekommen. Während dieser Zeit habe er unter den Kamtschadalen wohnen, und von dem was ihm die Jagd und eigne Arbeit verschaft, leben müssen. In der Folge habe man ihm ein kleines Jahrgehalt ausgeworfen; allein seitdem Herr Major Behm den Oberbefehl in Kamtschatka erhalten habe, stehe es merklich besser um ihn. Dieser würdige Officier hatte ihm viel Achtung erwiesen, und ihn oft zu sich geladen; hierauf waren auch andre seinem Beyspiel gefolgt. Durch seine Vermittelung war Iwaskins Jahrgehalt bis auf hundert Rubel erhöhet worden, welches der gewöhnliche Sold eines Fähnrichs in der Rußischen Armee ist, ausgenommen in dieser Provinz, wo alle Officiere doppelten Sold bekommen. Herr Major Behm hatte uns auch schon erzählt, daß er die Erlaubniß ausgewirkt habe, ihn mit nach Ochotsk nehmen zu dürfen, wo er sich ins künftige aufhalten sollte, indeß wollte er ihn für jetzt noch zurücklassen, weil er uns bey unserer Rückkehr vielleicht nützlich seyn könnte*).

Die ersten Lieutenants beyder Schiffe erhielten den Auftrag, das Tauwerk soweit ausbessern zu lassen, als unser neuer Vorrath reichte; und hierauf ruderten wir unter Anführung eines Kamtschadalen-Korporals, auf unsere Jagdparten aus. Ehe wir uns indeß nach dem Wild umsahen, wollten wir zuerst Behms Hafen besuchen. Dies ist ein Einbusen an der Westseite der Bay, der von den hiesigen Einwohnern Tarainska genannt wird. Wir legten ihm den Namen des Majors bey, weil es sein Lieblings Plaz war und er ihn selbst aufgenommen hatte. Auf dem Wege dahin begegnete uns der Tojon von St. Peter und Paul mit seinem Weibe, zwey Kindern und noch einem Kamtschadalen in einen Kahn. Sie hatten auf einem runden Eiland, welches im Eingang des Hafens liegt, zwey Seehunde erlegt, und eine Menge Beeren gelesen, womit sie jezt nach Hause fuhren. Auf Anrathen des Tojons veränderten wir unsern Lauf, weil der Wind sich geändert hatte und südwestlich geworden war. Anstatt Behms Hafen hinauf zu segeln, richteten wir uns nordwärts nach einem Teich, unweit der Mündung des Paratunkaflusses, wo die Bären sich, wie man sagte, aufhalten sollten. Kaum waren wir aber ausgestiegen, so wandte sich der Wind unglücklicherweise nach Osten, und vereitelte unsere Hoffnung zum zweytenmal; denn unsere Kamtschadalen behaupteten fest, daß wir uns keine Rechnung machen dürften einen Bären zu erlegen, so lange wir den Wind in

---

*) Im Grunde mochte dem armen Iwaskin mit der Versetzung nach Ochotsk auch wohl wenig geholfen seyn, wenn er dort nicht etwa die Aussicht hat, bey immer abnehmenden Leibeskräften, einer bessern Pflege zu genießen. G. F.

Rücken hätten, weil ihr ungewöhnlich feiner Geruch in diesem Falle den Verfolger schon in einer großen Entfernung witterte, und sie zu rechter Zeit fliehen lehrte. Wir kehrten also zu unserm Boot zurück, und brachten die Nacht unter einem zu dieser Absicht mitgenommenen Zelt am Strande hin. Am folgenden Tage schifften wir, nach der Anweisung unserer Führer, queer über die Bay nach dem Hafen Rakowina. Hier machten wir die Boote fest, und gingen mit unserer ganzen Reisegeräthschaft zu Fuße weiter. Nachdem wir fünf bis sechs Englische Meilen zurückgelegt hatten, befanden wir uns am Meerstrande, ungefähr eine Seemeile nordwärts von der Spiße, wo der Leuchtthurm steht. Von hier aus, erstreckt sich, so weit das Auge reicht, längs der Küste ein schmaler Streifen oder Rand von niedrigem flachen Lande gegen Tschipunskoi-Nos hin. Dieser Strich ist mit Heidekraut bewachsen, und bringt eine Menge Beeren, besonders die Arten, die wir Rebhuns- und Krähenbeeren (*partridge and crow berries*) nennen, hervor. Hier sollten wir, wie man uns sagte, Bären genug antreffen, da sie von diesen Beeren fräßen; indeß setzte man hinzu, das Regenwetter, welches sich jetzt eingestellt hatte, sey uns nicht günstig. Wir gingen also längs der Ebene hin, und sahen in der Ferne wirklich verschiedene Bären; allein mit aller Behutsamkeit konnten wir ihnen nie bis auf einen Schuß nahe genug kommen.

Unsere Lustbarkeit verwandelte sich also aus einer Bärenjagd in einen Lachsfang. Wir sahen viele Lachse durch die Brandung in einen kleinen Fluß dringen. Unsere Kamtschadalen waren aber bey diesem Fang weit ungeschickter als die Einwohner von Unalaschka. Ihre Geräthschaft war zwar mit Eisen beschlagen, schien aber weder so zweckmäßig noch so zierlich gearbeitet zu seyn, wie die Amerikanische, die nur knöcherne Spißen hatte. Als ich mich nach der Ursach eines so merklichen Unter-

schiedes zwischen diesen benachbarten Völkern erkundigte,
erfuhr ich vom Korporal, der viele Jahre unter den Ame=
rikanern gewohnt hatte, daß die Kamtschadalen sich
ehedem eben solcher Wurfsprieße und Speere, wie jene,
und ebenfalls mit knöchernen Spitzen, bedient hätten;
auch hätten sie es den Amerikanern damals an Geschick=
lichkeit vollkommen gleich gethan. Woran die Verände=
rung läge konnte ich nicht recht verstehen; vermuthlich war
es aber eine der gewöhnlichen Folgen von erzwungener
und unvollkommener Verbesserung. Die Beute, die
uns das Wasser darbot, war uns indessen äußerst will=
kommen; denn abgerechnet, daß unsere Bärenjagd so
schlecht abgelaufen war, hatten wir auch nicht einmal ei=
nen Vogel geschossen, worauf wir uns doch in Beziehung
auf unsere Mahlzeiten gewissermaßen verlassen hatten.
Es war also kein Wunder, daß uns die Zeit, welche wir
von unserm Hauptquartier entfernt waren schon lang
dünkte. Unsere Kamtschadalen wußten aber jetzt
herauszubringen, daß wir bloß darum nichts angetroffen
hätten, weil unsre Gesellschaft zu zahlreich und folglich zu
lärmend wäre. Wir ließen es uns gefallen, daß sie in
zwey Partheyen getheilt ward. Jwaskin, der Korpo=
ral und ich machten den einen Haufen aus; Capitain
Gore und die übrigen den andern.

Nachdem wir die Nacht unter unserm Zelt zugebracht
hatten, gingen wir den 19ten früh auf verschiedenen We=
gen aus, indem wir die Gegend von beyden Seiten in
der Runde durchstreichen, und in St. Peter und Paul
wieder zusammentreffen wollten. Die Gesellschaft zu
welcher ich gehörte, nahm ihren Weg an dem Flusse hin,
an dessen Mündung wir Lachse gefischt hatten. Es reg=
nete den ganzen Morgen in einem fort; wir wurden also
völlig durchnäßt, ehe wir um drey Uhr Nachmittags,
einige alte Balagans, die Ueberbleibsel eines Kamt=
schadalischen Dorfs, erreichten, ohne auf dem langen,

ermüdenden Wege auch nur Einen Bären gesehen zu haben.   Anfänglich wollten wir hier übernachten, und früh
am Morgen die Jagd fortsetzen; allein weil sich ein frischer Wind erhob, der unserm Vorhaben nicht günstig war,
drang der Hospodir Jwaskin sehr ernstlich in uns
daß wir den Rückweg antreten möchten.   Sein vergan-
genes Leiden hatte ihn außer Stand gesetzt, jetzt eine große
Anstrengung auszuhalten, und er befand sich in desto gröſ-
serer Noth, da er seine Schnupftobacksdose ausgeleert
hatte.   Der alte Korporal wollte lange nicht in seinen Vorschlag willigen, und wendete dagegen ein, wir hätten
noch sehr weit bis an den Hafen, und wegen des schlim-
men Weges könne uns die Nacht übereilen, ehe wir noch
an das Ziel unserer Reise gekommen wären.   Endlich
ließ er sich aber doch erbitten, und führte uns an den U-
fern einiger kleinen Seen hin, deren man in der niedrigen Gegend eine ansehnliche Menge antrift.   Sie sind
gewöhnlich eine halbe bis auf zwey Englische Meilen lang,
und eine halbe Meile breit, haben helles, frisches Wasser, und eine Menge rother Fische, die an Größe und
Gestalt den Lachsen ähnlich sind, und weiter unten genauer beschrieben werden sollen.   An den Ufern lagen viele
Ueberreste von Fischen, wovon die Bären gefressen hatten, und die jetzt einen unerträglichen Gestank verbreite-
ten.   Oft kamen wir an Stellen, wo noch vor kurzem
Bären gewesen seyn mußten; indeß konnten wir keinen
zu Gesicht bekommen.   Wir waren volle zwölf Stunden
zu Fuße gegangen, und die Nacht war schon eingebro-
chen, als wir endlich die Schiffe erreichten.   Der arme
Jwaskin war ganz erschöpft und abgemattet.   Vorzüglich mußte ihm der Mangel an Schnupftoback empfind-
lich seyn; denn er griff bey jedem Schritte mechanisch in
die Tasche, und langte seine ungeheure leere Dose hervor.
Kaum waren wir in unserm Zelte angelangt, so ward das
Wetter äußerst ungestüm und regnicht.   Wir wünschten

uns daher Glück, daß wir nicht noch einen Tag ausge-
blieben wären, und vergaßen, sobald des Hospodirs
Dose wieder gefüllt war, bey einem guten Abendessen die
Mühseeligkeiten unserer mißlungenen Jagdparthey.

Am folgenden Morgen erfuhr ich zu meinem großen
Leidwesen, daß unser Freund der Sergeant auf Befehl
des alten Unter-Lieutenants (Podporutschnik) eine
körperliche Strafe erlitten hatte. Keiner von unsern Leuten hatte die Ursache seines Unwillens erfahren können;
man glaubte aber, es sey vermuthlich aus Eifersucht über
die Achtung, die wir dem Sergeanten erwiesen, entstanden. So viel schien wenigstens ausgemacht, daß das
Vergehen, worin es auch bestanden haben mochte, keine
so schimpfliche Züchtigung verdiente. Wir waren darüber nicht nur betroffen, sondern hielten auch eigentlich
uns für beleidigt; denn der ihm angethane Schimpf fiel
gewissermaßen auf uns zurück, da wir auf einen gleichen
Fuß mit ihm umgegangen waren, und uns für ihn inte-
ressirten. Wir hatten uns nämlich schon bey unserer
vorigen Anwesenheit bey dem würdigen Major Behm
Raths erholt, wie man dem Sergeanten für seine im Ostrog
gehaltene gute Ordnung und Dienstbeflissenheit gegen
uns, am besten eine Gefälligkeit erweisen könnte. Er
hatte uns gerathen ein Empfehlungsschreiben an den Ge-
neralgouverneur abzufassen, welches er selbst übergeben
und unterstützen wolle; dies werde dann vermuthlich die
Wirkung haben, daß der Sergeant eine Stuffe höher komme. Capitain Clerke hatte auch sogleich ein solches
Schreiben ausgefertigt. Wir fanden indeß nicht für gut,
vor Capitain Schmalefs Ankunft irgend eine Vorstellung über den jetzigen Vorfall zu machen, da wir ohnehin
zu wenig von der Sprache verstanden, als daß wir uns
hätten auf Erklärungen einlassen können. Dem alten
Podporutschnik ließen wir aber unser Misvergnü-

gen fühlen, und empfingen ihn bey seinem nächsten Be-
suche sehr kalt.

Am 22sten, als dem Krönungstage Sr. Großbrit-
tannischen Majestät, löseten wir ein und zwanzig Kanonen,
und bereiteten ein Fest, so gut es unsere Lage gestattete.
Wir setzten uns eben zu Tische, als uns Capitain S ch m a-
l e f s Ankunft gemeldet ward. Dies war uns in mehr
als Einer Rücksicht die angenehmste Ueberraschung, einmal, weil er so zu rechter Zeit eintraf, um an unserm
Schmause Theil zu nehmen, und dann, weil die letzten
Nachrichten von ihm so gelautet hatten, als würde er wegen der Folgen einer schweren Krankheit die Reise nicht
antreten können. Zu unserer Beruhigung erfuhren wir
jetzt, daß dies ein bloßer Vorwand gewesen sey. Eigentlich war er darüber in Verlegenheit, daß er mit leeren Händen zu uns kommen sollte. Er wußte nämlich,
wie sehr es uns an Thee, Zucker, u. d. gl. fehlte, und
hatte seine Reise aufgeschoben, weil er jeden Tag die Schaluppe von O ch o t s k erwartete. Endlich befürchtete er aber,
wir möchten unter Segel gehen, und mußte folglich von
B o l sch e r e t s k abreisen, um die Armuth des Orts zu ent-
schuldigen, da von der Schaluppe nichts zu hören und zu
sehen war. Er sagte uns auch das Regenwetter, welches in der Gegend von W e r ch n o i sehr heftig gewesen,
sey Schuld daran, daß das versprochene Vieh ausbleibe.
Wir suchten ihm unsere Dankbarkeit für diese neuen Beweise seiner freundschaftlichen und gastfreyen Gesinnungen zu erkennen zu geben; begrüßten ihn, als er Tages
darauf wieder an Bord der Resolution einen Besuch ab-
legte, mit elf Kanonenschüssen, und schenkten ihm Proben von allen Seltenheiten, die wir auf unserer Reise gesammelt hatten. Capitain G o r e fügte noch eine golde-
ne Uhr und eine Vogelflinte hinzu.

Tages darauf bewirtheten wir ihn an Bord der Discovery, und am 25sten nahm er von uns Abschied, um

nach Bolscheretsk zurückzugehen. Wir konnten ihn
nicht bewegen, länger bey uns zu bleiben; denn er erwartete, wie er uns sagte, den Vicegeneralgouverneur,
der gegenwärtig auf einer Reise durch alle dem General-
gouverneur von Irkutzk untergebene Provinzen begriffen wäre, und vielleicht in der Schaluppe von Ochotsk
kommen könnte. Vor seiner Abreise, indeß gänzlich ohne unser Zuthun oder unsre Fürsprache, setzte er den Sergeanten wieder zum Commandanten ein, und nahm den
Podporutschnik (Unterlieutenant) mit sich nach Bolscheretsk zurück. Darüber daß der Sergeant ohne die
geringste Veranlassung hatte Strafe leiden müssen, war
er äußerst unzufrieden gewesen. Die Bereitwilligkeit
dieses würdigen Befehlshabers, uns Gefälligkeiten zu
erweisen, bewog uns vor seiner Abreise ihn um eine Gunst
für einen andern von unsren Kamtschatkischen Freunden
zu bitten, nämlich für einen alten Soldaten, dessen Haus
unsern Unterofficieren beständig offen gestanden, und der
überhaupt der ganzen Mannschaft alle mögliche gute Dienste geleistet hatte. Herr Capitain Schmalef hatte die Güte, in unsere Bitte zu willigen und ihn auf der Stelle zum
Korporal zu befördern, wodurch der arme Tropf das Ziel
seiner Wünsche erreichte. Zugleich befahl er ihm, den
Englischen Officieren für seine große Standeserhöhung
zu danken. Bey dieser Gelegenheit muß ich erinnern,
daß die Unterofficiere in der Rußischen Armee, einen Vorzug vor den Gemeinen haben, wovon wir bey unserm Dienste nichts wissen. Mit Erstaunen sahen wir einen Sergeanten allen Staat führen, und von seinen Untergebenen
alle die Ehrerbietung fordern, die nur immer einem
Staabsofficier zukommen kann. Noch muß ich auch an-
merken, daß es es hier im Dienste weit mehrere Zwischen-
stufen giebt als bey uns, oder in andern Ländern. So
giebt es z. B. zwischen den Sergeanten und Gemeinen
wenigstens vier Stufen. Diese Einrichtung hat ohn-

zweifel ihren wichtigen Vortheil; wenigstens läßt sich
die gute Wirkung der vervielfältigten Stufen in der Rang-
ordnung bey dem Brittischen Seedienste nicht verkennen.
Sie flößen lebhafteren Wetteifer ein, und setzen die höf-
eren Officiere in Stand, jeden Grad des Verdienstes
angemessen zu belohnen.   Beyläufig will ich nur noch der
strengen Mannszucht bey der Rußischen Armee erwähnen, die sich auch in der äußersten Entfernung vom Sitze
der Regierung ungeschwächt erhält, und von der auch
Oberofficiere nicht ausgenommen sind. Sie werden nämlich für die geringsten Vergehungen bey Brod und Wasser
eingesperrt.   Einer unserer Freunde, ein Fähnrich, erzählte uns, er habe, weil er in betrunkenem Muthe Lärm
angefangen, drey Monate bey Brod und Wasser im dunkeln Loche (*black hole*) sitzen müssen; dieser Verhaft habe auf sein ganzes Nervensystem so heftig gewirkt, daß er
seitdem nicht den Muth habe, einer gewöhnlichen Gesellschaft beyzuwohnen.

Ich begleitete Herrn Capitain S ch m a l e f bis an die
Mündung des A w a t s ch a f l u s s e s, nahm Abschied von
ihm, und besuchte hierauf den Geistlichen von P a r a t u n-
ka. Am Sonntage folgte ich ihm in die Kirche, wo die ganze
Gemeine aus seiner eigenen Familie, drey Kamtschadalischen Männern, und eben so viel Jungen bestand, die
bey dem feyerlichen und erbaulichen Gottesdienste sangen.
Die Kirche ist von Holz, und bey weitem das beste Gebäude im Orte; so wie auch in S t. P e t e r und P a u l
der Kirche kein andres Gebäude gleich kommt. Inwendig
ist sie mit vielen Gemälden verziert, worunter vorzüglich
die beyden Heiligen Peter und Paul, als Geschenke von
B e h r i n g, bemerkt zu werden verdienen. Der wirkliche
innerliche Werth ihrer Draperie dürfte den vorzüglichsten Europäischen Kunstwerken die Wage halten, denn
sie bestehen hauptsächlich aus dicken Platten von geschla-

genem Silber, die auf der Leinwand befestigt und nach den Falten des Gewandes ausgeschweift sind.

Am folgenden Tage brachte ich eine neue Jagdgesellschaft zusammen, welche von dem Küster der hiesigen Gemeinde, einem berühmten Bärenjäger angeführt ward. Wir kamen bey Sonnenuntergang an die Ufer eines der größeren Seen. Hier mußten wir uns so gut wir konnten verbergen, welches sich in dem langen Grase und Gesträuche dicht am Wasser auch sehr leicht thun ließ. Wir hatten noch nicht lange im Hinterhalt gelegen, so brummten schon die Bären von verschiedenen Seiten um uns her, und bald drauf sahen wir einen im Wasser, der gerade auf uns zuschwamm. Der Mond schien sehr hell, so daß wir die Gegenstände deutlich sehen konnten, und drey von uns schossen, als das Thier etwa funfzehn Schritte entfernt war, beynah zu gleicher Zeit. Der Bär wandte sich in demselben Augenblicke seitwärts und machte ein Geschrey, welches eigentlich weder Brummen, noch Brüllen, noch Heulen, sondern ein Gemisch von allen dreyen war, und unbeschreiblich fürchterlich klang. Wir sahen ganz deutlich, daß er schwer verwundet war; denn er erreichte nur mit Mühe das Ufer, und zog sich in einiger Entfernung davon in dichtes Gebüsch zurück. Hier schrie noch er immer wie zuvor, und unsere Kamtschadalen wagten es nicht ihn jetzt zu reizen, ob sie gleich überzeugt waren, daß wir ihn tödlich verwundet hätten. Jetzt nach neun Uhr, fing der Himmel an sich zu überziehen, und wir fanden es aus Furcht vor anderm Wetter rathsam nach Hause zu gehen. Als wir, zur Befriedigung unserer Neugier am Morgen wieder zurückkehrten, fanden wir den Bären auf demselben Platze todt, welchen wir uns gemerkt hatten. Es war ein Weibchen, aber von ungewöhnlicher Größe. Unsere gestrige Jagd war nach folgenden Regeln vorgenommen worden. Sobald der

Kamtschadalen an einen Ort kommen, (und gewöhnlich geschiehet dieses um Sonnenuntergang) wo sich die Bären aufzuhalten pflegen, suchen sie zuerst auf die frischeste Spur zu kommen, und diejenige zu wählen, in deren Nachbarschaft sie sich am bequemsten verstecken können. Dergleichen Spuren finden sich vom Walde nach den Seen hinab, und zwischen dem langen Riedgrase und Dickigt am Ufer derselben ziemlich häufig. Sobald man einen Platz zum Hinterhalt gewählt hat, steckt jeder Jäger die Gabel, worauf seine Flinte ruhen soll, in die Erde, und zwar in der Richtung, in welcher er schiessen will. Wenn dies geschehen ist, knicet er hin oder legt sich auch nieder, je nachdem er sich am besten verbergen kann, und wartet dann, mit seinem Bärenspeer neben sich, auf sein Wild. Es liegt ihm sehr viel daran sein Ziel nicht zu verfehlen, erstlich, weil Pulver und Bley in Kamtschatka so theuer ist, daß der Preis eines Bären kaum so viel beträgt, als vier oder fünf Flintenladungen kosten; dann aber auch, weil es die gefährlichsten Folgen haben kann, wenn der Bär nicht auf den ersten Schuß außer Stand gesetzt wird seine Feinde zu verfolgen. In diesem Falle geht er nämlich sogleich auf den Ort zu, wo der Rauch aufsteigt, und der Schuß herkam, und fällt die Jäger mit der äußersten Wuth an. Wieder zu laden ist nicht möglich, denn man pflegt nicht eher zu schießen, als bis das Thier nur etwa zwölf, bis funfzehn Schritte weit entfernt ist; wenn es also nicht sogleich fällt, so muß man sich in Bereitschaft setzen, es mit dem Bärenspeer zu empfangen, und ihm gleich anfangs einen tödlichen Stoß beyzubringen. Kann aber der Bär den Stoß pariren, wozu er in seinen Tatzen außerordentliche Stärke und Geschwindigkeit hat, so wird er mit seinen Gegnern handgemein, und der Streit ist dann gewöhnlich so ungleich, daß sie von Glück sagen können, wenn es nur Einem von ihnen das Leben kostet.

Diese Lustbarkeit, oder eigentlicher dieses Geschäft, ist besonders in zwey Jahrszeiten gefährlich; nämlich, im Frühling, wenn die Bären zuerst hervor kommen, nachdem sie, wie man hier insgemein versichert, den ganzen Winter hindurch, statt Nahrung zu genießen, an ihren Tatzen gesogen haben. Fällt alsdenn noch ein starker Frost ein, so daß noch Eis in den Seen ist, und die Bären ihrer gewöhnlichen Nahrung nicht nachgehen können, so werden sie vor Hunger wüthend, verlassen ihre gewöhnlichen Gänge, spühren den Einwohnern nach, und überfallen sie oft, wenn sie es am wenigsten besorgen. In diesem Falle kommt der Jäger gewöhnlich ums Leben, denn ein Kamtschadale ist schlechterdings nicht im Stande im Fluge zu schießen, oder auch nur ein Thier im Laufe zu tödten, sondern muß allemal sein Gewehr erst aufstützen. Die andere gefährliche Jahrszeit ist während der Brunst, die eben bey unsrer Anwesenheit Statt fand.

Von der natürlichen Liebe dieser Thiere habe ich bereits oben ein merkwürdiges Beyspiel erzählt, und auf der Jagd erfährt man dergleichen häufig. Der Kamtschadale weiß sich diesen Trieb zu Nutze zu machen; er giebt nie auf einen jungen Bären Feuer, so lange die Mutter in der Nähe ist; denn fällt das Junge, so steigt die Wuth der Bärin bis zur Raserey, und wenn sie ihren Feind ansichtig wird, kann nur ihr Tod ihre Rachbegierde endigen. Wird hingegen die Mutter erlegt, so bleiben die Jungen, selbst wenn sie schon lange todt ist, bey ihr, und geben durch allerley rührende Bewegungen und Handlungen ihre Betrübniß zu erkennen, wodurch sie denn leicht eine Beute des Jägers werden. Wenn man den Kamtschadalen Glauben beymessen darf, so besitzen die Bären auch einen besondern Grad von Klugheit. Sie erzählen tausend Geschichtchen davon; unter andern sagen sie es sey allgemein bekannt, daß die Bären sehr listig von führen, um wilde Schafe *) zu fangen, die ihnen viel zu schnellfüßig wären, und in großen Heerden mehrentheils in niedrigen Gegenden, am Fuß der Felsen, und an jähen Abgründen weideten.   Der Bär geht, wie man uns weiter sagte, ihrer Spur nach, bis er sie zu Gesicht bekommt; dann schleicht er langsam und vorsichtig höher hinauf, bis er sich unmittelbar über der Heerde befindet, und nahe genug ist, um sein Vorhaben auszuführen.   Hier wirft er mit seinen Tatzen Felsenstücke auf die untenstehenden Thiere, und versucht es nicht eher sie zu verfolgen, als bis er eines verwundet hat.   Auf dieses geht er dann gleich los, und wenn das Schaf schwer verwundet ist, so glückt es ihm, es einzuholen.

Die Kamtschadalen pflegen aber auch freymüthig zu gestehen, daß sie ihre geringen Fortschritte in den Wissenschaften und schönen Künsten, lediglich den Bären zu verdanken haben. Was sie von der Heilkunst und Wundarzneykunst wissen, ist von der Beobachtung dieser Thiere entlehnt; denn sie haben wahrgenommen, mit welchen Kräutern der Bär seine Wunden gerieben, und was er gefressen hat, wenn er krank oder matt gewesen ist. Noch sonderbarer muß es einem Europäer vorkommen, daß sie die Bären auch für ihre Tanzmeister erkennen; allein uns überzeugten unsere Sinne, daß sie die lautere Wahrheit sagten; denn der Bärentanz der Kamtschadalen, der in einer genauen Nachahmung der mancherley Stellungen und Sprünge dieser Thiere besteht, ist das Muster und die Grundlage aller ihrer übrigen Tänze, worauf sie nicht wenig stolz sind.

---

*) Herr King hatte hier das Wort bareins, ohne weitere Erläuterung gebraucht. Ohne Zweifel ist es das geradbrechte Russische Wort (dikoje) baranie, wilde Schafe, die nach des Herrn Collegienrath Pallas Zeugniß, in Kamtschatka häufig angetroffen werden. G. F.

Am 28ſten kehrte ich, mit meiner kleinen Reiſe ſehr zufrieden, nach den Schiffen zurück. Ich hatte wenigſtens Gelegenheit gehabt, etwas mehr von der hieſigen Gegend zu ſehen, und die Sitten der Kamtſchadalen an einem Orte wo ſie ſich ſelbſt überlaſſen ſind, beſſer kennen zu lernen; denn in Gegenwart der Ruſſen ſind ſie augenſcheinlich unter einem gewiſſen Zwange.

Bis zum 30ſten fiel nichts bemerkenswerthes vor. An dieſem Tage ging Herr Capitain G o r e nach P a r a t u n ka, um daſelbſt in der Kirche ein von Herrn W e b e r gemaltes Wappenſchild aufzuhängen, worauf Capitain C l e r k e's Alter und Rang, und der Gegenſtand der Unternehmung, in welcher er bis an ſeinen Tod begriffen geweſen, erwählt ward. Ein Brett mit einer gleichen Inſchrift befeſtigten wir an den Baum, unter welchem Capitain C l e r k e begraben lag. Ehe uns Capitain G o r e verließ, hatte er mir Befehl ertheilt, die Schiffe aus dem Hafen in die Bay zu ſchaffen, und ſie ſegelfertig zu machen. Den ganßen erſten October hindurch ſtürmte es ſo heftig, daß wir dieſen Befehl nicht vollziehen konnten; aber am zweyten gelang es uns, beyde Schiffe durch den engen Eingang aus dem Hafen zu ziehen, und hierauf legten wir uns eine Engliſche Viertelmeile weit von dem Oſtrog, in ſieben Faden Tiefe (in der Bay) vor Anker. Am erſten October war indeſſen das langerwartete Rindvieh aus W e r c h n o i angekommen. Dieſer Umſtand bewog Capitain G o r e, fünf bis ſechs Tage länger hier zu bleiben, damit unſere Leute das Fleiſch ganz friſch genieſſen, und den Vortheil von dieſer vorzüglichen Erquickung vollkommen benutzen könnten. In der Zeit waren wir indeß nicht müßig, ſondern wendeten ſie zu fernerer Ausbeſſerung der Boote, Segel, Tauwerke und Pumpen bey der Schiffe an. - Capitain G o r e überließ mir etwas Sirup, und erlaubte mir den Keſſel der Reſolution zu brauchen, ſo daß ich für meine Leute auf vierzehn Tage

Bie

Bier brauen, und noch zehn Fässer voll starker Tannen-
sprossen-Essenz bereiten lassen konnte. Diese war uns um
so nöthiger, da wir schon unser letztes Branntweinsfaß,
(bis auf eine geringe Quantität, die für den Nothfall
aufgehoben ward,) angezapft hatten.

Am dritten fiel das Namensfest der Kayserin ein,
welches wir zu feyern so viele Ursach hatten. Capitain
Gore lud den Geistlichen von Paratunka, nebst dem
Jwaskin und dem Sergeanten zum Mittagsessen ein;
und wir bewirtheten auch die Unterofficiere der Garnison,
die beyden Tojons von Paratunka, Petropaws-
lowsk, und einige andere vornehmere Kamtschadalen.
Die übrigen Einwohner, von allerley Art, wurden ein-
geladen, mit dem Schiffsvolk zu speisen. Der Mann
bekam ein Pfund gutes fettes Rindfleisch, und was noch
von Branntwein übrig war, ward mit Wasser zu Grog
gemacht, und ebenfalls unter die Mannschaft vertheilt.
Zur gewöhnlichen Stunde gaben wir eine Salve von ein
und zwanzig Kanonen, und das ganze Fest war, in Rücksicht der Gegend wo es gefeyert ward, einer so großen und
mächtigen Kayserin nicht unwerth.

Am fünften erhielten wir aus Bolscheretsk einen
frischen Vorrath von Thee, Zucker und Toback. Ein
Brief von Herrn Capitain Schmalef benachrichtigte
uns, daß die Schaluppe aus Ochotsk noch vor seiner
Rückkehr nach Bolscheretsk daselbst angekommen sey,
und daß seine Frau, aus Freundschaft für uns, keine Zeit
verloren hätte, mit diesen Geschenken einen Boten abzufertigen, der ihm auf dem Wege begegnet sey.

Am sechsten und siebenten ließ sich das Wetter so übel
an, daß wir die Anker nicht lichten mochten; allein am
achten früh segelten wir nach dem Eingange der Bay und
hoben alle unsere Boote ein. Wegen des Südwindes
mußten wir indeß unsre Fahrt wieder einstellen, und in
zehn Faden Tiefe vor Anker gehen. Weil wir anhalten-

IV. 							J

den Wind aus eben derselben Gegend und starken Nebel
hatten, konnten wir auch am neunten Vormittags nicht
weiter. Um vier Uhr Nachmittags lichteten wir die Anker von neuem; allein indeß wir mit vieler Mühe den letzten aufwanden, erfuhr ich, daß der Trommelschläger der
Seesoldaten das Boot, welches so eben aus dem Dorfe
(Ostrog) zurückkam, verlassen, und daß man ihn zuletzt
in Gesellschaft einer Kamtschadalin gesehen hätte, der er
sehr zugethan gewesen, und die ihn oft beredet hatte, am
Lande zurückzubleiben. Der Mann war uns, wegen einer Geschwulst am Knie, die ihn lähmte, schon seit langer Zeit unbrauchbar; ich mochte ihn aber doch nicht zurücklassen, damit er sich selbst und den Russen nicht elendig-
lich zur Last seyn möchte. Daher bewog ich den Sergeanten auf verschiedenen Wegen Soldaten auszuschicken, und
ihn aufsuchen zu lassen, indeß einige von unsern Matrosen nach einem Ort in der Nachbarschaft gingen, den er
oft zu besuchen pflegte, und wo sie ihn auch wirklich bey
seiner Schönen fanden. So bald meine Leute mit dem
Ausreisser zurückkehrten, lichteten wir die Anker, und
folgten der Resolution zur Bay von Awatscha hinaus,
die vielleicht unter allen bisher entdeckten Hafen der größte
und sicherste, und in dieser Weltgegend für Schiffe von
einer gewissen Größe der einzige ist. Der Name Bay
scheint eigentlich zu einem so wohl geschützten Orte nicht
recht zu passen; allein wir haben noch keine bestimmten
Begriffe für die Wörter Bay, Rheede, Sund, Hafen u. s. w. womit so manche Seefahrer die verschiedenen Lagen der Küsten auf eine sehr willkührliche Art be-
nannt haben, und welche man nun eben deswegen nicht
verändern darf, weil sie allgemein angenommen sind.*)

---

*) Ich übergehe hier die weitläuftigen bloß seemännischen
Bemerkungen über diese Bay und über das Verhalten beym

St. Peter und Paul, in der Bay, ist einer der bequemsten kleinen Hafen, die ich je gesehen habe, und wird füglich ein Dutzend Schiffe nebeneinander fassen können, die sich dort auf alle Art und Weise ausbessern lassen. Die Südseite dieses Hafens ist eine sehr schmale, niedrige, sandige Landzunge, auf welcher das Ostrog erbaut ist. An der Spitze findet man drey Faden Tiefe, so daß man dicht vorbeysegeln kann; mitten im Eingang aber, der nur zweyhundert und acht und siebzig Fuß breit ist, beträgt sie sechs und einen halben und im Hafen selbst sieben Faden auf sehr zähem Schlammgrunde, der uns beym Aufwinden des Ankers viel zu schaffen machte. Der Wasserplatz liegt in der Vertiefung des Hafens.

Ehe ich von unseren astronomischen Beobachtungen an diesem Orte Rechenschaft gebe, muß ich bemerken, daß die von Herrn Kendal, genau nach dem Muster der Harrisonischen, verfertigte Längenuhr, die an Bord der Resolution befindlich war, am 27sten April, wenige Tage vor unserer ersten Ankunft in der Bay von Awatscha, stille stand. Während der ganzen Reise hatten wir sie mit der größten Sorgfalt bewahrt, und nie hatte sie jemand einen Augenblick in Händen gehabt, als Capitain Cook oder ich. Sie konnte also keinen Schaden gelitten haben; eben so wenig konnte sie wegen der äußern Kälte stille stehen, da das Thermometer nur wenig unterhalb dem Gefrierpunkte stand. So bald wir die unangenehme Entdeckung gemacht hatten, überlegte ich mit Herrn Capitain Clerke, was zu thun sey? ob wir die Uhr in ihrem jetzigen für uns ganz unbrauchbaren Zustande lassen

J 2

Ein und Aussegeln, so wie gleich darauf die höchst entbehrlichen mathematischen Details über den Gang der Längenuhr, welche man, ohne Sternkundiger zu seyn, nicht leicht verstehen wird. G. F.

sollten, um sie bey unserer Rückkunft nach England Sach-
verständigen zur Untersuchung zu geben; oder ob es besser
wäre, sie einem unserer Matrosen, der seine Lehrjahre bey
einem Uhrmacher in London ausgestanden, und seine Geschicklichkeit durch Ausbesserung verschiedener Taschenuh-
ren am Bord bewiesen hatte, zur Untersuchung anzuver-
trauen. Der richtige Gang dieser Uhr hatte für uns so
manchen Vortheil gehabt, daß wir sie für den Ueberrest
der Reise ungern entbehrten, und im Grunde war wohl
zwischen dem wirklichen Nutzen von dem Gebrauch, und
zwischen der geringen Wahrscheinlichkeit, durch Verzögerung ihrer Zerlegung, künftig von ihrem innern Me-
chanismus näher unterrichtet zu werden, kein Vergleich.
Die Uhr hatte überdies bereits auf einer vorigen Reise
eine hinlängliche Probe ausgehalten, und ihr Nutzen war
seitdem schon die drey Jahre hindurch, welche bisher über
unserer Reise verflossen waren, bewährt gefunden worden.
Dies alles zusammengenommen hatte uns bewogen, an
dem ersten hellen Tag, der während unseres Aufenthalts
in Awatscha-Bay einfiel, in des Capitains Kajüte
und in unserer Gegenwart die Uhr öffnen zu lassen. Uns-
ser Uhrmacher fand nicht das geringste zerbrochen, konnte
aber das Werk dennoch nicht wieder in Gang bringen.
Er nahm daher die Unruhe ab und reinigte die beyden
sehr schmutzig gewordenen Löcher, in denen sich der Stift
bewegt; ferner nahm er die Zeigerscheibe ab, und fand
zwischen den Zähnen des Randes, welches den Secun-
denzeiger bewegt, ein Klümpchen Schmutz, das er für
die Hauptursache des Stillstehens hielt. Nachdem er
alles wieder zusammengesetzt, und so sparsam als möglich
mit Oel bestrichen hatte, schien die Uhr wieder richtig und
ohne Anstoß zu gehen.

Tages drauf war ich nach Bolscheretsk abgegangen und hatte Herrn Bayly die Uhr übergeben, damit
er sie mit der seinigen und mit der Pendeluhr vergleichen,

und ihren Gang bestimmen möchte. Einige Tage lang
ging sie ziemlich gut, und verlor täglich nur funfzehn bis
siebzehn Sekunden; allein bald darauf stand sie wieder still.
Bey der nachmaligen Eröffnung schien der Fehler bloß
daran zu liegen, daß unser Uhrmacher etwas von dem
Werke schlecht zusammengesetzt hatte. Nachdem sie zum
zweytenmal gestellt worden war, ging sie täglich eine Minute zu früh. Als unser Künstler diesem Fehler abzuhelfen versuchte, zerbrach er die Feder an der Unruhe.
Hierauf machte er eine neue Feder; allein die Uhr ging
nunmehr so unrichtig und unordentlich, daß wir sie nicht
länger brauchen konnten. Der arme Mensch war, über
das Mißlingen dieses Versuches, so verdrießlich als wir
selber, wiewohl ich überzeugt bin, daß nicht sowohl Mangel an Geschicklichkeit, als vielmehr die elenden Werkzeuge womit er arbeiten mußte, und seine steifen, harten
Matrosenhände daran schuld waren.

Die Uhr war, während zweyer Jahre, ihrem Gange, wie er in Greenwich bestimmt worden war, so getreu
geblieben, daß wir, (vorausgesetzt, wir hätten nirgends
Gelegenheit gehabt, ihre Veränderungen wahrzunehmen
und zu berechnen), dennoch nie mehr als um $2\frac{1}{4}$ Grad
der Länge geirrt haben würden. Hingegen entdeckten
wir in Nutkasunde eine sehr beträchtliche Abweichung
von ihrem regelmäßigen Gange, so daß der Irrthum in
der Längen-Angabe, nach ihrem Gange zu Greenwich
zu rechnen, sehr beträchtlich gewesen wäre. Indeß muß
bemerkt werden, daß das Thermometer damals zwischen
65° und 41° stieg und fiel. Die größte Veränderung,
die wir jemals an der Uhr bemerkten, fiel in die drey Wochen, da wir im Norden umherkreuzten; denn nach den
verschiedenen Abweichungen der Uhr während dieser Zeit,
fanden wir die Länge des Ostcaps einmal acht und zwanzig Englische Meilen von einer vorigen Angabe verschieden. Der Nutzen eines so genauen Zeitmessers ist ein-

leuchtend genug, da er uns in den Stand setzte, die Länge
zur See mit so vieler Richtigkeit zu bestimmen, und auß-
serdem den Mondsbeobachtungen einen Grad von Zuver-
lässigkeit ertheilt, den sie sonst nicht haben würden. Vermittelst der Uhr kann man zugleich mehrere Beobachtungen auf einerley Zeit zurückbringen, wodurch die Resultate der Wahrheit noch näher gebracht werden.   Bey
der Aufnahme der Küsten, und bey Bestimmung der
wahren Lage der Vorgebirge, leistet sie alles, was man
von praktischer Genauigkeit fordern kann.   Von der andern Seite sind Mondsbeobachtungen unentbehrlich, wenn
man von der Längenuhr alle Vortheile haben will, die man
davon haben kann; denn nur aus der gegebenen wahren
Länge eines Orts ergiebt sich die Abweichung der Uhr von
ihrem vorigen Gange.   Die Beobachtungen, welche
während dieser Reise angestellt worden sind, hat die Län-
gen-Commission drucken lassen; ich kann also sachkundige
Leser darauf verweisen.

Unsere Sternwarten waren zu St. Peter und Paul
an der Westseite des Dorfs errichtet.   Die Breite war
daselbst

nach Beobachtungen der Sonne und
  Sterne   :   :   53° —' 38" N.
Die Länge, nach 146 Reihen von
  Beobachtungen   :   :   158° 43' 16" O.
Die Länge, nach der Uhr, wie sie in
  Greenwich ging   :   :   173° 36' —
Die Länge, nach der Uhr, wie ihr
  Gang in Owaihi zuletzt bestimmt
worden war *)   :   :   159° 20' —

---

*) Ich gebe hier diese Länge an, obgleich die Uhr stand, ehe
   wir St. Peter und Paul erreichten; allein ich verglich zu
   dem Ende die Länge, welche die Uhr den Tag zuvor angege-

Abweichung der Magnetnadel   6° 18′ 40″ O.
Inclination des Nordpols der Mag-
  netnadel, nach Beobachtungen im
  Junius und September   -   63° 5′ —

Bey Voll- und Neumonden ist um 36′ nach vier
Uhr hohe Fluth, und die Fluth steigt wenn sie am höchsten ist, fünf Schuh acht Zoll. Der Wechsel geschah
sehr regelmäßig alle zwölf Stunden. An der Küste unweit der Awatscha-Bay kommt die Fluth von Süden, und es ist zwey Stunden eher hoch Wasser, als im
Hafen zu St. Peter und Paul.

---

ben hatte, mit der Angabe der Längenuhr, welche Herrn
Bayly anvertraut war. Anmerkung der Urschrift.

Vierzehntes Hauptstück.

Allgemeine Nachrichten von Kamtschatka. Von den Flüssen, dem Erdreich, dem Klima, den feuerspeyenden Bergen und heißen Quellen daselbst. Produkte des Thier= und Pflanzenreichs. Verzeichniß der dortigen vierfüßigen Thiere und Vögel.

Die Halbinsel Kamtschatka an der östlichen Küste von Asien erstreckt sich von Norden nach Süden, zwischen 61° und 52° nördlicher Breite und ihre Suvspitze liegt 156° 45' östlich von Greenwich. Die Landenge wodurch sie mit dem festen Lande im Norden zusammenhängt, liegt zwischen dem Oljutorischen und Penschinskischen Meerbusen. Die Südspitze, welche das Vorgebirge Lopatka genannt wird, hat diese Benennung von ihrer angeblichen Aehnlichkeit mit einem menschlichen Schulterblatt erhalten. Die ganze Ha insel könnte man ebenfalls mit einem Schuh vergleichen, der allmählig von der Zehspitze (Lopotka) gegen die Mitte breiter, dann aber wieder in der Gegend des Absatzes, oder der vorhinerwähnten Landzunge, schmaler wird. Am breitsten ist sie zwischen den Mündungen der Flüsse Tigil und Kamtschatka, wo die Entfernung von einem Meere bis zum andern ungefähr zwey hundert sechs und dreyßig Meilen beträgt. Nordwärts gränzt diese Halbinsel an das Land der Koriäken; südwärts und ostwärts an das nördliche stille Meer, und westwärts an das Meer von Ochotsk. Eine Kette von hohen Gebirgen streicht von Norden nach Süden durch die ganze Halbinsel, und theilt sie der Länge nach in zwey fast gleiche Theile. Aus diesem Gebirge entspringen viele Flüsse, die sich zu beyden Seiten in das stille Meer und in den Busen von Ochotsk ergießen.

Unter diesen Flüssen zeichnen sich drey durch ihre vorzügliche Größe aus, nämlich die Bolschaia Reka oder, Wort für Wort, der große Fluß, die Kamtschatka und die Awatscha. Die erste fällt in die Ochotskische See, und ist für Rußische Gallioten, mehr als fünf Seemeilen weit oberhalb der Mündung, schiffbar, nämlich bis auf neun Englische Meilen von Bolscheretsk, einer Stadt, welche am Zusammenfluß der in die Bolschaia fallenden Flüsse Goltsofka und Bistraia liegt. Letztere ist ebenfalls kein unansehnliches Wasser, und entspringt mit der Kamtschatka auf Einem Berge, fließt aber in einer gerade entgegengesetzten Richtung, und erleichtert dadurch den Kamtschadalen den Transport ihrer Waaren, die vermittelst dieser Flüsse in kleinen Kanots beynahe queer über die ganze Halbinsel fortgebracht werden können. Die Kamtschatka läuft etwa drey hundert Meilen weit Nordwärts, wendet sich dann nach Osten, und fällt etwas südlich von Kamtschatskoi-Nos (Vorgebirge) in den Ocean. Nicht weit von ihrer Mündung, nordwestwärts, liegt der große Landsee Nerpitsch, von dem Worte Nerpi, welches auf Kamtschadalisch einen Robben (oder Seehund) bedeutet, weil diese Thiere daselbst sehr häufig seyn sollen. Etwa zwanzig Englische Meilen am Flusse hinauf, von der Mündung des Sees an gerechnet, liegt eine Festung, Nischnoi Kamtschatskoi Ostrog, wo die Russen ein Hospital, nebst Barracken angelegt haben, und wo in hiesigen Gegenden das stärkste Verkehr mit Umsatz der Waaren getrieben wird. Die Awatscha entspringt im Gebirge zwischen der Bolschaia und Bistraia, und läuft hundert Englische Meilen nach Südosten, ehe sie sich in die Bay von Awatscha ergießt. Auch der Tigil ist ein Fluß von beträchtlicher Größe, dessen Quelle in den hohen Bergen, unter derselben Polhöhe mit Kamtschatskoi-Nos, entspringt, und gerade fort Nordwestwärts in das Meer von

Ochotk fließt. Die übrigen, beynahe unzähligen Flüsse dieser Halbinsel sind zu klein, als daß sie besonders erwähnt zu werden verdienten.

Wenn ich das hiesige Erdreich nach den Pflanzen, die ich darauf angetroffen habe, beurtheilen dürfte, so würde ich kein Bedenken tragen, es im äußersten Grade unfruchtbar zu nennen. Weder in der Nachbarschaft der Bay, noch in dem Bezirk den ich auf der Reise nach Bolscheretk zu sehen bekam, noch auf unsern Jagdparthien, fand ich je das kleinste Fleckchen, welches einem Englischen grünen Rasen ähnlich gesehen hätte und als Weide oder sonst brauchbar gewesen wäre. Das Land ist mehrentheils mit krüpplichen Bäumen dünn bewachsen und der ganze Boden mit Moos und niedrigem, schwachen Heidekraut bedeckt. Unter allen Ländern, die ich jemals gesehen habe, hat es mit Neufundland die meiste Aehnlichkeit. Ich muß indeß nicht unbemerkt lassen, daß ich zu Paratunka etwa drey oder vier Schober frisches, allem Anschein nach sehr gutes Heu gesehen habe. Auch sagte mir Herr Major Behm, daß das Gras in verschiedenen Gegenden der Halbinsel, und insbesondere an den Ufern des Kamtschatkaflusses und der Bistraia, sehr hoch und stark wachse, des Sommers zweymal gemähet werde, und sehr saftiges und zur Mast vortreffliches Heu gebe. Allerdings bewiesen auch die sechs und dreyßig fetten Ochsen, die wir aus Werchnoi Ostrog erhielten, und von denen man uns versicherte, daß sie dort gezogen und gemästet worden wären, daß die dortigen Triften und Wiesen vorzüglich gut seyn müssen. Die ersten zwanzig Ochsen hatten wir noch dazu gerade am Ende des Winters, ehe noch der Schnee völlig geschmolzen war, erhalten; vermuthlich hatten sie also sieben Monate lang nichts als Heu gefressen. Hiermit stimmt Kraschenninikofs Nachricht vollkommen überein; er sagt nämlich die Gegend um den Kamtschatkafluß sey bey weitem die fruchtbarste, und sowohl Süd- als Nordwärts von derselben sey das Erdreich und das Klima lange nicht so gut.   Laut seinem Bericht hat man dort zu wiederholten= malen, und gemeiniglich mit gutem Erfolge, Hafer, Ger= ste und Roggen gesäet; insbesondere haben sich, wie er erzählt, einige Leute aus dem Jakutskischen Bezirk da= selbst niedergelassen, und eine reiche Gerstenerndte erhal= ten.   Ihm scheint es sogar außer Zweifel, daß an man= chen Stellen, namentlich beym Ursprung der Bistraia und Kamtschatka, auch Weizen wohl so gut fortkommen wür= de, wie in den meisten unter gleicher Polhöhe gelegenen Ländern.   Vielleicht läßt sich diese gerühmte Fruchtbar= keit des Erdbodens daraus erklären, daß die Halbinsel in jener Gegend am breitsten ist, und daß also die fruchtba= ren Stellen am weitesten von der See, folglich auch von dem Staubregen und den feuchten Nebeln entfernt sind, die an der See unaufhörlich aufsteigen, und dem Acker= bau so nachtheilig sind.

Mit der sonst allgemeinen Unfruchtbarkeit des Bo= dens steht natürlicher Weise die Strenge der Witterung in einem genauen Verhältniß, denn sie ist vermuthlich die Hauptursache davon.   Als wir diese Küste im May 1779 zum erstenmal sahen, fanden wir sie überall mit sechs bis acht Schuh tiefem Schnee bedeckt. Am sechsten May schneyte es bey einem Nordostwinde; am achten stand das Thermometer Mittags am Gefrierpunkte, und unsere Leute, die an eben diesem Tage Holz fällen wollten, muß= ten, weil der Schnee noch so tief lag, unverrichteter Sa= chen wieder zurückkommen.   Erst am zwölften konnte, da nun allmählig Thauwetter eintrat, eine beträchtliche Anzahl von unsern Leuten dieses so nothwendige Geschäft mit einigem Erfolge verrichten.   Nunmehr wurden die Abhänge der Berge von Schnee entblößt, und zu An= fang des Junius war er größtentheils von den niedrigen Gegenden verschwunden.   Am 15ten Junius, dem Ta=

ge unserer Abreise, hatte das Thermometer noch nicht über
58° (nach Fahrenheit) und das Barometer nicht über
30° 4' (Englische Zolle) gestanden. Der Wind war immerfort östlich und zwar hauptsächlich Südost. Bey unserer Wiederkehr am 24sten August standen die Bäume
in vollem Laube, und alle übrige Pflanzen grünten in ihrer
größten Vollkommenheit. Das Wetter war von dieser
Zeit an, und den ganzen September hindurch, zwar veränderlich aber keinesweges strenge. Anfangs hatten wir
Ost-hernach West-Winde. An dem Thermometer war
die größte Höhe 68° und die kleinste 40°. Das Barometer stand immer zwischen 30° und 29° 3', also blieb
die Temperatur sich den ganzen Monath hindurch ziemlich
gleich und gemäßigt. Zu Anfang Octobers hingegen,
wo der Wind aus Westen zu kommen fortfuhr, waren
die Gipfel der Berge schon wieder mit frischem Schnee
bedeckt. Den Frühling kennt man hier gar nicht; der
Sommer währt von der Mitte des Junius bis zur Mitte
des Septembers; hierauf folgt der October als ein herbst-
licher Monath, und nach diesem ist es bis zur Mitte des
Junius wieder vollkommener Winter. Am Ende des
Maymonaths reiseten wir zwischen Bolscheretsk und
Awatscha noch auf Schlitten über Schnee.

In den Gegenden am Kamtschatkaflusse soll das
Wetter denselben Grad der Temperatur haben, und so
heiter seyn, wie in Sibirien unter gleicher Polhöhe, vermuthlich aus eben dem Grunde, aus welchem daselbst
auch der Erdboden ergiebiger ist. Die Unfruchtbarkeit
des Bodens ist übrigens nicht das einzige liebel, woge-
gen die Kamtschadalen kämpfen müssen. Oft ist der Sommer so unbeständig, daß sie keinen hinreichenden Vorrath
von Fischen für den Winter trocknen können, und die
Feuchtigkeit verursacht dann daß sich Würmer darin erzeugen, die oft den größten Theil davon verzehren.

Ich erinnere mich nicht, daß es während unseres Aufenthalts gedonnert und geblitzt hätte, die eine Nacht ausgenommen, da der Ausbruch des Vulkans geschah. Auch erzählen die Einwohner selber, daß Gewitter bey ihnen selten, und nie sehr beträchtlich sind. Im Winter muß die Witterung ohne Zweifel sehr strenge seyn und oft fürchterliche Wind- und Schnee-Orkane mit sich bringen, da die Einwohner, um der Wärme und Sicherheit willen, ihre Zuflucht zu unterirdischen Wohnungen nehmen müssen. Herr Major Behm erzählte uns, im Winter dieses Jahrs 1779 sey die Kälte so strenge gewesen, daß einige Wochen lang alles Verkehr zwischen den Einwohnern gänzlich aufgehört hätte, weil sich ein jeder auf dem kurzen Wege von einem Hause zum andern vor dem Erfrieren habe fürchten müssen. Diese ausserordentliche Strenge der Witterung in einer so geringen Breite läßt sich daraus erklären, daß Kamtschatka ostwärts von einem ungeheuren Strich wüsten, unbebauten Landes liegt, über welchen größtentheils die westlichen Winde hinstreichen. Die ungemeine Heftigkeit der hiesigen Winde muß man vielleicht den unterirrdischen Bränden, den schwefelichten Ausdünstungen und der allgemeinen vulkanischen Beschaffenheit des Erdreichs zuschreiben.

Vulkane sind in dieser Halbinsel überhaupt sehr häufig, doch haben seit einiger Zeit nur drey derselben Explosionen gehabt. Den in der Nähe von Awatscha habe ich selbst schon erwähnt; andere, nicht minder merkwürdige, beschreibt Kraschenninikof. Der Vulkan von Tolbatschik liegt auf einer Erdzunge zwischen dem Kamtschatka- und Tolbatschikflusse. Der Berg selbst, aus dessen Gipfel die Ausbrüche kommen, ist von ansehnlicher Höhe, und endigt sich in schroffe Felsenspitzen. Im Jahr 1739 stieg ein Wirbel von Flammen daraus empor, der die Waldungen der angränzenden Berge einäscherte. Hierauf folgte eine Rauchwolke, welche die ganze Gegend verfinsterte und endlich in einem Aschenregen herabfiel, der den Boden dreyßig Englische Meilen im Umkreise bedeckte. Kraschenninikof, der eben damals auf der Reise von Bolscheretsk nach Kamtschatskoi Ostrog begriffen, und nicht weit von dem Berge war, erzählt, es sey ein fürchterliches Geräusch in den Wäldern, welches er für den Vorboten eines heftigen Sturms gehalten habe, vor dem Ausbruche vorhergegangen. Drey Stöße eines Erdbebens, die jedesmal nach einer Zwischenzeit von einer Minute auf einander folgten, belehrten ihn von der wahren Ursache dieses Getöses; allein wegen der ausgebrannten Kohlen, welche herabfielen, konnte er weder den Berg näher untersuchen, noch seine Reise weiter fortsetzen.

Der dritte Vulkan liegt auf dem Gipfel des Kamtschatkaberges, welcher bey weitem der höchste auf der ganzen Halbinsel seyn soll. Unaufhörlich steigt aus diesem Gipfel ein dicker Rauch hervor, und öfters erfolgen Ausbrüche, deren Wuth und Furchtbarkeit den Kamtschadalen in lebhaftem Andenken bleiben und von denen sie oft mit uns sprachen.

Ferner giebt es, wie man uns sagte, im Lande viele heiße Quellen. Ich habe nur die Eine bey Natschikin Ostrog gesehen, die schon beschrieben worden ist. Kraschenninikof spricht noch von verschiedenen andern, und außerdem auch von zwey Brunnen oder Gruben, auf deren Boden das Wasser mit erstaunlicher Gewalt und mit Ungestüm wie in einem Kessel kocht. Zu gleicher Zeit hört man ein entsetzliches Getöse, und es steigt ein so dicker Dampf aus diesem Brunnen empor, daß man dafür keinen Gegenstand erkennen kann.

Die Bäume, die wir hier sahen, waren hauptsächlich Birken, Pappeln und Erlen (mit deren Rinde die Kamtschadalen ihr Leder beizen), verschiedene kleine

Weidenarten und zweyerley Zwergfichten, oder Cedern*), von denen die eine an der Küste wächst, und auf der Erde hinkriecht, ohne mehr als zwey Fuß hoch zu werden. Von dieser Gattung machten wir unsere Bier=Essenz, welche überaus gut gerieth. Die andere Art wächst auf den Bergen, wird etwas größer, und trägt eine Art kleiner Nüsse oder Zapfen. Der alte Tojon zu St. Peter und Paul erzählte uns, daß Behring, während seines Aufenthalts in diesem Hafen, ihnen zuerst gezeigt habe, wie man von diesen Fichten einen Absud bereiten müsse, der ein vortrefliches Mittel gegen den Scharbock sey. Gleichwohl hatten sie den Gebrauch davon bereits unterlassen, vielleicht weil es ihnen an Zucker oder an sonst etwas gefehlt haben mag.

Der gemeinste Baum ist die Birke, deren es drey Sorten giebt. Zwey können zu Zimmerholz dienen, und unterscheiden sich von einander bloß in der Farbe und im Gewebe der Rinde; die dritte ist eine Zwergart. Die Einwohner bedienen sich dieses Baumes auf mancherley Art. Wenn man ihn anzapft, giebt er in grosser Menge einen Saft, den sie, wie wir auf der Reise nach Bolscheretsk oftmals bemerkt haben, ohne weitere Zubereitung trinken. Er schmeckte auch uns angenehm und erquickend, wirkte aber als ein gelinde abführendes Mittel. Die Rinde wird zu allerley Geschirr für die Küche und das Haus verarbeitet, und aus dem Holz werden Schlitten und Kanots gemacht. Auch wissen die Einwohner, wie Kraschenninikof versichert, die Rinde selbst in eine gesunde und wohlschmeckende Speise zu ver-

---

*) Kraschenninikof nennt den hier erwähnten Baum eine kleine zwergartige Ceder, und fügt hinzu, es gebe in der ganzen Halbinsel keine Fichte. Anmerkung der Uebersetzung.

wandeln; sie schneiden sie nämlich, wenn sie noch jung und grün ist, in lange schmale Streifen, wie Nudeln, und schmoren diese mit Kaviar. In der Nachbarschaft von Awatschaban waren nicht nur die Birken, sondern auch alle übrige Bäume klein und krüppelhaft, so, daß die Kamtschadalen mehrere Meilen weit ins Land hinein gehen müssen, um einen Baum zu finden, aus dem sich noch ein Kanot oder ein Balken für ihre Balagans (Sommerwohnungen) machen ließe.

Nach Kraschenninikofs weiterm Bericht, wächst außer den oben angeführten Bäumen, auch der Lerchenbaum an den Ufern der Kamtschatka und der Flüsse, welche in dieselbe fallen, sonst aber nirgends. In der Nachbarschaft des Flusses Beresowa erwähnt er Tannen, Alpkirschen und zweyerley Weisdorn, mit rothen und mit schwarzen Beeren. Auch Strauchwerk, als, Wachholder, Ebreschen, wilde Rosen und Himbeeren findet man in großer Menge; desgleichen mancherley Beeren, nämlich zweyerley Heidelbeeren, runde und eyförmige; Rebhuus-, Kranich-, Krähen-, und Brombeeren. Die Einwohner sammeln diese Beeren zu rechter Zeit, kochen sie ohne Zucker zu einem dicken Mus ein, und bewahren es auf. Hierin besteht ein großer Theil ihres Wintervorrathes, und sie bedienen sich dieses Muses als Brühe zu ihren trocknen und gesalzenen Fischen, deren septische Eigenschaft dadurch unstreitig sehr gemildert wird. Die Beeren werden auch, für sich allein, in Puddings und auf andere Art zubereitet, gegessen, imgleichen wird der Aufguß davon wie ein gewöhnliches Getränk gebraucht.

Unter den wildwachsenden Kräutern fanden wir mehrere Arten, welche der Gesundheit zuträglich sind, in Menge, z. B. Selery, Angelika, Körbel, Knoblauch und Zwiebeln. In einigen kleinen Thalgründen wuchsen gute Rüben, und runde Radiese. Weiter erstreckt sich die

hiesige Gärtnerey nicht, allein schon diese Beyspiele beweisen, daß viele von den dauerhafteren Küchengewäch-
sen, zumal von denen, die ihre Wurzeln gerade hinnun-
ter wachsen lassen, wie Möhren, Pastinak, rothe Rüben
und vielleicht auch Kartoffeln ziemlich gut fortkommen
würden. Herr Major Behm erzählte mir, es wären
verschiedene Gemüsarten versucht worden, mit denen
es aber mislungen sey: Kohl und Lattich hätten nie in
Köpfe schießen wollen; Erbsen und Bohnen wären zu
starken Stengeln aufgeschossen, hätten auch Blüthe und
Schoten angesetzt, allein die Schoten wären leer geblieben. Er selbst habe in Bolscheretsk verschiedene Arten
von Getraide gesäet, welches gemeiniglich zu starken
hohen Halmen aufgewachsen sey, auch Aehren angesetzt
habe, die aber allemal taub geblieben wären. Diese
kurze Nachricht von den Pflanzenprodukten betrift nur
den Theil des Landes, den wir selbst gesehen haben.
In der Nähe des Kamtschatkaflusses, wo das Erdreich
und das Klima vortheilhafter sind, als sonst auf der ganzen Halbinsel, treibt man den Gartenbau, und wie es
scheint, mit gutem Erfolg. Denn mit der zweyten
Heerde Vieh erhielten wir von Werchnoi zugleich Gur-
ken, schöne große Rüben, Sellery und andere Arten von
Küchengewächse, die mir entfallen sind, zum Geschenke.

Noch giebt es zwey Pflanzengattungen, die besonders erwähnt zu werden verdienen, weil man starken
Gebrauch davon macht. Die erste heißt bey den Einwohnern Saraua, und bey den Botanikern Lilium
Kamtschatkense, flore atro-rubente*). Ihr Stengel
ist von der Dicke eines Tulpenstengels, wird fünf Zoll
hoch, und ist unten purpurfarbig, höher hinauf aber

*) Gemelin. P. 41. Steller erwähnt fünf verschiedene Sor-
ten davon. Anmerkung der Urschrift.

IV. K

grün. Aus demselben wachsen zwey Quirle von eyrun=
den Blättern; der unterste Quirl besteht aus drey, der
obere aus vier Blättern. Zu oberst wächst an jedem
Stamme nur Eine, sehr dunkelrothe, Blume, welche
der Narcisse ähnlich, aber weit kleiner ist. Aus der
Mitte steigt ein dreyeckiger oben stumpfer Griffel hervor,
um welchen sechs weisse Staubfäden mit gelben Staub=
beuteln stehen. Die Wurzel hat eine Zwiebel, die wie
Knoblauch gestaltet, und eben so in etliche abgesonderte
Theile gespalten, aber rundlicher ist. Diese Lilie wächst
hier in Menge wild. Im Anfang des Augustmonaths
sammeln die Weiber die Zwiebeln davon, trocknen sie an
der Sonne, und verwahren sie. Bey unserer zweyten
Ankunft in Kamtschatka hatte man diese Erndte, die aber
diesmal schlecht ausgefallen war, so eben geendigt. In=
deß trösteten sich die Kamtschadalen diesmahl wie immer,
mit der bey ihnen sehr gewöhnlichen Bemerkung, daß
die Vorsehung sie nicht verläßt, weil die Jahrszeiten, wo
sie die Saranawurzel nur sparsam bekommen, alle=
mal die ergiebigsten an Fischen sind, und umgekehrt.
Man bereitet diese Zwiebel auf mancherley Art. In
Asche gebraten, vertritt sie die Stelle des Brods, und
zwar besser als irgend ein andres von den hiesigen Landes=
produkten. Im Ofen gebacken, und hernach gestampft,
dient sie den Kamtschadalen anstatt des Mehls, und wird
täglich in Suppen und andern Gerichten gebraucht. Sie
ist überaus nahrhaft, und hat einen angenehmen obgleich
etwas bitterlichen Geschmack, und kann täglich gegessen
werden, ohne daß man ihrer überdrüßig wird. Wir
pflegten sie zu kochen und als Kartoffeln, entweder allein
oder mit Fleisch zu essen. Auf beyderley Art schmeckte sie
uns recht gut, und bekam uns sehr wohl. Eben die
brauchbare Pflanze wächst auch in Unalaschka, wo
man ihre Wurzeln auf eben die Art, wie in Kamtschatka
einsammelt und aufzehrt.

Die zweyte merkwürdige Pflanze wird hier das süße Gras (süße Kraut?) genannt, und ist das Heracleum fibricium, foliis Pinnatis, foliolis guinis, intermediis sessilibus, corollulis uniformibus. Hort. Upf. 65. Ich bemerkte sie hauptsächlich im May, da sie ungefähr anderthalb Schuh hoch stand, und mit weißem Wollhaar oder Staub bedeckt war, der wie Reif aussah und sich abreiben ließ. Dies Gras schmeckt so süß wie Zucker, ist aber dabey etwas brennend und stechend. Der Stengel ist hohl und hat drey oder vier Gelenke, aus denen große Blätter hervorgehen. Wenn die Pflanze ihr völliges Wachsthum erreicht hat, ist sie sechs Schuh hoch. Ehedem wurde dieses Kraut in der Kamtschadalischen Kochkunst stark gebraucht, und kam fast an alle ihre Speisen. Seitdem aber die Russen das Land in Besitz genommen haben, pflegt man es zu destilliren. Man schneidet zu dem Ende die Stengel mit Blättern im gehörigen Alter ab; denn der Hauptstamm ist, sobald er ein völliges Wachsthum erreicht hat, bereits zu trocken. Das Haar welches auf der Oberfläche sitzt, wird mit Muschelschalen abgekratzt, und die Stengel dann in kleine Haufen gelegt, bis sie anfangen auszudünsten und zu riechen. Wenn sie wieder trocken werden, steckt man sie in Säcke von Mattenarbeit, worin sie sich nach einigen Tagen mit einem süßen, zuckerartigen Staube überziehen, welcher aus dem hohlen Stengel dringt. Sechs und dreyßig Pfund von der Pflanze in diesem Zustande, geben nur ein Viertel Pfund von solchem Pulver. Die Weiber, welche die Pflanze einzusammeln und zu bereiten haben, müssen, so lange sie die Stengel abkratzen, Handschuhe anziehen; denn die Haut, welche sie wegnehmen, ist so scharf, daß sie Blasen zieht und sogar Geschwüre verursacht. Den Brandwein erhält man auf folgende Art. Zuerst werden die Bündel des Krauts in heißes Wasser gesteckt, und hierauf sucht man in einem

kleinen Gefäße, vermittelst der Beeren des Schimolos
(der gemeinen Heckenkirsche * ? oder der Golubitz
(Sumpfbeere)**) die Gährung zu befördern. Die Mün
dung des Gefäßes wird dabey wohl verstopft und dan
stellt man es an einen warmen Ort hin. Gemeiniglie
ist die Gährung so heftig, daß man ein ziemlich groß
Geräusch vernimmt, und das Gefäß davon zittern sieh
Wenn man den ersten Aufguß abgezapft hat, gießt ma
mehr heißes Wasser nach, und verfährt wie zuvor. Hi
rauf gießt man sowohl das Fluidum als das Kraut in de
kupfernen Destillirkolben, und zieht den Geist nach d
gewöhnlichen Art davon ab. Das Getränk, welch
man auf diese Art bekömmt, ist so stark wie Branntwei
und heißt bey den Einwohnern Raka. Zwey Pu
(72 ℔ von der Pflanze geben gemeiniglich einen Eime
oder Wedro (25 Rössel), Raka. Steller sagt, de
Spiritus den man von dieser Pflanze abziehe, wenn ma
sie nicht vorher abgekratzt habe, sey der Gesundheit übe
aus nachtheilig, und bewirke fürchterliche, plötzlic
Nervenzufälle.

Außer diesen beyden erwähnt Kraschenninike
eine Menge anderer Pflanzen, von denen die Einwohn
den Absud brauchen, oder womit sie ihre Fischspeisen a
eine wohlschmeckende und gesunde Art zurichten. Daß
gehört das Kipri (Epilobium) aus welchem man e

---

*) Lonicera pedunculis bifloris, floribus infundibuliformib
bacca solitaria oblonga, angulosa, Gmel. Flor. Sib. A
merkung der Urschrift. In der Flor. Sib. finde
diese Benennung nirgends. Vielleicht ist hier die pirenä
sche Heckenkirsche gemeint, welche Herr Collegienr
Pallas in Sibirien angetroffen hat. S. dessen Reise. 2. Th
S. 568. Den Namen Schimolost eignet Gmelin d
gemeinen Heckenkirsche (Lonicera Xylosteum) zu. G.

**) Myrtillus grandis cœruleus. Anmerkung der U
schrift. Vaccinium uliginosum Linn. G. F.

gesundes Hausgetränk braut. Wird diese Pflanze in dem Verhältuiß wie 1 zu 5 mit dem Süßkraut, (Heracleum,) zusammengekocht, und läßt man die Flüßigkeit auf die gewöhnliche Art gähren, so erhält man einen starken und vortreflichen Eßig. Die Blätter des Kiprî braucht man ferner als Thee, und das Mark dieser Pflanze wird getrocknet, und an vielen Gerichten gebraucht. Der Morkowai (Chærophyllum seminibus laevibus) ist der Angelika sehr ähnlich. Die Kotkorica (Tradescantia fructu molli eduli) hat eine eßbare Wurzel, welche theils roh, theils getrocknet genossen wird. Der Ikoum (Bistorta foliis ovatis oblongis amminatis,) Das Utschitschlei (Iacobaea foliis cannabis, Steller,) wird häufig zu Fischen gegessen, u. s. w.

Wie man versichert, haben die Kamtschadalen, ehe sie das Feuergewehr kennen lernten, ihre Speere und Pfeile mit dem Saft der Igatewurzel (Anemonoides) vergiftet welcher für Land- und Seethiere, die man damit verwundet, gleich tödtlich seyn soll. Noch jetzt bedienen sich, wie man sagt, die Tschuktschen desselben Giftes.

Nach Kraschenninikofs Bericht, nehmen die Kamtschadalen den Stoff zu allen ihren Handarbeiten von dreyerley Pflanzen. Die erste ist das Triticum radice perenni, spiculis binis lanuginosis, Gmel. Flor. lib. I. 1.19. tab. XXV. welches an der Küste in Menge wächst. Von dieser Grasart verfertigten sie ihre starken Matten zu Fußdecken, zu Säcken, Bettzeug, Vorlängen und eine Menge von andrem Hausrath. Auch flechten sie davon sehr zierliche kleine Beutel und mannichfaltig gestaltete Körbchen zu verschiedenem Gebrauch. Eine andere Grasart, Bolotnaia, welche in sumpfigen Gegenden wächst und dem Cyperoides ähnlich ist, wird im Herbst gesammlet, und, wie Wolle, mit einem Kamm von den Knochen der Meerschwalbe gekämmt. Die Flocken werden statt Leinen oder Wollenzeug ge-

braucht, um neugebohrne Kinder darin zu wickel
Sie verfertigen auch eine Art Watte daraus, womit s
ihre Kleider füttern *).   Die dritte Pflanze endlic
welche mehr als alle übrige zum Unterhalt der Kam
schadalen beiträgt, verdient ebenfalls angemerkt zu we
den, so gemein und bekannt sie auch übrigens ist.   J
meyne die Nessel, von welcher sie, da das Land wed
Flachs noch Hanf hervorbringt, das Garn zu ihr
Fischnetzen machen, ohne welche sie unmöglich leb
könnten.   Zu diesem Ende hauen sie die Nesseln im A
gust ab, hängen sie bundeweise in den Schatten ihr
Sommerwohnungen (Balagans) zum Trocknen auf, u
behandeln sie dann als Hanf.   Sie spinnen den Fad
mit den Fingern, wickeln ihn um eine Spindel, u
drehen dann, je nachdem es der Gebrauch erforde
mehrere Fäden zusammen.

Ueberhaupt läßt sich wohl nicht bezweifeln, daß
ganze Halbinsel Kamtschatka in soweit zum Anb
tauglich sey, daß sich die Einwohner noch manche
quemlichkeiten verschaffen könnten.   Indeß besteht do
ihr wirklicher Reichthum vorzüglich in der Menge v
wilden Thieren, welche sich daselbst aufhalten, und
Pelzhandel bleibt daher die einträglichste Beschäftigu
des Kamtschadalen.   Die Thiere, welche hier vorzügli
in Betracht kommen, sind: der gemeine Fuchs, d
Hermelin, der Zobel, der Blaufuchs, der veränd
liche Hase, der Ziesel, das Wiesel, der Vielfraß, d
wilde Schaf oder Argali, das Rennthier, der Bär, d
Wolf und der Hund.

Der Fuchs wird am häufigsten gejagt.   Man fin
ihn in großer Anzahl und von verschiedenen Farben. D

---

*) Vermuthlich ist die hier gemeynte Pflanze eine Art W
gras, Eriophorum Linn. die auch bey uns genutzt wer
könnte.   S. F.

gewöhnlichste Abart kommt mit unserm Europäischen Fuchs überein; nur sind die Farben brennender und glänzender. Einige sind dunkel kastanienbraun, andre aber mit dunkeln Streifen gezeichnet; wieder andere haben schwarze Bäuche, und sind sonst am ganzen Leibe hell kastanienfarben. Noch andere sind dunkelbraun, andere schwarz, andere steinfarben, und einige wenige ganz weiß; allein diese letzteren sind sehr selten. Ihr Pelz ist überaus reich und schön behaart, und sowohl den Sibirischen als Amerikanischen Fuchspelzen weit vorzuziehen. Die Jäger bedienen sich vieler Kunstgriffe, um diese verschlagenen Thiere, die in jedem Klima ihren Charakter beybehalten, zu überlisten und zu fangen. Zu dem Ende stellen sie ihnen mancherley Fallen, von denen einige über das ganze Thier zusammenschlagen, andere aber den Kopf oder die Füße einklemmen. Seltner bedient man sich der verschiedenen sinreichen Methoden sie in Netzen zu fangen. Auch pflegt man ihnen vergiftete Aetzung hinzulegen, und insbesondere bedient man sich dazu der Krähenaugen (Strychnos nux vomica). Ehe die Russen Feuergewehre einführten, gingen die Kamtschadalen mit Bogen und Pfeil auf die Jagd; seitdem aber jeder sein gezogenes Rohr hat, zieht er dies den vorigen Waffen weit vor, so ungeschickt er auch übrigens damit umgeht.

Die Zobel in Kamtschatka sollen um vieles größer seyn, als die Sibirischen, und einen dicker behaarten, helleren Pelz haben. Doch in Ansehung der schönen schwarzen Farbe müssen sie denen aus der Gegend an den Flüssen O l e k m a und W i t i m a (welche in die Lena, nah an ihrer Quelle, fallen), nachstehen und werden daher, ungeachtet ihrer übrigen Vorzüge, in weit geringerem Preise gehalten. Die besten Kamtschadalischen Zobel fängt man am Tigil und an der Uka; das Paar davon wird davon zuweilen für dreyßig Rubel (Thaler) verkauft. Die von der südlichen Spitze sind die schlechtesten. Der Zobeljäger führt

ein gezogenes Rohr von sehr engem Caliber bey sich, imgleichen ein Netz und etliche Ziegelsteine. Mit der Flinte
schießt man den Zobel, wenn man ihn auf einem Baum
erblickt; mit dem Netz umgiebt man hohle Bäume, wohin er sich flüchtet, wenn er verfolgt wird; und die Zie-
gel werden heiß gemacht und in die Höhlung gesteckt, um
ihm vermittelst des Rauchs herauszutreiben.

Den Blaufuchs oder Weisfuchs (Canis Lagopus
Linn. oder Isatis) habe ich nie gesehen; auch wird er hier
zu Lande gar nicht geschätzt, so wenig wie der veränder-
liche Hase (*Lepus variabilis*, *Pallas*.) der hier sehr häufig ist, und im Winter ganz weiß wird. Dergleichen
weiße Hasen kamen im Maymonat unsern Jagdgesell-
schaften häufig vor, sie waren aber so scheu, daß man
ihnen nicht bis auf eine Schußweite nahe kommen konnte.

Der Ziesel, (Mus citillus) ein schönes Thierchen,
ist um vieles kleiner als ein Eichhörnchen, und nährt sich
fast eben so von Wurzeln, Beeren, Cederzapfen, u. s. f.
wobey es auf den Hinterbeinen sitzt und sein Futter mit
den Vorderpfötchen zu Maule bringt. Die Kamtschadalen schätzen das Fell desselben, weil es zugleich warm
und leicht, und von einer hellglänzenden Farbe ist, die,
wenn man sie in verschiedenem Lichte sieht, so wie die Federn mancher Vögel, aus einer in die andre spielt, oder
schillert.

Das große Wiesel, oder Hermelin, wird hier gar
nicht geachtet, weil man sein Rauchwerk für schlecht
hält. Ich sah viele dieser kleinen Thiere herumlaufen,
und wir kauften einige Felle, die aber schmutzig weiß,
und am Bauch unrein gelblich waren. Das gemeine
Wiesel wird, um eben derselben Ursachen willen, nicht
gesucht.

Hingegen schätzt man das Fell des Vielfraßes oder
der Wolverene (*Ursus gulo*) außerordentlich hoch, und
ein Kamtschadale, der nur einige Streifen davon auf sei-

zem Kleide sitzen hat, glaubt damit aufs prächtigste
geschmückt zu seyn. Die Weiber zieren ihr Haar mit
den weissen Tatzen dieses Thieres, und halten sie für
einen großen Putz; weshalb sie sich auch die Engel in
Vielfraßfelle gekleidet denken. Das Thier ist leicht zu
fangen, und kann zu allerley Künsten abgerichtet werden.
Kraschenninikof sagt, es tödte oft Hirsche und wilde
Schafe, indem es die Lieblingsnahrung dieser Thiere,
Rinde und Moos, am Fuß eines Baumes zusammen
trage, und, wenn sie davon fressen, auf sie niederstürze,
sich ihnen auf den Nacken setze und die Augen oussauge.

Da ich von den Bären und der Bärenjagd bereits
eine ausführliche Nachricht gegeben habe, so will ich nur
noch hinzusetzen, daß diejenigen, die ich hier zu sehen
bekam, alle von einer graubraunen Farbe waren. Man
trift sie oft in Gesellschaft von vier oder fünfen an. In
der Jahreszeit, wann die Fische, ihre vorzüglichste Nahrung, aus dem Meere in die Flüsse kommen, streichen
sie am meisten umher; im Winter hingegen sieht man sie
nur selten. Die Koriäken fangen sie auf eine sehr einfache
Art. Sie hängen nämlich zwischen der Gabel eines
Baumastes eine Schlinge mit einer Lockspeise auf. Indem der Bär die Aetzung wegschnappen will, wird er
dann beym Nacken oder bey der Tatze gefangen. Die
Bärenfelle sind sehr brauchbar, denn sie dienen zu vor-
trefflichen Unterbetten und Bettdecken; ferner werden
Mützen und Handschuhe, und für die Hunde Halsbän-
der an dem Zuggeschirr daraus gemacht. Das Fleisch,
und insbesondere das Fett, hält man für große Leckerbissen.

Wölfe lassen sich nur im Winter sehen, und streifen
dann in großen Heerden im Lande herum, ihren Raub
aufzusuchen.

An verschiedenen Orten dieser Halbinsel giebt es sowohl wilde als zahme Rennthiere; allein in der Gegend

um Awatscha sieht man keine von beyden. Merkwürdig
ist es, daß die Kamtschadalen nicht darauf verfallen sind,
die Renntiere zum Ziehen zu gebrauchen, wie ihre
Nördlichen und Oestlichen Nachbaren; indeß leisten
ihnen freylich die Hunde alles was sie für jetzt nöthig
haben, und für künftige Bedürfnisse wird hoffentlich
die Russische Pferdezucht sich hinlänglich vermehren.
Bey dem allen würden aber doch Renntiere weit vorzuziehen seyn, da sie nicht allein stärker sondern auch gutar-
tiger sind, als Hunde, neben denen man fast gar keine
andere zahme Thiere halten kann *).

Das Argali, (Bergschaf) oder wilde Schaf, ein
Thier, welches in Europa, außer Sardinien und Korsika,
nicht bekannt ist, findet man hier in großer Anzahl. Seinem Felle nach gleicht es den Thieren aus dem Hirschge-
schlecht; im Gange und der Gestalt aber den Ziegen. Die
großen gewundenen Hörner wiegen bey einem ausgewach-
senen Thiere wohl fünf und zwanzig bis dreyßig Pfund,
und ruhen, wenn das Argali läuft, auf seinen Rücken.
Diese wilden Schafe sind überaus schnellfüßig, halten
sich auf den unzugänglichen Felsen auf, und wissen auf
den steilsten Klippen mit bewundernswürdiger Geschicklichkeit fortzukommen. Die Einwohner verfertigen aus
ihren Hörnern Löffel, imgleichen kleine Schüsseln und
Becher. Gewöhnlich haben sie auf der Jagd ein solches
Geschirr zum Trinken an ihrem Gürtel hangen. Die
Thiere leben übrigens in Heerden beysammen, und ihr
Fleisch, welches ich oft gegessen habe, schmeckte mir sehr
gut. Lebendig habe ich indeß keines gesehen, und verweise deshalb auf die Beschreibung des Argali in den

---

*) Herr King hat nämlich schon bemerkt, daß man im Som-
mer die Hunde laufen läßt, und daß sie alsdenn sehr
gefährliche, reißende Thiere werden. S. F.

Abhandlungen der Akademie der Wissenschaften zu St.
Petersburg, im IV. B. XIII. Taf.*).

Die Hunde haben, wie bereits erinnert worden ist,
mit dem Pommer oder Spitz viel Aehnlichkeit; dabey
sind sie aber viel größer, und haben gröberes Haar. Ih=
re Farbe ist sehr mannichfaltig; doch ist die gewöhnlichste
ein helles Gelbgrau, oder ein schmutziges Weiß (cream-
colour.) Zu Ende des Maymonats läßt man sie laufen,
und den ganzen Sommer hindurch selbst für ihre Nah=
rung sorgen. Sobald der erste Schnee fällt, finden sie
sich unfehlbar wieder zu Hause ein. Im Winter bekom=
men sie weiter nichts zu fressen als Köpfe, Eingeweide
und Rückgrade von Lachsen, welche man für sie aufhebt
und trocknet; allein auch dieses schlechte Futter giebt man
ihnen nur spärlich. Dergleichen Hunde muß es hier in
Menge geben; dann man spannt immer fünf vor einen
Schlitten, worin nur eine Person fährt. Auf der Reise
nach Bolscheretsk brauchten wir, für die beyden
Stationen von Karatschin und Natschikin, hundert
und neun und dreyßig. Alle Hunde, die zum ziehen ge=
braucht werden, sind verschnitten; Hündinnen werden
nie vorgespannt. Die jungen Hunde gewöhnt man auf
folgende Art an die Arbeit. Man bindet sie mit einem
ledernen Riemen an einen Pfahl, und stellt ihr Futter
nicht weit von ihnen, aber doch so hin, daß sie es nicht
erreichen können. Der Hund zieht beständig an dem
dehnbaren Riemen, und bemühet sich vorwärts zu kom=
men; dadurch gewöhnt er sich sich denn an das Ziehen
und bekommt die gehörige Stärke in den Gliedern.

---

*) Neben dieser Gmelinischen Beschreibung und Abbildung
verdient hauptsächlich die Geschichte dieses Thiers von der
Meisterhand eines Pallas nachgelesen zu werden. Ovis
fera sibirica, Pallas spicileg. Zoolog. falc. XI. p. 3. t. 1.
et. 2 S. F.

Die Seeküsten und Bayen dieses Landes werden beynahe von allen Gattungen der nordischen Seevögel besucht. Unter andern findet man, wie zu Unalaschka, auch den Seeadler, aber eben nicht häufig. Die Flüsse tiefer im Lande sind, so weit ich nach meinen Beobachtungen auf der Reise nach Bolscheretsk urtheilen kann, schaarenweis mit wilden Enten besetzt. Unter den verschiedenen Gattungen derselben zeichnet sich besonders eine mit sehr schönen Gefieder aus, welche die Einwohner Ua: an: gitsche nennen, um zugleich das befremdende aber nicht unangenehme Geschrey dieses Vogels auszudrücken, welches in drey stufenweis steigenden Tönen besteht, die Steller auf folgende Art angiebt*):

U: an-gitsch a: an-gitsch.

Eine zweyte Art, die hier sogenannte Berg-Ente, (Anas picta, capite fasciato. Stelleri) ist, nach Stellers Bericht, dieser Halbinsel eigenthümlich. Der Entrich davon ist mit sehr schönen Federn geschmückt. Ausser diesen Gattungen sahen wir noch eine Menge andere Wasservögel, die, der Größe nach zu urtheilen, wilde Gänse seyn mußten.

In den Wäldern, durch welche wir kamen, erblickten wir einige Adler von ungeheurer Größe, deren Gattung ich aber nicht bestimmen konnte. Man giebt davon drey verschiedene Arten an; den schwarzen Adler mit weissen Kopf, Schwanz und Füßen (Falco leucocephalus,)

*) Kraschenninikof beschreibt diesen Vogel im 2. B. 4 Abth. Anmerkung der Urschrift.

deſſen Junge ſchneeweiß ſind; der ſogenannte weiſſe Adler, der aber hellgrau iſt, und der Bley- oder Steinfar-
bige Adler (Vultur Albiulla.) letzterer iſt der gewöhn-
lichſte, und vermuthlich gehörten diejenigen, welche ich
ſah, zu dieſer Gattung. Es giebt hier übrigens Habichte, Falken und Trappen in Menge, imgleichen Wald-
ſchnepfen, Schnepfen und zweyerley Waldhüner. Auch
ſollen ſich hier Schwäne häufig aufhalten, und bey Gaſte-
reyen pflegt man ſie gemeiniglich aufzutragen, indeß habe
ich, ſo viel ich weiß, keinen geſehen. Am beſten konnte
man den Ueberfluß des wilden Geflügels hier zu Lande
aus den Geſchenken abnehmen, welche wir von den Tojon zu St. Peter und St. Paul erhielten, und welche bisweilen in zwanzig Paaren beſtanden.

Amphibien fanden wir an dieſen Küſten nicht, ausgenommen Robben oder Seehunde, von denen es in der
Bay von Awatſcha wimmelte, weil ſie jetzt den Lach-
ſen nachgingen, welche ſich ſchaarenweis verſammelt hatten, um die Flüſſe hinanzuſteigen. Sie ſollen bisweilen die Fiſche bis ins ſüße Waſſer verfolgen, und halten
ſich meiſtens in allen Seen auf, die mit dem Meere Zu-
ſammenhang haben.

Die hieſige Meer-Otter (Muſtela Lutius Linn.) iſt
genau dieſelbe, die wir im Nutkaſunde ſo häufig angetroffen und weitläuftig beſchrieben haben. Vor Zeiten
waren ſie auch hier eben ſo zahlreich; allein ſeitdem die
Ruſſen mit dem Pelzwerk dieſer Thiere nach China handeln, wo es ihnen ungleich theurer als jede andre Art bezahlt wird, hat man ſie faſt gänzlich verſcheucht. Noch
fängt man ſie in den Kuriliſchen Inſeln, wo ſie zwar nicht
in großer Anzahl, aber ſchöner ſind als in Kamtſchatka
und auf der Amerikaniſchen Küſte. Auf der Kupfer-
Inſel (*Mednoi Oſtrog*) und der Behrings-Inſel ſoll
gegenwärtig kaum Eine Meer-Otter zu ſehen ſeyn, ob ſie
gleich zu Behrings Zeiten, wie aus den Müllerſchen

Nachrichten erhellet, daselbst sehr häufig gewesen sind. Die Rußischen Seefahrer erwähnen eine Menge verschiedener Amphibien, welche die hiesigen Küsten besuchen sollen, und die wir vielleicht eben darum nicht zu sehen bekamen, weil gerade die Zeit ihrer Wanderung seyn mochte.

Da ich selbst diesen Abschnitt nicht weitläuftiger ausarbeiten kann, ist es mir lieb den Leser auf Herrn Pennants nordische Thiergeschichte (arctic Zoology) verweisen zu können, wo man von allen Thieren dieser Halbinsel hinlängliche Auskunft finden wird. Das Verzeichniß der nordischen Thiere, welches er mir mitgetheilt hat, wird man zu Ende dieses Hauptstücks finden, und dadurch zugleich in Stand gesetzt werden, die Kamtschadalische Thiergeschichte auf einem Blick zu übersehen.

Fische muß man als die Hauptnahrung der Einwohner von Kamtschatka ansehen, da sie überhaupt wohl nie auf Getraide oder Viehzucht in dieser Rüksicht rechnen dürfen. Das Land bringt zwar einige nahrhafte, gesunde Wurzeln hervor, auch giebt es überall mancherley Gattungen von Beeren in großer Menge, allein zum Unterhalt sind diese Hülfsmittel nicht hinreichend, sondern dienen nur als nothwendige Gegenmittel gegen die zur Fäulniß disponirenden trocknen Fische. Fast mit mehrerem Rechte, als in andern Ländern das Brod für das erste unentbehrliche Lebensmittel gehalten wird, gelten hier die Fische dafür, da weder die Einwohner, noch ihr einziges zahmes Vieh, die Hunde, ohne sie leben könnten.

Wallfische werden öfters, sowohl im Ochotskischen Meer, als an der Ostseite der Halbinsel, im Ocean gesehen, und dienen, wenn sie getödtet werden, zu mancherley Gebrauch. Aus der Haut macht man Schuhsohlen, nebst Gurten und Riemen zu verschiedenen Absichten. Das Fleisch wird gegessen, und der Thran sowohl für die Küche als für die Lampe aufgehoben. Mit den Vorn um den Mund nähet man die Näthe der Kanots sammen, und verfertigt Netze für größere Fischsorten raus. Mit dem Knochen des Unterkiefers beschlägt an die Kufen der Schlitten. Auch macht man aus den nochen Messer, und vor Zeiten, ehe man eiserne Ket: n hatte, wurden die Hunde mit Ketten von Wallfisch: ochen festgemacht. Das Eingeweide wird gereinigt, fgeblasen und getrocknet, um Oel und Fett darin auf: bewahren. Die Adern und Sehnen geben, weil sie gleich stark und schlüpfrig sind, vortrefliche Schlingen. Mit Einem Worte, es giebt fast keinen Theil am Ballfische, der nicht benutzt würde.

Von der Mitte des Mays bis zum 24sten Junius igen wir eine Menge Schollfische (flat fish) Forellen d Heringe. Am 15ten May wurden auf Einen Zug ehr als drey hundert Stück von der ersten Art, nebst ner Menge Seeforellen herausgezogen. Die Schollen ben ein festes, wohlschmeckendes Fleisch, und sind wie Steinbutten, (turbots) auf dem Rücken mit runden achlichten Knoten besetzt, und vom Kopf bis zum Schwanz it dunkelbraunen Linien gestreift. Der erste Herings: ng geht gegen das Ende des Mays an. Die Heringe ommen dann in großen Haufen, bleiben aber nicht lan: an der Küste. Ehe wir zum erstenmal aus der Bay gelten, hatten sie dieselbe schon gänzlich verlassen; zu nfang des Octobers fingen sie aber wieder an, sich da: lbst einzufinden. Sie sind von vorzüglicher Größe und esondern Wohlgeschmack, und wir füllten viele ledige äffer damit an. Im Anfang des Junius fingen wir ne Menge Kabliau, von dem wir ebenfalls einen Theil insalzten; auch fanden sich bisweilen kleinere Fische in roßer Menge ein, die den Spieringen ähnlich waren, ngleichen fingen wir einmal einen Wolffisch

Dieses Reichthums an Schollen, Kabliau und He: ingen ungeachtet, rechnen die Kamtschadalen zum Win:

tervorrath dennoch hauptsächlich auf den Lachs.　Di
Naturforscher behaupten, daß alle bekannte Gattungen
des Lachsgeschlechts an dieser Küste angetroffen werden
Die Einwohner pflegten sie ehedem nach den verschiede
nen Monathen, da sie in die Flüsse hinaufschwimmen, zu
unterscheiden. Auch sagt man, daß wen gleich Haufen vo
verschiedenen Gattungen zu gleicher Zeit in demselber
Flusse aufwärts gehen, sie sich dennoch nicht untereinan
der mischen sollen; ferner, daß sie allemal wieder in den
selben Fluß zurückkehren, wo sie ausgebrütet worden sind
jedoch nur bis zum dritten Sommer; daß aber (alsdenn
weder das Männchen noch das Weibchen den Rück zu
zur See erlebt; und daß man gewisse Gattungen in ei
nem andere aber in andern Flüssen findet, wenn gleich
der Ausfluß beyder sehr nahe beysammen liegt.

Der erste Zug Lachse tritt ungefähr um die Mitte de
Maymonats in den Awatschafluß.　Diese Art, wel
che bey den Kamtschadalen Tschawitzi heißt, ist di
größte und wird am meisten geschätzt.　Insgemein sin
sie viertehalb Fuß lang, verhältnismäßig sehr breit, un
wiegen im Durchschnitt dreyßig bis vierzig Pfund.　Di
Schwanzflosse ist nicht gabelförmig, sondern ungetheilt
der Rücken dunkelblau, mit schwarzen Flecken; übrigen
gleichen sie unseren gemeinen Lachsen.　Die Geschwindig
keit, womit sie den Fluß hinaufsteigen, ist so groß, da
das Wasser sehr merklich davon bewegt wird.　Um di
Zeit ihrer Ankunft stehen die Kamtschadalen schon auf de
Wacht, und erkennen an dieser Bewegung den rechte
Zeitpunkt, wann sie ihre Netze vor den Fischen nieder
lassen sollen.　Man beschenkte uns mit einem der erste
die gefangen wurden, und gab uns zu verstehen, diese
sey die größte Höflichkeit, die man uns erzeigen könne
Kraschnninikof erzählt, daß die Kamtschadalen ehe
dem den zuerst gefangenen Lachs jedesmal mit große
Freudensbezeugungen und vielen abergläubischen Feyer
lichkeit

lichkeiten verzehrt haben, und daß, nachdem die Russen ihre Herren geworden waren, noch lange Zeit gestritten worden ist, wem der erste Lachs gehören solle. Der Lachs: fang dauert von der Mitte des Mays bis zum Ende des Junius.

Die andere Gattung ist kleiner und wiegt nur acht bis sechzehn Pfund. Man nennt sie insgemein Rothfische, und sie versammeln sich in den Bayen und Mündungen der Flüsse zu Anfang des Junius. Von dieser Zeit an, bis zum Ausgang des Septembers fängt man sie sehr häufig, sowohl an der Ost als Westküste, wo nur frisches Wasser ins Meer fließt, und überall in den Flüssen bis an ihre Quellen hinauf. In der Bay von Awatscha wird diser Fischfang folgendermaßen betrieben. Ein En: de des Netzes wird an einen großen Stein geknüpft, der dicht am Ufer liegt. Hierauf rudern die Fischer in ge: rader Linie etwa zwanzig Schritte weit ab, und senken das Netz allmählig ins Wasser; endlich wenden sie sich und stellen das übrige Netz in einer mit dem Ufer gleichlau: fenden Richtung aus. Nunmehr verbergen sie sich sehr sorgfältig in ihrem Kahn, und haben ein wachsames Au: ge auf die Fische, die allemal dicht am Ufer hin schwim: men, und deren Annäherung man an der Bewegung im Wasser gewahr wird. Sobald der Zug bey dem Kahn vorbey gekommen ist, fahren sie schnell in gerader Linie ans Ufer, und schließen folglich ihre Beute unfehlbar mit dem Netze ein. Selten werden mehr als zwey Leute zu einem solchen Netze gebraucht, ob es gleich größer ist als unsere Netze, wobey wir ein Dutzend Leute anstellen. An: fangs wollte es uns auch bey unserer Art zu fischen gar nicht gelingen, bis uns die Kamtschadalen klüger gemacht hatten. In den Flüssen stellen sie ein Netz queer über, und ziehen das andere den Strom abwärts zu demselben hin.

Die Landseen, welche mit dem Meere einige Verbin: dung haben (und dies war bey allen, die mir vorgekom:

IV.   L

men sind, der Fall) wimmeln von Fischen, welche jungen
Lachsen sehr ähnlich sehen und nur vier bis sechs Pfund
wiegen. So viel ich weiß, halten es die Einwohner nicht
der Mühe werth, sie zu fangen, und da die Seen nicht
tief sind, so werden sie des Sommers leicht eine Beute
der Bären und Hunde, die, nach den Gräten und Ue-
berresten am Ufer zu urtheilen, eine ungeheure Menge
davon verzehren müssen.

Der Lachs wird größtentheils getrocknet aufbewahrt,
und nur wenig davon wird gesalzen. Jeden Fisch schneidet man in drey Theile; nämlich zuerst wird der Bauch,
und hernach ein Streifen auf jeder Seite des Rückgrads
abgeschnitten. Die Bäuche hält man für das Beste am
Fisch; sie werden getrocknet und geräuchert, und zu St. Peter und St. Paul das Hundert um einen Rubel verkauft.
Die beyden übrigen Stücke werden an der Luft getrocknet,
und entweder so, statt Brod gegessen, oder zu Pulver gerieben, und zu wohlschmeckendem Teig und Kuchen ver-
braucht. Den Kopf, den Schwanz und die Gräten trocknet man ebenfalls, zum Wintervorrath für die Hunde.

Herrn Pennants
Verzeichniß der Thiere in Kamtschatka.

* Argali, oder das wilde Schaf, Capra Ammon, *Linn.*†
* Wilde Ziege, Capra ibex, Linn.
* Rennthier, Cervus Tarandus, Linn.
* Wolf, Canis lupus.
* Hund, Canis familiaris.

---

*) Ein Stern * vor dem Namen eines Thiers bedeutet, da
es in dieser Reisebeschreibung erwähnt wird. Anmerkun
der Urschrift.

* Weisfuchs, Canis lagopus.
* Europäischer Fuchs, Canis vulpes.
　　　　 α schwarzer
　　　　 ß Kreuzfuchs.
* Polar-Bär, nur im Eismeer.
* Bär, Ursus arctos, Linn.
* Vielfraß, Ursus luscus.
* Wiesel, Mustela rivalis.
* Hermelin, Mustela erminea.
* Zobel, Mustela zibellina.
Gemeine Otter, Mustela lutra
* Meerotter, Mustela lutris.
* Veränderlicher Haase, Lepus variabilis, Pall.
Alpenhaase.
* Ziesel, Mus citillus.
Boback Murmelthier.
Wasserratte, Mus amphibius.
Gemeine Maus, Mus musculus.
Wurzelmaus, Mus oeconomus, Pall.
Sibirische rothe Maus, Mus rutilus, Pall.
Tschelag Maus. (Beschr. von Kamtschatka.)
Spitzmaus, Sorex araneus.
* Wallroß (im Eismeer), Trichechus Rosmarus
* Gemeiner Seehund oder Robbe, Phoca vitulina
Großer Robbe.
Haasen-Robbe, Phoca leporina, Lepechin.
Harfen-Robbe, Phoca oceanica, Lepechin.
Band-Robbe, in den Kurilischen Inseln.
Bären-Robbe, Phoca ursina, Linn.
Löwen-Robbe.
Wallfischähnlicher Manati.

　　Ehe die Russen nach Kamtschatka kamen, waren da
selbst keine Hausthiere. Die Hunde stammen wahrscheinlich vom Wolf, und sind dem Lande eigen.

Vögel.

Landvögel.

* See-Adler, Falco offifragus.
* Grauer Adler, Vultus Albiulla.
* Weisköpfigter Adler, Falco leucocephalus.

Schreyadler.

* Fischaar, Falco haliaëtus.

Peregrinfalk.

Taubenfalk, Falco palumbarius.

Steineule, Strix Bubo.

weiße Eule, Strix Nyctea.

Rabe, Corvus corax.

Aelster, Corvus pica.

Nußheher, Corvus caryocatactes.

Kukuk, Cuculus canorus.

Wendehals, Iynx torquilla.

Spechtmeise, Sitta europaea.

Schneehuhn, Tetrao Lagopus.

Auerhahn, Tetrao Urogallus.

Wasseramsel, Sturnus Cindus.

Kramsvogel, Turdus pilaris.

Ziepdrossel, Turdus iliacus.

Kamtschatkische Drossel.

Grünfink, Loxia Chloris.

Gold-Ammer.

Kleiner Hänfling.

Grauer Fliegenstecher.

Feldlerche, Alauda arvensis.

Waldlerche, Alauda arborea.

Bachstelze, Motacilla alba

Gelbe Bachstelze, Motacilla flava.

Tschuktschische Bachstelze.

Gelber Zaunkönig, Motacilla Trochilus.

Rothschwanz, Motacilla Phönicurus.

langschnäblichter Quicksterz.
Schwarzkelchen, Motacilla stapazina.
Awatschischer Quicksterz.
Sumpfmeise, Parus palustris.
Rauchschwalbe, Hirundo rustica
Mauerschwalbe, Hirundo urbica.
Uferschwalbe, Hirundo riparia.
Ziegensauger, Caprimulgus europaeus.

Wasservögel.

Mit ganz getrennten Zehen

Größere Meerschwalbe, Sterna Hirundo.
Kamtschatkische Meerschwalbe,
Schwarzköpfige Mewe, Larus ridibundus.
Risse, Larus rissa.
Elfenbeinerne Mewe, (Larus eburneus.)
Nordische Mewe.
WinterMewe, Larus tridactylus.
Seepferd, Procellaria glacialis.
Kurilischer Sturmvogel.
Blauer Sturmvogel.
Tauchergans, Mergus Merganser.
Kleinste Wassersäge, Mergus Albellus.
Pfeifender Schwan.
Große Gans.
Türkische Gans, Anas cygnoides.
Schneegans.
Brantgans, Anas Bernicla.
Eidergans, Anas mollissima.
Norwegische Ente, Anas spectabilis.
Sammt=Ente, Anas fusca.
Löffel=Ente, Anas clypeata.
Baum=Ente, Anas Colangula.
Buntköpfige Ente, Anas histrionica.

März-Ente, Anas Boschas.

* Westliche Ente.

Spitz-Ente, Anas acuta.

* Eis-Ente, Anas glacialis.

Ring-Ente, Anas Glaucion.

Brand-Ente, Anas tadorna.

Straus-Ente, Anas fuligula.

Sichel-Ente, (Anas falcata).

Kleine Krik-Ente, Anas Querquedela

Krik-Ente, Anas crecia.

Seerabe, Pelecanus carbo.

Violetter Seerabe.

Rothbäckiger Seerabe.

Kranich, Ardea grus.

Brachvogel, Scolopax arquata.

Gewittervogel, Scolopax phaeopus.

Strandpfeifer, Tringa hypoleucos.

Gambette, Tringa gambetta.

Regenpfeifer, Charadrius pluvialis.

Bunter Austernleser, Haematopus ostralegus.

Mit gelappter Schwimmhaut.

Wasserhuhn (plain phalarope.)

Mit ganzen Schwimmhäuten.

Wandernder Albatroß, Diomedea exulans

Scheerschnabel, Alca Torda.

Puffin, Alca arctica.

Alter Papageytaucher.

Zwergpapageytaucher.

Gehäubter Papageytaucher.

Paraquittaucher.

Straustaucher.

Brauner Papageytaucher.

Dummer Taucher, Colymbus Troille.

Schwarzer Taucher, Colymbus Grille.

Marmorirter Taucher.

Hymber, Colymbus Immer.
Gefleckter Taucher.
Nordischer Taucher, Colymbus feptentrionalis.

Funfzehntes Hauptstück.

Fortsetzung der allgemeinen Nachrichten von Kamtschtka und dessen Einwohnern. Ursprüngliche Herkunft der Kamtschadalen. Ihre erste Entdeckung durch die Russen. Kurzer Begriff ihrer Geschichte. Volksmenge und gegenwärtiger Zustand. Rußischer Handel in Kamtschatka. Wohnungen und Kleidertracht der Kamtschadalen. Etwas über die Kurilischen Inseln, imgleichen über die Koriäken und Tschuktschen.

Es giebt gegenwärtig dreyerley Einwohner in Kamtschatka, die Eingebohrnen oder Kamtschadalen, die Russen und Kosaken, und eine Mischung von beyden durch Heyrathen. Herr Steller, der sich einige Zeit hier aufgehalten und sorgfältig Nachrichten zu sammeln gesucht hat, hält die ursprünglichen Kamtschadalen für ein sehr altes Volk, welches diese Halbinsel seit vielen Jahrhunderten bewohne. Seiner Meynung zufolge, muß man ihre Abstammung von den Mungalen (Mongolen) herleiten, und nicht, wie wohl andere geglaubt haben, von den Tungusischen Tataren oder gar von den Japanern. Er gründet sich dabey hauptsächlich auf folgendes: Erstlich findet man bey ihnen keine Spur von einer Sage, welche sich auf die Auswanderung aus einem andern Lande bezöge, sondern sie glauben vielmehr, von ihrem Gotte Kutku an dieser Stätte erschaffen und hingestellt worden zu seyn. Sie

$$\mathfrak{L} \; 4$$

sind ferner unter seinen Geschöpfen diejenigen, die er am
meisten begünstigt, und die glücklichsten Wesen; ihr Land
ist allen übrigen vorzuziehn, und reicher an Befriedigungs-
mittel für ihre Bedürfnisse, als jedes andre. Sie kennen genau alle einheimische Pflanzen, ihre Kräfte und
ihren Gebrauch, welches alles ein Volk erst in einer ge-
raumen Zeit aus Erfahrung kennen lernen kann. Ihre
Werkzeuge und ihr Hausgeräth ist sehr von dem verschieden, das bey andern Völkern üblich ist, und mit einer
besondern Zierlichkeit verfertigt, woraus man zugleich
sieht, daß sie von ihnen selbst erfunden, und seit langer
Zeit vervollkommnet worden sind. Ehe die Russen und
Kosaken nach ihrer Halbinsel hingekommen waren, kannten sie schlechterdings kein anderes Volk, als die K o r i ä-
k e n. Nur erst seit Kurzem haben sie einige Bekanntschaft mit den K u r i l e n, und ganz neuerlich lernten sie
die Japaner kennen, als ein Japanisches Schiff an ihren
Küsten verunglückte. Endlich fanden auch die Russen,
als sie zuerst hier festen Fuß faßten, das Land sehr stark
bevölkert.

Ihre Mongolische Abstammung glaubt Herr S t e l l e r
durch die Aehnlichkeit der Wort-Endungen im Kamtschadalischen, mit der Sprache der sinesischen M o n g o l e n,
einigermaßen wahrscheinlich machen zu können; das ong,
ing, oing, tsching, tscha, tschoing, Ksi, Ksung, u.
s. f. sind beyden Sprachen als Endungen gemein, und
sowohl die Beugungen als die Ableitungen werden in
beyden auf gleiche Art gebildet. Im Durchschnitt sind die
Kamtschadaten meistens von kurzer Statur, und von ver-
brannter Gesichtsfarbe, wie die M o n g o l e n; sie haben
einen dünnen Bart, schwarzes Haar, ein breites Gesicht,
kurze platte Nasen, kleine tiefliegende Augen, dünnbehaarte
Augenbraunen, einen hängenden Bauch und dünne Füße,
wie man dies alles bey den Mongolen ebenfalls antrift.
Aus allen diesen Uebereinstimmungen zieht er den Schluß,

daß sie sich, um den schnellen Fortschritten der östlichen
Eroberer zu entkommen, in diese Halbinsel geflüchtet ha=
ben müssen, so wie die Lappländer, Samojeden, u. a. m.
durch die Europäer nach Norden getrieben worden sind.

Nachdem die Russen ihre Eroberungen weiter ausge=
dehnt, und längs der ungeheuren Küste des Eismeeres
vom Jenisei bis zum Anadir feste Posten und Kolo=
nien angelegt hatten, ernannten sie Commissarien zur Aus=
kundschaftung und Eroberung der noch östlicher gelege=
nen Länder.   Diese wurden bald mit den wandernden
Koriäken bekannt, welche nordwärts und nordostwärts
am ochotskischen Meere wohnen, und legten ihnen ohne
Schwierigkeiten einen Tribut auf. Da nun diese Nation
die nächste Nachbarin der Kamtschadalen ist, und
zugleich einen Tauschhandel mit ihnen treibt, so ward in
kurzem auch Kamtschatka den Russen bekannt.

Die Ehre der ersten Entdeckung schreibt man dem
Alexeief, einem Kaufmanne zu, der um das Jahr 1648
mit sieben andern Fahrzeugen vom Kowyma=Flusse
rund um die Tschuktschische Halbinsel geschift seyn soll.
Der Sage nach ward er unweit Schukotskoi Nos
durch einen Sturm von seinen Begleitern verschlagen,
und nach der Küste von Kamtschatka getrieben.   Hier
überwinterte er, und segelte dann im folgenden Sommer
an den Küsten hin, und um das Vorgebirge Lopatka,
in das Meer von Ochotsk und in die Mündung des Ti=
gilflusses. Indem er aber von da zu Lande nach Ana=
dirsk reisete, soll er mit seinen Gefährten von den Ko=
riäken abgeschnitten worden seyn.   Die Berichte Si=
mon Deschnefs, der eines von den sieben andern Fahr=
zeugen führte und an der Mündung des Anadir ans
Land geworfen ward, bestätigen zum Theil diese Nach=
richt. Wie dem auch sey, genug, da von diesen ver=
meyntlichen Entdeckern keiner am Leben blieb, um ihre
Thaten zu erzählen, so bleibt Wolodimer Atlaßof,

L 5

ein Kosake, der erste anerkannte Entdecker von Kamtschatka.*)

Im Jahr 1697 schickte man ihn als Commissar, von
der Festung Jakutsk nach Anadirsk, und gab ihm
den Auftrag, die Koriäken zu Hülfe zu rufen, um jenseits ihrem Lande Entdeckungen zu machen und Tribut zu
erheben. Im Jahr 1699 drang er mit ungefähr sechzig
Rußischen Soldaten und eben so vielen Kosaken bis ins
Innerste der Halbinsel vor, erreichte den Tigil, erhob
einen Tribut von Pelzwerk, ging über den Kamtschatkafluß und legte daselbst einen festen Ort unter dem Namen Werchnoi Kamtschatskoi Ostrog an, worin
er sechzehn Kosacken zur Besatzung ließ. Im Jahr 1700
kehrte er mit einer ungeheuren Menge seltener und kost-
barer Pelzwerke nach Jakutsk zurück, und brachte diesen Tribut wohlbedächtig in eigener Person nach Mos-
kau. Hier ward ihm zur Belohnung der Posten Jakutsk anvertraut und zugleich der Auftrag ertheilt, nochmals nach Kamtschatka zu gehen, nachdem er zuvor eine
Verstärkung von hundert Kosaken von der Besatzung zu
Tobolsk erhalten und sich mit Kriegsmunition, und
was sonst zur Vollendung und Besitznehmung seiner neuen
Entdeckungen beytragen könnte, versorgt haben würde.
Mit diesen Truppen machte er sich auf den Weg nach Anadirsk, fand aber auf der Tunguska, welche in den
Jenisei fällt, eine Barke mit chinesischen Waaren, und
plünderte sie aus. Die Eigenthümer brachten ihre Kla-
ge am Rußischen Hofe an, und Atlaßof ward zu Jakutsk gefangen gesetzt.

---

*) Atlaßof schickte einen Vortrupp unter dem Lucas
Moloskof aus, der in Kamtschatka eindrang, und noch
vor Atlaßofs Abreise zurückkam, folglich auf den Namen
eines Entdeckers von Kamtschatka mit Recht Anspruch
machen kann. Anmerk. der Urschrift.

Während der Zeit blieb Potop Seriukof, welchem Atlaßof die in Werchnoi Ostrog befindliche Besatzung anvertraut hatte, im ruhigen Besitz. Zwar fehlte es ihm an Truppen, um die Erlegung des Tributs von den Eingebohrnen zu erzwingen, allein er wußte durch sein friedliches Betragen es dahin zu bringen, daß er einen vortheilhaften Handel mit ihnen trieb, und sich ihr Zutrauen und ihr Wohlwollen erwarb. Auf dem Rückwege nach Anadirsk, griffen ihn die Koriäken an, und er hatte das Unglück mit seiner ganzen Begleitung niedergemacht zu werden. Dies geschahe um das Jahr 1703. Während daß Atlaßof in Ungnade blieb, wurden einige Commissarien nach einander nach Kamtschatka gesandt, wo sie abwechselndes Glück hatten.

Im Jahr 1706 setzte man den Atlaßof wieder in seine Befehlshaberwürde ein, schickte ihn zum zweitenmal nach Kamtschatka, und befahl ihm, die Einwohner mit guter Art und durch friedliche Mittel zu gewinnen, aber auf keinen Fall Gewaltthätigkeiten zu verüben. Anstatt diesem Befehl zu folgen, machte er durch wiederholte Grausamkeiten und Ungerechtigkeiten nicht nur die Kamtschadalen gegen ihre neue Herren abgeneigt, sondern er verlohr auch das Zutrauen seiner eigenen Leute so sehr, daß die Kosaken einen Aufruhr erregten, und einen neuen Befehlshaber forderten. Es gelang ihnen; Atlaßof ward seiner Stelle entsetzt, und sie bemächtigten sich seiner Sachen. Da sie einmal das Vergnügen zu rauben und ohne Zwang oder Zucht zu leben genossen hatten, versuchte sein Nachfolger vergebens die militärische strenge Ordnung wieder einzuführen. Drey Befehlshaber wurden nach einander ermordet, und die Kosaken, welche solchergestallt in offenbarer Empörung gegen die Rußische Regierung die Waffen ergriffen hatten, wütheten unter den Eingebohrnen von Kamtschatka. Die Geschichte dieser Halbinsel von jenem Zeitpunkt an, bis in das Jahr 1731 ist eine Reihe von Mordthaten, Empörungen und wilden blutigen Gefechten kleiner streifenden Partheyen im ganzen Lande.

Die allgemeine große Empörung, welche damals ausbrach, ward schon im Jahr 1715 durch Cosmus Sokolofs Entdeckung der Ueberfahrt von Ochotsk nach Bolschaia reka veranlaßt. Bis dahin wußten die Russen keinen andern Zugang nach Kamtschatka als über Anadirsk. Oft überfielen daher die Einwohner diejenigen, die den Tribut auf dem langen Wege durch die ganze Halbinsel begleiteten, und hielten die Truppen auf, die auf dem Hinwege befindlich waren. Nachdem aber dieser Weg von Ochotsk aus entdeckt war, konnte man schnell und sicher den Tribut aus dem Lande holen, und Truppen mit Kriegsmunition bis in das Innere desselben führen. Die Eingebohrnen mußten bald einsehen, wie viele Vortheile die Russen dadurch bekämen, und wie bald sie sich in ihrer neuen Herrschaft festsetzen würden; sie beschlossen daher, für ihre Freyheit sogleich einen großen Versuch zu wagen. Mit der Ausführung ihres Plans warteten sie so lange, bis Behring, der sich oben mit seinem kleinen Geschwader an der Küste befand, und alle ihm entbehrliche Truppen unter Pawlutskis Anführung gegen die Tschuktschen geschickt hatte, abgesegelt seyn würde. Unstreitig war dieser Zeitpunkt gut gewählt; und so allgemein auch die Verschwörung war, da alle Eingebohrnen in der ganzen Halbinsel Theil daran gehabt haben sollen: so blieb sie dennoch zum Erstaunen, so geheim, daß die Russen nicht einmal den geringsten Verdacht von einem feindlichen Anschlag gegen sie bekamen. Auch in ihren übrigen Maasregeln bewiesen die Kamtschadalen gleiche Klugheit. Sie hielten ein starkes Corps in Bereitschaft, um den Russen alle Gemeinschaft mit dem festen Posten Anadirsk abzuschneiden, und besetzten die ganze Ostküste mit kleinen deta-

schirten Haufen, um alle Russen, die etwa von Ochotsk
kommen möchten, aufzufangen. Unter diesen Umstän=
den marschirte der Commissar Tschikardin (*Cheek-
haerdin*) mit seinem Tribut unter Bedekung der Besa=
zung von Werchnoi aus, nach der Mündung des
Kamtschatkaflusses hin, wo ein Fahrzeug fertig lag, das
ihn und seine Gefährten nach dem Anadir führen sollte.
Die Empörung ward also noch länger aufgeschoben, bis
auch dieses Fahrzeug ausgelaufen seyn würde, und die
verschiedenen Oberhäupter wurden hiervon sogleich benach=
richtigt. Kaum war das Schiff so weit in See, daß
man es aus dem Gesichte verlohren hatte, so fielen die
Eingebohrnen über ihre Feinde her, und machten alle
Russen und Kosaken, die sie antrafen, auf der Stelle
nieder, und verbrannten ihre Wohnungen. Ein starkes
Corps ging den Kamtschatkafluß hinauf, nahm die
Festung und das Ostrog ein, welches der Commissar eben
verlassen hatte, brachte alle darin Zurückgebliebenen um,
und verwandelte es, bis auf die Kirche und Festung, in
einen Aschenhaufen. Hier erfuhren die Kamtschadalen
zuerst, daß das Russische Schiff, welches den Commiß=
sar an Bord hatte, sich noch an den Küsten befände.
Sie beschlossen also, sich in der Festung zu vertheidigen.
Zum Glück für die Russen, ward ihr Schiff von wiedri=
gen Winden bald wieder nach dem Hafen zurückgetrieben;
denn hätte es die Reise fortsetzen müssen, so würde ver=
muthlich nichts weiter ihre gänzliche Ausrottung haben
verhüten können. Die Kosaken wurden, als sie ihre
Häuser abgebrannt, ihre Weiber und Kinder entweder
ermordet, oder als Gefangene weggeführt sahen, wü=
thend, gingen gerädesweges auf die Festung zu, und
griffen sie mit der äußersten Heftigkeit an. Die Einge=
bohrnen leisteten ihnen aber eben so muthig und entschlos=
sen Wiederstand, bis endlich das Pulvermagazin Feuer
fing und die Festung beynahe mit Allen, die darin waren,

in die luft sprengte. Außer diesem Gefecht fielen noch einige andere vor, wobey auf beyden Seiten viel Blut vergossen ward; nachdem aber zwey der Vornehmsten Anführer geblieben waren, und der dritte zuerst sein Weib und seine Kinder, damit sie nicht in Feindes Hand fallen möchten, und dann auch sich selbst getödtet hatte, ward endlich Friede gemacht. Von der Zeit an blieb alles ruhig bis zum Jahr 1740, wo einige Russen in einem Aufruhr ums Leben kamen; und seit diesem Aufruhr, der übrigens weiter keine Folgen hatte, ist nur noch der schon erwähnte Auflauf zu Bolscheretsk im Jahr 1770 vorgefallen.

Während der Empörung im Jahr 1731 verloren viele Einwohner das Leben; doch erholte sich die Halbinsel wieder so sehr, daß sie seitdem volkreicher als jemals vorher geworden seyn soll, bis im Jahr 1767 ein Soldat die Kinderblattern von Ochotsk herüber brachte. Diese Krankheit, die damals zum erstenmal in Kamtschatka ausbrach, verursachte nicht geringere Verwüstungen als die Pest, und drohte, die Einwohner gänzlich aufzureiben. Wie man sagt, sind, in Kamtschatka, unter den Koriäken und in den Kurilischen Inseln, gegen zwanzig tausend Menschen daran gestorben. Ganze Dörfer verloren alle ihre Einwohner und wir selbst haben hiervon noch Spuren gesehen. Um die Bay von Awatscha liegen acht Ostrogs zerstreuet, welche insgesamt bewohnt gewesen seyn sollen, nunmehr aber wüste liegen, das einzige St. Peter und St. Paul ausgenommen, worin sich aber nur sieben zinsbare Kamtschadalen befinden. Paratunka Ostrog, welches vor der Blatternperiode dreyhundert und sechzig Menschen enthielt, hat gegenwärtig, Männer, Weiber und Kinder zusammengerechnet, nur sechs und dreyßig Kamtschadalen. Auch auf dem Wege nach Bolscheretsk kamen wir durch vier große Ostrogs, worin niemand wohnte

Da die Anzahl der Eingebohrnen so sehr vermindert ist, und immer mehr Kosaken und Russen in das Land kommen, die sich durch Heirathen mit ihnen verbinden, so werden binnen einem halben Jahrhundert wahrscheinlich nur wenige Kamtschadalen mehr übrig seyn. Nach Herrn Major Behms Nachrichten sollen sie sich jetzt, mit Inbegrif der Einwohner von den Kurilischen Inseln, nur auf dreytausend zinsbare Köpfe belaufen.

In den fünf Festungen Nischnoi, Werchnoi, Tigil, Bolscheretsk und Petropawlowsk (St. Peter und St. Paul,) sollen gegenwärtig ungefehr vierhundert Russen und Kosaken als Besatzung liegen. Ebensoviele befinden sich zu Ingigal, welches zwar schon nordwärts von der Halbinsel liegt, aber dennoch unter dem Befehlshaber von Kamtschatka steht. Hierzu kommen noch die Rüssischen Kaufleute und Kolonisten, deren Anzahl indeß nicht sehr beträchtlich ist. Die hier eingeführte Russische Regierung ist, als eine miltärische betrachtet, sehr mild und billig. Die Einwohner wählen ihre Magistratspersonen aus ihrer eigenen Mitte, und zwar auf eben die Art und mit eben den Vorrechten, welche ehemals üblich waren. Einer, der den Titel Tojon hat, steht dem ganzen Ostrog vor. An diesen wendet man sich in allen Streitigkeiten; er kann für Verbrechen und Uebelthaten an Geld oder auf andre Art strafen, und braucht nur dann, wenn ihm die Sache gar zu verwirrt, oder das Verbrechen zu abscheulich scheint, sich an den Befehlshaber von Kamtschatka zu wenden. Der Tojon hat noch einen Civilbeamten, der aber der Korporal heißt, zur Seite. Dieser ist ihm bey der Ausführung seiner Amtspflichten behülflich, und vertritt in seiner Abwesenheit seine Stelle. Durch eine Verordnung der regierenden Kaiserin sind alle Todesstrafen, wie groß auch das Verbrechen seyn mag, gänzlich verboten; doch sagte man uns, daß bey Mordthaten,

die indeß hier sehr selten vorfallen, die Knute mit solcher
Strenge gegeben wird, daß der Verbrecher gewöhnlich
davon stirbt.

Der einzige Zins, den man von den Eingebohrnen
(eigentlich wohl nur zum Zeichen, daß die Russische
Oberherrschaft anerkannt wird,) erhebt, besteht an eini
gen Orten in einem Fuchsbalg, an andern in einem Zo
belfell, und auf den Kurilischen Inseln in einem Meerot
terfell, welches aber, als das kostbarste Pelzwerk, für
mehrere Personen zugleich gilt. Diesen Tribut sammelt
die Tojons in ihrer jedesmaligen Gerichtsbarkeit. Di
Russen haben sich alle Mühe gegeben, die Kamtscha
dalen zum Christenthum zu bekehren; und dies i
ihnen auch so weit gelungen, daß man nur noch seh
wenige Heiden antrift. Wenn man die hiesigen Geist
lichen nach dem gastfreyen und gutmüthigen Priester vor
Paratunka beurtheilen darf, so konnte dieses Geschäf
in keine bessere Hände fallen. Er selbst war von Seiter
seiner Mutter ein Landeskind. Kaum brauche ich noch
hinzu zu fügen, daß die Religion, wozu die Kamtscha
dalen bekehrt werden, die Griechische ist. In vielen
Ostrogs sind Schulen angelegt, wo die Kinder der Ein
gebohrnen und der Kosaken unentgeldlich in der Russischen
Sprache Unterricht bekommen.

Die Handelsausfuhr dieses Landes schränkt sich ledig
lich auf das Pelzwerk ein, und ist größtentheils in der
Händen einer von der jetztregierenden Kaiserin errichteter
Handlungsgesellschaft, welche ursprünglich aus zwöl
Kaufleuten bestand, seit kurzem aber mit dreyen vermehr
worden ist. Sie genießen gewisse Vorrechte, und dürfen
zum Zeichen der Aufmunterung und des Schutzes, welch
die Kaiserin dem Rauchhandel angedeihen läßt, ein
goldne Schaumünze tragen. Außerdem giebt es im Land
hin und wieder noch viele geringere Kaufleute insbeson
dere von der Kosakischen Nation. Die vornehmsten hab

ten sich, so lange sie im Lande bleiben, gewöhnlich zu
Bolscheretsk oder Nischnoi Ostrog auf; denn
diese beyden Orte können als die Mittelpunkte des hiesigen
Handels angesehen werden. Ehemals ward dieser Handel gänzlich durch Tausch betrieben; seit einigen Jahren
aber werden alle Waaren für klingende Münze umgesetzt,
so daß wir über die Menge des im Umlauf befindlichen
Geldes in einem übrigens so elenden Lande erstaunen müß-
en. Das Pelzwerk wird sehr theuer verkauft; dagegen
brauchen die Einwohner bey ihrer Lage und Lebensart nur
wenig fremde Bequemlichkeiten. Unsere Matrosen hat-
en von der Amerikanischen Küste eine Menge Pelzwerk
mitgebracht, welches sie hier, zu ihrer großen Freude
und Verwunderung, gegen vieles Silbergeld absetzten.
Allein es gab hier keine Schenke, wo sie es hintragen,
und keinen Tabak oder sonst etwas, das sie dafür kaufen
konnten. Ihr Geld ward ihnen daher bald zur Last, und
ich sah oft, wie sie die Rubeln auf dem Verdeck mit den
Füßen fortstießen. Anfänglich bezahlte der Kaufmann,
den ich in dieser Reisebeschreibung schon erwähnt habe,
vierzig Rubel für ein Meerotternfell, und für andere
alle verhältnißmäßig; als er aber in der Folge merkte,
daß sie viel zu verkaufen hatten, und sich auf die Preise
nicht verstanden, wußte er sie ungleich wohlfeiler einzukaufen.

Die Einfuhr schränkt sich hauptsächlich auf Europäische Waaren ein, die indeß nicht alle von Russischer Arbeit sind, sondern unter denen es auch viele Englische und
Holländische, imgleichen einige Sibirische, Bucharische,
Kalmükische und Chinesische giebt: Sie bestehen aus
groben Wollen- und Leinen-Tüchern, Strümpfen, Nacht-
mützen und Handschuhen von Garn, leichten Persischen
Seidenzeugen, Baumwollenstoffen und Nankin, seidenen
und baumwollenen Schnupftüchern, kupfernen Kesseln
und Pfannen, eisernen Öfen, Feilen und Flinten, Pul-
IV.   M

ver und Bley, Aexten, Hacken, Scheeren, Nadeln,
Spiegeln, Mehl, Zucker, gegerbten Häuten, Stiefeln, u. s. w. Viele von diesen Waaren-Artikeln sahen
wir bey einem Kaufmanne, der in der kaiserlichen Galliote von Ochotsk kam; sie kosteten hier aber ungefähr
dreymal soviel, als in England. So groß der Vortheil der Kaufleute bey diesem Handel auch ist, so haben
sie doch bey dem Rauchhandel in Kiachta an der chinesischen Gränze noch weit größeren. In Kamtschatka
kauft man gewöhnlich die besten Meerotterfelle das Stück
für dreyßig Rubel. Der chinesische Kaufmann in Kiachta giebt schon mehr als doppelt soviel, und setzt sie
wieder mit Vortheil in Peking ab, wo noch ein einträg-
licher Handel nach Japan damit getrieben wird. Wenn
also ein solches Fell, das in Kamtschatka dreyßig Rubel
werth ist, erst nach Ochotsk, dann zu Lande eintausend
dreyhundert vier und sechzig Englische Meilen weit, nach
Kiachta, dann ferner noch sieben hundert und sechzig
Englische Meilen nach Peking und von da erst nach
Japan verführt, und dieses ungeheuren Transports
ungeachtet, mit Vortheil abgesetzt wird, welch eine
ungeheuren Gewinst würde nicht ein unmittelbarer Handel aus Kamtschatka nach Japan, eintragen, da ein
Schif den Weg zwischen beyden Ländern in vierzehn Tagen, höchstens in drey Wochen zurück legen kann? Alles
Pelzwerk welches von hier aus über den ochotskischen
Meerbusen geführt wird, bezahlt eine Abgabe von zehn
Zobel aber, von zwölf pro Cent. Alle Waaren die von
Ochotsk eingeführt werden, bezahlen, von welcher Art
sie auch seyn mögen, einen halben Rubel vom Pud,
welches sechs und dreyßig Englische oder vierzig Russische
Pfunde wiegt. Wie hoch sich die Summe dieses Ein-
und Ausfuhrzolls beläuft, konnte ich nicht erfahren, denn
er wird zu Ochotsk entrichtet. Der Tribut hingegen
wird zu Bolscheretsk eingesammelt, und soll sich

nach Herrn Behms Angabe, jährlich auf zehntausend Rubel an Werth belaufen.

Die Kaiserin unterhält sechs Fahrzeuge, jedes von vierzig bis funzig Tonnen, die zwischen Ochotsk und Bolscheretsk hin und her segeln. Fünf davon bringen von dem erstgenannten Orte Munitionen und Mundvorrath herüber; auch gehen einige davon alle zwey oder drey Jahre nach Amatscha oder in den Kamtschatkafluß. Das sechste wird nur als Packetboot gebraucht, und liegt zu dem Ende beständig in Bereitschaft. Außer diesen brauchen die Kaufleute ungefähr vierzehn Fahrzeuge zum Pelzhandel unter den östlich gelegenen Inseln. Eines davon, das, sobald es die Jahreszeit erlauben würde, nach Unalaschka gehen sollte, fanden wir im Hafen St. Peter und St. Paul eingefroren. Der vortheilhafteste Pelzhandel wird unstreitig mit den zwischen Kamtschatka und Amerika liegenden Inseln getrieben, die im Jahr 1741 zuerst von Behring entdeckt wurden. Da es hier Meerottern in Menge gab, so ließen sich die Russischen Kaufleute dadurch anreizen, auch die übrigen von ihm entdeckten Inseln südostwärts von Kamtschatka, welche auf Müllers Charte die Verführungs-Inseln (*isles of Seduction*), St. Abraham u. s. f. heißen, von neuem aufzusuchen. Bey dieser Unternehmung stießen sie auf drey verschiedene Inselgruppen. Die erste davon liegt etwa funfzehn Grade ostwärts von Kamtschatka in 53° der Nördlichen Breite; die zweite noch zwölf Grade östlicher; und die dritte ist Unalaschka mit den umliegenden Inseln. Einige Abentheurer führte der Kaufmannsgeist bis an die Schumagins-Inseln, die sie Behring nannte, wovon die größte Kadjak heißt. Hier aber, wurden sie, so wie auf dem festen Lande von Alaska, so nachdrücklich empfangen, daß ihnen die Lust verging, soweit hinaus Tribut einzusam-

meln. Dagegen unterjochten sie jene ersteren drey Inselgruppen, und machten die Einwohner zinsbar.

In den Russischen Charten ist das ganze Meer zwischen Kamtschatka und Amerika mit Inseln besäet.
Weil diese Abentheurer auf ihren Fahrten oft Land antrafen, welches nach ihrer Meynung nicht mit der von
ihren Vorgängern angegebenen Lage übereinstimmte,
hielten sie es sogleich für eine neue Entdeckung und gaben
es bey ihrer Rückkehr dafür aus. Die Fahrzeuge, welche
auf dergleichen Unternehmungen ausliefen, pflegten über-
dieß wohl drey bis vier Jahre auszubleiben; folglich konnten ihre Irrthümer nicht so leicht wieder berichtigt werden.
Indeß ist es gegenwärtig ziemlich gewiß, daß die bereits
von uns erwähnten Inseln die einzigen sind, welche die
Russen bisher, südwärts vom 60sten Grad der Breite,
entdeckt haben.

Diese Inseln die nunmehr gänzlich unter Russischer
Botmäßigkeit stehen, liefern die meisten Seeotterfelle,
diesen kostbarsten Artikel des Pelzhandels. Die Kaufleute
haben daselbst ihre Niederlage, und halten Factoren,
welche den Tauschhandel mit den Einwohnern treiben.
Um diesen Handel noch weiter auszubreiten, rüstete die
Admiralität zu Ochotsk eine Expedition aus, um Nord-
und Nordwestwärts von jenen Inseln Entdeckungen zu
machen, und ernannte Herrn Lieutenant Synd zum
Führer derselben. Da er aber zu weit nach Norden kam,
mußte er den Endzweck seiner Reise verfehlen; denn nordwärts von Bristolbay haben wir keine Meerottern gesehen, und wahrscheinlich vermeiden diese Thiere die Gegenden, wo sich die größern Amphibien aufhalten. Seit
ihm haben die Russen keine Unternehmung wieder gegen
Osten gewagt; allein von den neuen Entdeckungen unserer
Reise, und namentlich von Cooks-River, werden
sie ohne Zweifel Gebrauch zu machen suchen.

Ungeachtet die Kamtschadalen, Ruſſen und Koſaken, ſeit vierzig Jahren beſtändig Umgang mit einander gehabt haben, findet dennoch der weſentlichſte Unterſchied in ihren Geſichtszügen und ihrer ganzen Bildung, wie auch in ihren Sitten und Gemüthsarten Statt. Das Aeußere der Eingebohrnen habe ich ſchon beſchrieben; nur muß ich noch hinzu ſetzen, daß ihre Statur weit unter der mittleren Größe iſt. Herr Major Behm ſchreibt dies ihren gar zu frühen Heiraten zu, indem Perſonen von beyderley Geſchlecht ſchon im dreyzehnten oder vierzehnten Jahre in den Eheſtand treten. Sie würden ſich auch dann noch durch Fleiß und Arbeitſamkeit auszeichnen, wenn man ſie auch nicht mit ihren trägen Nachbaren den Koſaken und Ruſſen vergleichen könnte; die ſich vermutlich um keiner andern Urſache willen durch Heiraten mit ihnen verbinden, als damit ſie in ihrer Unthätigkeit deſto bequemer bleiben können. Wahrſcheinlich ſind die ſchrecklichen ſcorbutiſchen Zufälle, von denen keiner frey iſt, Folgen ihrer Trägheit; denn die Eingebohrnen ſelbſt werden nie davon angegriffen, weil ſie beſtändig in Bewegung ſind, und an der freyen Luft arbeiten.

Wie die Sitten, Gebräuche und der Aberglaube der Kamtſchadalen zu der Zeit, als ſie von den Ruſſen entdeckt wurden, beſchaffen waren, müſſen die Leſer bey Kraſchenninikof nachſehen. Ich will hier nur noch ihre Wohnungen und ihre Tracht beſchreiben. Ihre Häuſer, als ich ſie ſo nennen darf, ſind von dreyerley Art, nämlich: Jurten, Balagans und Isbas oder Häuſer von übereinander gelegten Klötzen. Die erſten ſind ihre Winter-, und die zweyten ihre Sommerwohnungen; die dritte Art haben die Ruſſen eingeführt und ſie iſt nur für vornehmere und begüterte Einwohner beſtimmt. Die Jurten werden auf folgende Art angelegt. Man gräbt ungefähr ſechs Schuh tief in die Erde ein längliches Viereck aus,

M 3

deſſen Umfang der Anzahl von Perſonen die darin wohs
nen ſollen, angemeſſen iſt; denn es pflegen ſich mehrere
Familie beyſammen in Einer Jurte aufzuhalten. In
dieſem Raum rammt man, in gehöriger Entfernung von
einander, ſtarke Pfähle oder hölzerne Pfoſten ein, auf
denen die Balken zur Unterſtützung des Daches ruhen.
Das Dach beſteht aus Sparren, von denen das eine
Ende auf der Erde, das andere auf den Balken liegt.
Zwiſchen den Sparren wird alles mit ſtarker Korbarbeit
ausgefüllt, und mit Raſen belegt, ſo daß eine Jurte von
außen wie ein platter runder Hügel ausſieht. In der
Mitte derſelben bleibt ein loch offen, welches zugleich
zum Rauchfang, zum Fenſter und zur Thüre dient. Ein
dicker Pfeiler, der nur ſo tief eingekerbt iſt, daß der
Zehe mit Mühe darauf ruhen kann, dient den Ein= und
Ausgehenden ſtatt einer leiter. Zur Seite iſt auf ebner
Erde ein anderer Eingang für die Weiber angebracht;
ſollte ſich aber eine Mannsperſon deſſen bedienen, ſo
würde er zum allgemeinen Geſpötte werden. Inwendig
hat die Jurte keine Abtheilung, ſondern beſteht bloß aus
einem länglicht viereckten Zimmer. Rund herum an den
Seitenwänden ſind breite, ſechs Zoll hohe, Bänke von
Brettern angebracht, die den Einwohnern bey Tage zu
Sitzen, und des Nachts, mit Matten und Pelzen be=
deckt, zur Schlafſtelle dienen. An einer Seite iſt der
Heerd angebracht, und an der andern gegenüber, iſt der
ganze Raum zur Vorrathskammer und zum Küchenge=
ſchirr beſtimmt. Bey ihren Feſten und feyerlichen Gaſt=
malen beſteht die größte Ehrenbezeugung, die ſie den
Gäſten anthun, darin, daß ſie für eine äußerſt große
Wärme in ihren Jurten ſorgen. Uns war die Hitz
darin zu allen Zeiten ſo unerträglich, daß wir immer bald
wieder weggehen mußten. In der Mitte des Octobers
zieht der Kamtſchadale in ſeine Jurte, und verläßt ſie mehr
rentheils nicht eher, als in der Mitte des Maymonats.

Die Balagans ruhen auf neun Pfosten, welche etwa dreyzehn Fuß hoch sind, und in drey Reihen gleich weit von einander entfernt stehen. In einer Höhe von neun oder zehn Fuß werden, vermittelst starker Stricke, Latten von einem Pfosten zum andern befestigt. Auf diese Latten legt man die Sparren, und bedeckt dann die Fläche mit Rasen, welcher den Fußboden des Balagans ausmacht. Das Dach darüber ist kegelförmig und besteht aus langen Stangen, die oben in eine Spitze zusammenlaufen, unten aber an den Queerbalken befestigt sind, und mit einer groben Grasart gedeckt werden. Jedes Balagan hat zwey einander gegenüberstehende Thüren, und man steigt eben so, wie in den Jurten hinan. Den untern Raum läßt man ganz offen, damit Fische, Wurzeln und Kräuter darin getrocknet werden können. Das Verhältniß der Jurten zu den Balagans ist wie eins zu sechs, so, daß in einer Jurte gemeiniglich sechs Familien wohnen.

Die aus Klötzen erbauten Häuser (Jsbas) bestehen aus wagerecht übereinander gelegten langen Balken, deren Enden in einander gelassen, und deren Fugen mit Moos verstopft sind. Das Dach ist abschüssig wie in unsern gewöhnlichen Bauerhütten, und mit grobem Grase oder mit Binsen gedeckt. Inwendig sieht man drey Zimmer. Das erste an einem Ende ist gleichsam das Vorhaus, und nimmt die ganze Breite und Höhe des Hauses ein. Hier werden Schlitten, Geschirre, nebst anderen Geräthschaften, welche vielen Platz einnehmen, aufbewahrt. Aus diesem Zimmer kommt man in das mittlere und beste, welches mit breiten Bänken versehen ist, die, wie ich schon gesagt habe, zugleich zum Sitz und Ruhelager dienen. Aus diesem Zimmer öfnet sich eine Thüre in die Küche, worin der Ofen die Hälfte des Raums einnimmt, und zugleich, weil er in die Scheidewand tritt, das Mittel-Zimmer heißt. Ueber der

M 4

Küche und dem mittleren Zimmer sind zwey Dachstuben oder Boden befindlich, auf die man vermittelst einer im Vorhause angebrachten Leiter hinaufsteigt. Jedes Zimmer ist mit zwey kleinen Fenstern von Russischem Glase (Glimmer) oder, in ärmseligeren Wohnungen, von Fischhaut, versehen. Die Balken und Dielen des Bodens sind, da man den Hobel hier nicht kennt, mit der Axt glatt behauen, und vom Rauche glänzend schwarz angelaufen.

Eine Stadt in Kamtschatka wird ein Ostrog genannt, und enthält mehrere Häuser von den drey erwähnten Arten; doch sind die Balagans allemal die zahlreichsten. St. Peter und St. Paul besteht aus drey Klotzhäusern oder Isbas, neunzehn Balagans und drey Jurten. Paratunka ist ungefähr eben so groß. Karatschin und Natschikin enthalten weniger Isbas, aber wenigstens eben so viel Jurten und Balagans; jene Anzahl scheint also wohl die gewöhnliche Größe eines Ostrogs zu bestimmen. Nirgends sah ich ein einzelnes, von einem Ostrog abgelegenes Haus, und eben so wenig einzeln liegende Jurten und Balagans.

Die Kleidung des kamtschadalischen Frauenzimmers habe ich bereits bey einer andern Gelegenheit beschrieben, und kann mich also hier auf die Tracht der Männer einschränken. Das Oberkleid hat ungefähr eben den Schnitt, wie ein Fuhrmanns-Kittel. (Man sehe die hier beygefügte Abbildung). Im Sommer ist es von Nankin, im Winter von Fellen, gemeiniglich Rennthier- oder Hundsfellen, die an einer Seite gegerbt sind, so daß an der andern Seite, welche inwendig getragen wird, das Haar bleibt. Unter diesem Kittel haben sie eine knapp anliegende Jacke von Nankin oder einem andern baumwollenen, und unter diesem ein blaues, rothes oder gelbes Hemde von Persischen leichten seidnen Zeuge. Ihr übriger Anzug bestehet in ein Paar engen, langen ledernen Hosen, die bis über die Waden gehen; einem Paar Stiefeln von

Hunds-oder Rennthierfellen, mit der Haarseite nach
innen, und einer Pelzmütze mit zwey Klappen, welche
gewöhnlich aufgebunden, bey schlechtem Wetter aber auf
die Schultern herabgelassen werden. Die Pelzkleidung
welche ich von Herrn Major Behms kleinem Sohne zum
Geschenk erhielt, (S. oben S. 50.) wird von den Tojons nur bey feyerlichen Gelegenheiten getragen. Sie
gleicht im Schnitte vollkommen dem eben beschriebenen
Oberkleide, besteht aber aus kleinen dreyeckigen Stück-
chen Pelz, die abwechselnd braun und weiß, und so zierlich zusammengefügt sind, daß man sie für ein einziges
Fell halten sollte. Unten geht ein sechs Zoll breiter Rand
herum, der mit ledernen Fäden von mancherley Farbe
gestickt ist, und sehr gut aussieht. Von diesem Rande
endlich hängt ein Aufschlag von Meerotterfell herunter.
Die Ermel haben eben solche Aufschläge, und auch um
den Hals, und um den Einschnitt vorn auf der Brust
geht ein gleicher Rand. Das Futter ist ein glattes,
weisses Leder. Die übrigen Stücke des Anzugs; Mütze,
Handschuhe und Stiefeln sind von eben diesem Pelzwerk
und mit der äußersten Zierlichkeit verfertigt. Die Russen
in Kamtschatka tragen sich nach Europäischer Art, und
die Montur der Truppen, die dort in Besatzung liegen,
ist dunkelgrün mit rothen Aufschlägen.

Die Völkerschaften, welche Nord- und Südwärts
von Kamtschatka wohnen, nämlich die Koriäken und
Tschuktschen, und die Einwohner der Kurilen, sind
uns noch wenig bekannt; um so eher darf ich daher das-
jenige, was ich von ihnen gehört habe, hier anführen.
Die Inselkette welche sich von der Südspitze der Kamtschatkischen Halbinsel in südwestlicher Richtung nach
Japan erstreckt, heißt zwischen dem 51sten und 45sten
Grad der Breite, die Kurilischen Inseln. Diese
Benennung schreibt sich von den Einwohnern in der Gegend des Vorgebirges Lopatka her, welche selbst Kuri-

M 5

len heißen, und diesen Inseln ihren Namen ertheilen. Nach Spanbergs*) Bericht sind ihrer, die ganz kleinen nicht mitgerechnet zwey und zwanzig. Die nördlichste heißt Schumtschu und ist nur drey Seemeilen vom Vorgebirge Lopatka entfernt. Die dortigen Einwohner sind theils Eingebohrne, theils Kamtschadalen. Zunächst an dieser Insel nach Süden, liegt Paramusir, eine viel größere, welche von den ursprünglichen Eingebohrnen bewohnt wird, deren Vorfahren von der etwas südlicher gelegenen Onekutan gekommen seyn sollen. Jene beyden Eilande besuchten die Russen zuerst im Jahr 1713 und brachten sie auch gleich unter ihre Bothmäßigkeit. Die folgenden bis zur Insel Uschischir hinunter, und zwar diese mit eingeschlossen, sind, wie mir der würdige Geistliche von Paratunka erzählte, gegenwärtig alle zinsbar. Dieser Geistliche, der zugleich ihr Missionar ist, und sie alle drey Jahre einmal besuchen muß, lobte die Insulaner als ein friedliches, gastfreyes, großmüthiges und menschliches Volk, welches seinen Nachbaren, den Kamtschadalen, sowohl an körperlicher als moralischer Bildung weit überlegen sey. Hinter Uschischir haben zwar die Russen keine Insel mehr unterjocht, allein sie handeln auch bis nach Urup, der achtzehnten in dieser Inselkette, welche, ihren Nachrichten zufolge, die einzige ist, die einen guten Hafen für große Schiffe hat. Jenseits derselben liegt südwärts Nadigsda. Die Russen erzählten uns, daß die Einwohner derselben sehr stark mit Haaren bewachsen wären, und, wie die in Urup, ganz unabhängig lebten**)

---

*) Capitain Spanberg wurde im Jahr 1738 ausgeschickt. G. F
**) Spanberg setzt diese Inseln in 43' 50° nördlicher Breite und erzählt, er habe daselbst seinen Wasservorrath ergänzt. Seine Leute brachten ihm acht Eingebohrne, von denen er folgende Beschreibung giebt. Ihr Leib ist über und über behaart. Sie tragen weite Röcke von gestreiften Seiden

In derselben Richtung, nur noch etwas westlicher, liegt eine Inselgruppe, welche bey den Japanern Jeso heißt, wiewohl sie diesen Namen auch den sämmtlichen zwischen Kamtschatka und Japan befindlichen Inseln beylegen.   Die südlichste, Namens Matmai steht seit langer Zeit unter der Herrschaft der Japaner, und ist an der Seite nach dem festen Lande zu befestigt und mit einer Besatzung versehen. Die beyden Inseln Kunaschir und Zellany, nordostwärts von Matmai, nebst den noch weiter nordöstlich gelegenen drey Schwestern, sind völlig unabhängig.   Matmai, desgleichen die nördlicher gelegenen Kurilen, treiben mit diesen Inseln einen Tauschhandel, und man setzt Pelze, getrocknete Fische und Oel gegen Seidenzeuge, Baumwollenzeuge, Eisen und Japanische Meublen um*).

---

zeugen, die ihnen bis an die Knöchel gehen, und einige haben in den Ohren silberne Ringe. Als sie einen lebendigen Hahn auf dem Verdeck erblickten, fielen sie vor ihm auf die Knie; eben das thaten sie aber auch vor den Geschenken, die man ihnen gab, wobey sie zugleich ihre Hände falteten und ausstreckten, und den Kopf bis zur Erde neigten. Außer ihrer haarigen Haut waren sie übrigens in den Gesichtszügen und der Bildung den andern Kurilen ähnlich, und sprachen auch dieselbe Sprache. — Auch das Tagebuch der Seefahrer in dem Schiffe Castricom erwähnt, daß die Einwohner des von ihnen entdeckten Landes Jeso über den ganzen Leib behaart wären. Anmerkung der Urschrift. Eine neue Beschreibung der Kurilischen Inseln, liest man in des Herrn Kollegienraths Pallas lehrreichen Neuen Nordischen Beyträgen 4. B. S. 112. u. f. wo alles hier erwähnte ausführlicher vorgetragen wird. G. F.

*) Dies bestätigt Kraschenninikof, der in seinem Buche erzählt, er habe aus Paramusir einen japanischen lackirten Tisch, und eine Vase, nebst einem Säbel und einem silbernen Ringe erhalten, und sie in das kaiserliche Kabinet nach Petersburg geschickt. Auch Herr Steller führt das Zeugniß eines Kurilen an, den Capitain Spanberg zum Dollmetscher mitgenommen hatte, welcher versicherte, daß in Para-

Die Einwohner aller unter Rußischer Botmäßigkeit stehenden Inseln, sind bereits zum Christenthum bekehrt worden; auch ist vermuthlich der Zeitpunkt nicht mehr weit entfernt, wo ein freundschaftliches und vortheilhaftes Verkehr zwischen Kamtschatka und allen Inseln dieser Kette zu Stande kommen wird, welches sich dann in kurzem auch bis nach Japan ausdehnen kann. Ein Zufall, den uns Herr Major Behm erzählte, kann vielleicht etwas beytragen, das letztere zu erleichtern. Vor geraumer Zeit hat nämlich ein japanisches Fahrzeug an der Küste von Kamtschatka Schiffbruch gelitten, und zwey gerettete Japaner sind dazu gebraucht worden, einigen Rußen ihre Sprache beyzubringen. Diese so unterrichteten Rußen hat man nunmehr nach den Kurilischen Inseln geschickt*). Die Vortheile, welche die Rußen von

_____

musir und Kunaschir beynahe völlig dieselbe Sprache geredet würde; folglich läßt sich wohl nicht daran zweifeln, daß schon seit langer Zeit zwischen den Einwohnern dieser ganzen weitläuftigen Inselkette einiges Verkehr Statt gefunden hat.

*) Das hier erwähnte Fahrzeug war von Satsma, einem Hafen in Japan, nach einem andern japanischen Hafen, Azaka, bestimmt, und hatte Reis, Baumwolle und Seidenzeuge geladen. Der Wind war anfangs vortheilhaft, verwandelte sich aber bald in einen Sturm, der das Schiff weit in See verschlug, und Mast und Steuerruder fortführte. Als der Sturm endlich nachließ, wußte von der ganzen Mannschaft die aus siebzehn Personen bestand keiner, wo sie wären, und wohin sie sich zu wenden hätten: wahrscheinlich, weil keiner von ihnen andere als Küstenfahrten gethan hatte. Sie schwebten sechs Monathe lang in dieser ungewissen Lage umher, bis sie zuletzt im Jahre 1730 beym Vorgebirge Lopatka ans Land getrieben wurden. Hier gingen sie vor Anker und fingen an, das was sie zu ihrem Lebensunterhalt bedurften, ans Land zu bringen. Sie errichteten auch ein Zelt und blieben drey und zwanzig Tage daselbst, ohne einen Menschen gewahr zu werden. Der Zufall führte einen Kosakenofficier, Andreas Tschinnikof

einem unmittelbaren Handel mit Japan ziehen könnten, habe ich bereits an einem andern Orte berührt; sie sind in der Tha. zu mannichfaltig und zu augenscheinlich, um einer weiteren Erläutrung zu bedürfen.

---

nebst einigen Kamtschadalen zu ihnen hin. Bey diesem Anblick waren die armen Japaner voller Freuden, machten die bedeutungsvollesten Zeichen, beschenkten ihre Gäste mit Seidenzeugen und Säbeln und theilten alles mit ihnen, was sie vom Schiffe mitgebracht hatten. Der verrätherische Tschinnikof erwiederte ihre Freundschaftsbezeugungen und Geschenke; aber nachdem er sich lange genug aufgehalten hatte, um die zu seiner Absicht nöthigen Bemerkungen anzustellen, verließ er sie in der Nacht. Als die Japaner am Morgen ihre neuen Bekannten nicht mehr fanden, wußten sie nicht, wohin sie sich wenden sollten. Aus Verzweiflung setzten sie sich in ihr Boot und ruderten längs der Küste hin, um einen bewohnten Ort aufzusuchen. Unterwegs fanden sie ihr Schiff an den Strand getrieben, und sahen daß Tschinnikof und seine Gefährten dabey waren, es auszuplündern und um des darin befindlichen Eisens willen in Stücken zu zerschlagen. Bey diesem Anblick entschlossen sie sich weiter zu gehen; allein Tschinnikof ließ ihnen nachsetzen, und gab seinen Leuten Befehl, sie umzubringen. Als die unglücklichen Japaner sahen, daß sie von einem Kahn verfolgt wurden, merkten sie bald was ihnen bevorstände. Einige sprangen ins Wasser, andere nahmen umsonst ihre Zuflucht zu Bitten und Vorstellungen. Sie wurden alle, bis auf zwey, mit denselben Säbeln ermordet, die sie ihren vermeynten Freunden zuvor geschenkt hatten. Einer von den beyden übriggelassenen war ein elfjähriger Knabe, Namens Gauga, der seinen Vater, den Lootsen, begleitet hatte, um die Schiffahrt zu erlernen. Der andere war der Supercargo, ein Mann von mittlerem Alter, Namens Sosa. Tschinnikof erhielt in kürzem den verdienten Lohn seiner Verbrechen. Die beyden Japaner brachte man nach St. Petersburg, wo sie in die Akademie aufgenommen, und mit Lehrern und Aufwartung versehen wurden. Auch gab man ihnen einige junge Leute zu, welche Japanisch von ihnen lernen mußten. Der jüngere überlebte die Trennung von seinem Vaterlande fünf, der ältere sechs Jahre. Ihre Porträts sieht man in der kaiserlichen Kunstsammlung zu St. Petersburg. S. Kraschenninikof. 2. Th. 4. Abschn. Anmerkung der Urschrift.

Die Koriäken theilen sich in zwey verschiedene Völkerstämme, in die herumwandernden oder nomadischen, und in die angesessenen. Letztere wohnen im nördlichen Theil der Landenge von Kamtschatka, und von da an längs der ganzen Küste des östlichen Meeres bis an den Anadir. Die wandernden hingegen halten sich in der nord-östlichen Gegend des ochotskischen Meeres, bis an den Penschinafluß, und westwärts bis an den Kowymafluß auf. Die angesessenen Koriäken sind den Kamtschadalen sehr ähnlich, leben, wie diese, fast gänzlich vom Fischfang, und haben auch eine vollkommen ähnliche Kleidung und Bauart. Sie sind den Russen zinsbar und stehen unter dem Bezirk von Ingiga. Die nomadischen Koriäken beschäftigen sich gänzlich mit der Zucht der Rennthiere, von denen sie unermeßliche Heerden haben sollen. Man behauptet, es sey nichts ungewöhnliches, daß ein Oberhaupt vier bis fünf tausend Rennthiere besitze. Sie verachten die Fische und nähren sich ganz und gar von Rennthierfleisch. Sommer und Winter wohnen sie in Jurten, die den Kamtschadalischen gleich sind, und haben keine Balagans. Im Winter decken sie ihre Wohnungen mit rohen und im Sommer mit gegerbten Thierhäuten. Ihre Schlitten lassen sie nicht von Hunden, sondern von Rennthieren ziehen, die aber, wenn sie zu diesem Gebrauche dienen sollen, so wie die Kamtschadalischen Hunde, verschnitten werden. Die Zugthiere gehen mit den übrigen auf die Weide. Sobald man sie braucht, macht der Hirt ein gewisses Geschrey; auf dieses hören sie dann unverzüglich, und verlassen die Heerde.

Wie mir der Geistliche von Paratunka sagte, reden die beyden Koriäken-Stämme und die Tschuktschen verschiedene Mundarten von einer und eben derselben Sprache, die aber mit dem Kamtschadalischen nicht die mindeste Verwandtschaft hat. Das Land der Tschuktschen

schen gränzt gegen Süden an den Anadir, und erstreckt
sich längs der Küste bis nach Tschukotskoi Nos. Auch
bey ihnen, wie bey den wandernden Koriäken, werden
hauptsächlich Rennthiere gezogen, deren es in ihrem Lande eine große Menge, sowohl zahme als wilde, giebt.
Die Tschuktschen sind ein kühnes, kriegerisches Volk,
von starkem Bau und gutem Ebenmaaße, das beyden Ko-
riäkenstämmen furchtbar ist, weil sie ihre Streifereyen
mehrentheils gegen diese ihre Nachbaren richten. Die Russen haben sich seit vielen Jahren bemühet, sie zu unter-
jochen; allein sie haben auf ihren verschiedenen Expediti-
onen manchen beträchtlichen Verlust an Mannschaft gehabt, und sind nicht im Stande gewesen, etwas gegen
sie auszurichten.

Sechzehntes Hauptstück.

Künftiger Reiseplan. Fahrt nach Süden an der Küste von Kamtschatka, bis zum Vorgebirge Lopatka, und den Inseln Schumtschu und Paramusir. Wir werden ostwärts von den Kurilen abgetrieben, und befinden uns in Absicht auf die angeblichen Entdeckungen früherer Seefahrer in einer seltsamen Lage. Vergebliche Bemühung die Inseln nordwärts von Japan zu erreichen. Geographische Folgerungen. Ansicht der japanischen Küste, und Fahrt an der Ostseite derselben. Wir schiffen vor zwey Japanischen Fahrzeugen vorbey und werden durch widrige Winde von der Küste abgetrieben. Ausserordentliche Wirkung der Strömungen im Meere. Die Schiffe richten ihren Lauf nach den Baschi=Inseln. Wir kommen vor einer großen Menge schwimmenden Bimsstein vorbey. Entdeckung der Schwefel=Insel (*Sulphur island*) Fahrt neben den Pratas=Bänken. Lema und die Ladrone. Die Resolution nimmt einen Chinesischen Lootsen an Bord. Die Tagebücher der Officiere und Gemeinen werden in Verwahrung genommen.

Der Instruction des Admiralitätscollegiums zufolge, war es, im Fall es uns nicht gelänge, eine Durchfahrt aus dem stillen ins Atlantische Meer zu finden, der Willkühr des Befehlshabenden Officiers überlaßen, den Rückweg nach England zu wählen, der ihm für die Bereicherung der Geographie am vortheilhaftesten schiene. Capitain Gore forderte nunmehr von jedem Officier schriftlich

lich seine Meynung, wie dieser Befehl am zweckmäßigsten befolgt werden könnte. Er hatte das Vergnügen uns alle darin mit ihm übereinstimmend zu finden, daß der Zustand der Schiffe, der Segel und des Tauwerks, einen Versuch zwischen Japan und Asien zu segeln, besonders in dieser späten Jahrszeit, unsicher machte, wiewohl uns dieser Weg sonst die reichste Erndte von Entdeckungen versprach. Es war folglich am rathsamsten, uns ostwärts von Japan zu halten, und unterweges längs den Kurilen hinzuschiffen, hauptsächlich um diejenigen Inseln, die zunächst gegen Norden an Japan gränzen, von beträchtlicher Größe und von Japan sowohl als von Rußland noch unabhängig seyn sollen, näher zu untersuchen. Fanden wir dort glücklicherweise bequeme und sichere Häfen, so ließ sich hoffen, unsre Untersuchung würde vielleicht künftigen Seefahrern zu Statten kommen, die hier entweder auf Entdeckungen ausgehen, oder zwischen beyden benachbarten Reichen ein Handlungsverkehr einleiten möchten. Hiernächst gedachten wir die Küsten der Japanischen Inseln aufzunehmen, die Chinesischen Gestade so weit gegen Norden als möglich zu berühren und längs denselben bis nach Macao zu gehen.

Sobald dieser Plan festgesetzt war, erhielt ich von Capitain Gore Befehl, im Fall einer Trennung, geradesweges nach Macao zu segeln. Um sechs Uhr Abends am 9ten October, hatten wir Awatschabay völlig im Rücken und richteten den Lauf nach Südosten. Um Mitternacht fiel eine völlige Windstille ein, die bis Mittag am folgenden Tage fortwährte. Weil wir indeß mit sechs und siebzig Faden Grund fanden, ging die Zeit nicht ganz verloren, sondern wir fingen eine Menge vortrefliche Kabliaufische. Um drey Uhr Nachmittags stieg ein Westwind auf, womit wir unsere Fahrt südwärts fortsetzten. Zwischen dem Vorgebirge Gawaria, welches in 52° 29' nördlicher Breite und 158° 38' östlicher Länge liegt,

IV.　　　　　　　　　　　N

wird man, dem Anschein nach, mehrere Einbuchten gewahr, die den Seemann wohl zu der Hoffnung verleiten
können, er werde dort sichre Ankerplätze finden. Indeß
versicherten uns die Rußischen Lootsen, daß sich in dieser
Gegend nicht einmal für die kleinsten Fahrzeuge Ankerplätze befänden, sondern, daß der anscheinende leere Raum
zwischen den Vorgebirgen und Landspitzen mit niedrigem
Lande ausgefüllt sey. Sieben Seemeilen jenseit Cap
Gawaria erblickten wir ein zweytes Vorgebirge, und
zwischen beyden zwey enge aber tiefe Einbusen, die sich
vermuthlich hinter einer Höhe, (welche wahrscheinlich
eine Insel ist) vereinigen. Die Küste dieser Eingänge ist
steil und abschüßig. Die Berge bilden jähe Abstürze,
Abgründe und tiefe Thäler, welche gut mit Waldung
bewachsen sind. Gegen Abend ward es nochmals windstill, allein um Mitternacht entstand ein gelinder Nord-
wind, der allmählig zu einer beträchtlichen Stärke an-
wuchs. Am folgenden Mittag, da wir uns in 52° 4′
nördlicher Breite und 158° 31′ östlicher Länge, drey Seemeilen weit vom nächsten Lande, befanden, sahen wir
das Innere desselben überall mit Schnee bedeckt. Eine
Landspitze gegen Süden, die nach unserer Angabe in 51°
54′ nördlicher Breite liegt, bildet die Nordseite der tiefen Bay Aschaschinskoi, in deren Innersten sich vermuthlich ein großer Fluß ergießt, weil das Land dort ungewöhnlich niedrig erscheint. Südwärts von dieser Bay
ist das Land überhaupt nicht so uneben und unfruchtbar,
als die Gegend, die wir bisher vorbeygesegelt waren.

In der Nacht war der Wind veränderlich und mit
Regen begleitet, allein am Morgen mußten wir wegen
des heftigen Windes, Sicherheits halber, die Segel
einreffen und uns vom Lande entfernen. Bald darauf
konnten wir, da das Wetter gelinder ward, wieder näher
hinan segeln. Um sechs Uhr Nachmittags erblickten wir
vom Mastkorbe aus das Vorgebirge Lopatka, die süd-

lichſte Spitze von Kamtſchatka, welche aus ſehr niedrigem flachen Lande beſteht, und allmählig von der höhe-
ren Ebene der nördlicheren Gegend abfällt. Eine gute
Mondsbeobachtung und mehrere genau beſtimmte Winkel ſetzten uns in Stand, die Lage dieſes für die Geographie des öſtlichen Aſiens wichtigen Vorgebirges auf 51°
—ʼ nördlicher Breite und 156° 45ʼ öſtlicher Länge zu
beſtimmen. Nordweſtwärts von demſelben ſahen wir einen hohen Berg, deſſen Gipfel ſich in die Wolken verliert. Zu gleicher Zeit ſahen wir auch die erſte Kurilen-
Inſel, Schumtſchu, welche nur durch eine drey Engliſche Meilen breite Durchfahrt vom Cap Lopatka getrennt ſeyn ſoll. Die Ruſſen ſagen, ſie ſey wegen der
reißenden Fluthen und verborgenen Klippen ſehr gefährlich. Vom Vorgebirge Gawaria an, geht die Küſte
ſüdoſtwärts. Südlich von Aſchaſchinskoi iſt das
Land ebener und niedriger, als zwiſchen dieſer Bay
und Awatſcha; an der Seeſeite iſt es von mäßiger Höhe und weiter landeinwärts ſteigen die Berge allmählig.
Die Küſte iſt ſteil, und voll weißer Kreidenähnlicher Flecken. Mittags fingen wir, bey ſtillem Wetter, in einer
Tiefe von vierzig Faden, etwa fünf bis ſechs Seemeilen
weit vom Cap Lopatka, ſchönen Kabliau. Die Abweichung der Magnetnadel iſt hier, nach Beobachtungen,
die wir Vor- und Nachmittags anſtellten, 5° 20ʼ öſtlich.

Bey Tagesanbruch am 13ten erblickten wir die zweyte
Kuriliſche Inſel, welche die Ruſſen Paramuſir nennen. Sie iſt ſehr hoch, und war jetzt faſt ganz mit Schnee
bedeckt. Aus einem darauf gelegenen hohen pikähnlichen
Berge, glaubten einige von uns Mittags Rauch aufſteigen
zu ſehen, ob wir gleich zwölf bis vierzehn Seemeilen weit
davon entfernt waren. Wir befanden uns jetzt in 49° 49ʼ
nördlicher Breite und 157° öſtlicher Länge und das Land
lag uns Nordweſtwärts. Den Tag über ſahen wir viele
Mewen und Albatroſſe und einige Wallfiſche. Para-

mu sir ist unter den Rußischen Kurilen die größte, un
verdiente genauer aufgenommen zu werden als wir es ge
genwärtig thun konnten, weil Nachmittags der Wind au
Westen heftiger ward, und uns nicht näher kommen ließ
Die Südspitze liegt nach unseren Beobachtungen in 49
58′ nördlicher Breite und die Nordspitze in 50° 46′ nört
licher Breite, zehn Grade westlich von Cap Lopatka
diese Bestimmung kömmt vermuthlich der Wahrheit nahe
und ist von der Rußischen Angabe nicht wesentlich verschi
den.   In der Gegend dieser Insel waren wir einer ho
hen wogenden See aus Nordosten ausgesetzt, ungeachte
der Wind seit einiger Zeit westlich gewesen war; inde
befremdete uns dies nicht, da wir schon öfter ähnliche E
eignisse gehabt hatten.   Da der Westwind den 14ten un
15ten in gleicher Stärke anhielt, so bekamen wir von de
Kurilen nichts weiter zu sehen.

Am 16ten befanden wir uns Mittags in 45° 27
nördlicher Breite und nach den Mondsbeobachtunge
dreyer Tage in 155° 30′ östlicher Länge, wo die Abwe
chung 4° 30′ östlich ist.   In dieser Lage waren wir al
gleichsam mit den vermeyntlichen Entdeckungen ander
Seefahrer umringt, und ungewiß wohin wir uns zuer
wenden sollten.   In den Französischen Charten hatte
wir Südwärts und Südwestwärts von unserm Punt
eine Gruppe von fünf Inseln, nämlich den drey Schwe
stern, Zellany und Kunaschir. Ungefähr zehn See
meilen ostwärts von uns, hätte nach eben diesen Charte
das Land des de Gama liegen sollen, welches wir i
April auf der andern Seite, in eben so geringer Entfa
nung hatten liegen laßen, ohne das mindeste davon g
wahr zu werden, so, daß wenn ein solches Land wirkli
existirte, es doch nur ein ganz unbedeutendes Eiland sey
könnte.   Hingegen nach der ursprünglich angegebene
Lage, in Tereira's Charte, sollte uns dasselbe Land je
West zu Süden liegen, und in derselben Richtung d

land der Compagnie, das Staaten-Eiland und das berüchtigte Land Jeso. Die vorhingenannte Inselgruppe lag, den Rußischen Charten zufolge, ebenfalls in dieser Himmelsgegend. Diese Uebereinstimmung brachte uns zu dem Entschlusse, der letzteren Route den Vorzug zu geben, und nach Westen zu steuern*).

N 3

---

*) Spanberg hätte ebenfalls Gama's Land sehen müssen, wenn es so groß wäre, wie die d'Anvillische Charte es angiebt. Auch Walton, der ein Schiff in eben dieser Expedition führte, scheint, auf dem Rückwege von Japan, de Gama's Land gesucht zu haben, und drey Jahre später kreuzte Behring bis zum 46° der Breite um es aufzusuchen. Uebrigens sehe man im vorhergehenden S. 337. was von dieser Entdeckung überhaupt zu halten sey. — Das Compagnieland sahen die Holländer in den Schiffen Castricom und Breskes, und hielten es für ein Stück von Amerika; ob es gleich, wie nunmehr ziemlich ausgemacht ist, die Inseln Urup und Nadigsda waren. Staateneiland, welches ebenfalls von den Holländern im Castricom gesehen ward, ist vermuthlich die drey Schwestern. Das Land Jeso, der Stein des Anstoßes der neueren Geographen, ward auch zuerst durch jene Schiffe bekannt. Laut den frühesten Nachrichten ist die Benennung Jeso sowohl den Kamtschadalen als Japanern geläufig, und bedeutet alle Kurilischen Inseln ohne Unterschied. Jene Schiffe sollten die Ostküste der Tartarey untersuchen; allein sie wurden an der Südostspitze von Japan, durch einen Sturm getrennt, so daß sie auf zwey verschiedenen Wegen an der Ostseite dieses Landes hinschifften, und dann von der Nordspitze aus, jedes der Absicht ihrer Ausrüstung gemäß ihre Reise fortsetzten. Das Schiff Castrikom segelte nordwärts und entdeckte am dritten Tage in 42° nördlicher Breite, Land, segelte an dessen Südostseite gegen sechzig Seemeilen in beständigem Nebel hin ging auch an einigen Orten vor Anker, und hatte mit den Einwohnern ein freundschaftliches Verkehr. Genau in dieser Lage finden sich nach Spanbergs Entdeckung die Inseln Matsmai, Kunaschir und Zellany; es leidet also keinen Zweifel, daß Capitain de Vries, der den Castricom führte, im Nebel die verschiedenen Inseln für eine zusammenhangende Küste gehalten hat, und es ist gar nicht nöthig mit Herrn

Den Tag über sahen wir große Züge von Mewen, nebst verschiedenen Albatrossen, Eißpferden (procellaria glacialis) und einigen Fischen, welche unsere Matrosen zwar Nordkaper (Grampuses) nannten, die aber wohl eher von der Art, welche Kraschenninikof Kosatka nennt, zu seyn schienen, und nach seinem Bericht die Wallfische angreifen sollen. Abends kam ein kleiner Landvogel, von der Größe eines Stieglitzen, und von ähnlichem Gefieder und Bau an Bord, weshalb wir uns fleißig nach Land umsahen; indeß konnten wir noch um Mitternacht mit fünf und vierzig Klaftern keinen Grund finden. Am 17ten befanden wir uns um Mittag in 45° 7′ nördlicher Breite und 154° östlicher Länge, erhielten aber wieder einen Westwind, welcher uns nach Süden zu gehen nöthigte. Um Mitternacht ward der Wind sehr heftig, und zugleich hatten wir starke Regengüsse. Am nächsten Morgen bemerkten wir noch einen Landvogel, nebst vielen Zügen von Mewen und Sturmvögeln, welche nach Südwesten gingen. Hier hörte endlich die Wogenbewegung

---

Etatsrath Müller ein Erdbeben anzunehmen, welches seitdem das Land zerrissen haben soll. Das große eingebildete Land Jeso muß solchergestalt wieder in sein Nichts zurückkehren. Das Tagebuch des Castricom erwähnt hierauf der oben angezogenen Entdeckungen der Staaten Insel drey Schwestern) und des Compagnielandes (Urup und Nadigsda) und setzt hinzu nachdem sie durch die de Vriesstraße gegangen, wären sie in ein großes, wildes, stürmisches Meer gekommen, durch welches sie in Nebel und Dunkel bis zum 48° nördlicher Breite geschifft hätten. Hierauf wären sie von widrigen Winden nach Süden verschlagen worden, und hätten dann wieder im Westen Land gesehen. Warum sie dieses nun noch immer für einen Theil von Jeso gehalten haben, ist unbegreiflich, da sie doch ohne Zweifel jetzt an der Tartarischen Küste seyn mußten, wie Jansens Charte hinlänglich zu erkennen giebt. Vier Grade liefen sie an dieser Küste nordwärts, und gingen dann wieder südlich die Straße die sie gekommen waren. Anmerkung der Urschrift.

aus Nordosten auf, welche wir seit Cap Lopatka gefühlt
hatten; und an ihre Stelle kam eine andere aus Südos-
sten. Am 18ten Vormittags schifften wir bey einer grossen Menge Felsenkraut vorbey, und schlossen hieraus, so
wie aus den Vögeln die sich sehen liessen, daß wir nicht
weit von den südlichsten Kurilen entfernt seyn könnten.
Da wir jetzt Südwind erhielten, faßten wir den Entschluß,
sie noch einmal aufzusuchen; allein am 19ten um zwey
Uhr des Morgens nöthigte uns ein sehr heftiger Sturm,
alle Segel, bis auf die großen unteren Segel, einzuziehen, und wir verloren dabey die Hofnung, die Inseln in
dieser Gegend zu Gesicht zu bekommen, zumal, da wir
uns am Mittag in 44° 12' nördlicher Breite und 150°
40' östlicher Länge, folglich nach den Rußischen Charten,
auf dem Meridian der Insel Nadigsda, oder ihrer
südlichsten Kurile, aber um zwanzig Seemeilen südlicher befanden. Unser Lauf hat indessen doch einigen Nutzen für die Geographie; denn er beweißt, daß die Inselgruppe der drey Schwestern, nebst Kunaschir und
Zellany westlicher liegen, als die d'Anvillische Charte
sie angiebt, wohin sie auch schon Spanbergs Entdeckungen verlegen, nämlich zwischen 142° und 147° östlicher
Länge, wo die Französischen Charten das Land Jeso zeichnen, welches nach Herrn Müllers höchstwahrscheinli-
cher Vermuthung mit jenen Inseln völlig eins und eben
dasselbe ist. Da man übrigens keinen Grund hat Spanbergs Genauigkeit in Zweifel zu ziehen, so sind die Inseln der drey Schwestern, nebst Kunaschir und
Zellany wieder auf unsere Charte gesetzt, und die übrigen Länder ausgelassen worden. Wenn man sich erinnert, wie die Russen die Anzahl der Inseln im neuen
nordischen Archipelagus vervielfältigt haben, weil sie ihre
Lage nicht genau zu bestimmen wußten, so wird man sich
nicht wundern, daß der Wunsch etwas Neues vorzubringen, in dieser Meeresgegend ähnliche Wirkung gethan hat.

N 4

Nachdem wir im Sturm eines unserer Marssegel eingebüßt, und dabey die Bemerkung gemacht hatten, daß das Verhältniß zwischen diesem Segel und den dazu gehörigen Tauen auf unseren Englischen Schiffen nicht richtig berechnet ist, fing das Wetter an etwas erträglicher zu werden, so daß wir am 22sten mehrere Segel ausspannen konnten, und uns um Mittag in 40° 58′ nördlicher Breite und 148° 17′ östlicher Länge befanden, wo die Abweichung der Magnetnadel 3° östlich war. Tages zuvor hatten wir einen Landvogel gefangen, der sich auf unser Tauwerk gesetzt hatte, und der einem Sperling ähnlich, nur etwas größer war. Heute Nachmittag fand sich noch ein kleiner verirrter Vogel bey uns ein, aber so abgemattet, daß er sich ohne Mühe sogleich fangen ließ, und in wenigen Stunden starb. Er war nicht größer als ein Zaunkönig, hatte auf dem Kopfe einen gelben Federschopf, und ähnelte übrigens einem Hänfling. Der Sperling war ungleich stärker und lebte lange Zeit. Diese Vögel machten uns noch einmal Hoffnung, das Land, welches unmöglich fern seyn konnte, ansichtig zu werden, und wir richteten nunmehr unsern Lauf nach der südlichsten von jenen Inseln, die laut Spanbergs Bericht von haarigen Menschen bewohnt seyn sollen, und die etwa funfzig Seemeilen im Westnordwesten liegen mochten. Allein der Wind war diesmal zu schwach, als daß wir unsren Wunsch hätten erreichen können. Um Mittag am 23sten befanden wir uns in 40° 35′ nördlicher Breite und 146° 45′ östlicher Länge wo wir die Abweichung der Magnetnadel nach mehreren Beobachtungen auf 17′ östlich bestimmten. Den Tag über sahen wir Fleckweise grünes Gras auf dem Meere schwimmen; auch erblickten wir einen Seeraben, einige Landvögel, und Züge von Mewen. Wir durften daher, der Unsicherheit wegen in der Nacht nicht weiter gehen, sondern erst am Morgen des 24sten unsere Fahrt fortsetzen. Abends um sieben Uhr ſetzte ſich plötzlich der Wind von Südweſten nach Norden um, und vereitelte unſere Erwartungen nochmals.

Capitain Gore entſchloß ſich alſo, wegen der wenig verſprechenden Jahrszeit den Inſeln in dieſer Gegend nicht weiter nachzuſpühren, ſondern die Nordküſte von Japan aufzuſuchen. Am Montag um Mittag, da wir uns in 40° 18′ nördlicher Breite und 144° öſtlicher Länge befanden, ſahen wir viele Züge von wilden Enten; auch ſetzte ſich eine Taube auf unſer Tauwerk, und mehrere Vögel, wie Hänflinge, flogen ſo lebhaft um das Schiff, daß ſie noch nicht lange unterwegs geweſen ſeyn konnten. Ferner ſahen wir, als wir weiter fortſegelten, verſchiedene große Flecken, die mit langem Graſe bedeckt waren, auch trieb ein Stück Zucker- oder Bambusrohr bey uns vorbey. Alles dies zeigte an, es müſſe Land in der Nähe ſeyn; allein demungeachtet fanden wir mit neunzig Faden keinen Grund. Erſt am 26ſten bey Tages Anbruch erblickten wir die Küſte von Japan im Weſten. Mittags beobachteten wir die Polhöhe in 40° 5′ nördlicher Breite und 142° 28′ öſtlicher Länge. Das nördlichſte Land welches wir von hier aus ſahen, und welches niedriger iſt als das übrige, hielten wir für die Nordſpitze von Japan*). Ueber demſelben erhob ſich eine hohe Gebirgskette, die man vom Maſtkorbe aus ſehen konnte, und die augenſcheinlich zeigte, daß ſich die Küſte nach Weſten wendet. An einem tiefen Einbuſen ſahen wir die Nordſpitze für das Cap Nambu an, und die Stadt (gleiches Namens, die Janſen Nabo nennt) vermutheten wir in einer Oefnung des hohen Landes, wohin der

N 5

---

*) Ich folge hier der einzigen authentiſchen Charte von Japan, in Janſens Atlas, der die Charte und Tagebücher der Schiffe Caſtricom und Breskes zum Grunde legt. Anmerkung der Urſchrift.

Einbuſen gerichtet ſchien. Ueberall war das Land von
mäßiger Höhe, mit zwey Gebirgsreihen hintereinander,
reich an Holtzung, und voll reizender Ausſichten, wo
Berge und Thäler abwechſeln. Wir ſahen von einigen
Dörfern und Städten Rauch aufſteigen, und am Strande bemerkten wir viele Häuſer in wohlbebauten Gegenden.

Um nicht müßig zu ſeyn, warfen wir während einer
Windſtille in zehn Faden Tiefe unſere Angeln aus; allein diesmal war unſere Mühe umſonſt. Dieſe fehlge-
ſchlagene Erwartung mußte uns um ſo viel ſchmerzhafter
ſeyn, da wir ſonſt keinen andern Zeitvertreib hatten. Wir
ſahen mit Sehnſucht nach den Stockfiſchbänken des un-
wirthbaren Himmelsſtrichs zurück, den wir verlaſſen hatten, und erinnerten uns ſo mancher geſunden Mahlzeit
die wir dort genoſſen, und der Abwechſelung, welche uns
die Windſtillen und Stürme verkürzt hatte. Um zwey
Uhr Nachmittags kam ein friſcher Südwind, der innerhalb ein Paar Stunden ſo ſtark ward, daß wir die Mars-
ſegel ganz einreffen, und nach Südoſten gehen mußten,
worauf ſich auch das Land gar bald im Nebel verlor. Erſt
am folgenden Nachmittag ſahen wir es wieder, und wie
uns dünkte in der Gegend des hohen Tafelbergs,
der auf Janſens Charte angemerkt iſt. Am 28ſten
war der Horizont etwas neblicht, ſo daß wir die Beſchaf-
fenheit der Küſte nicht gut unterſcheiden konnten. Um
Mittag befanden wir uns in 38° 16′ nördlicher Breite
und 142° 9′ öſtlicher Länge. Die Abweichung der Magnetnadel, betrug nach einem Durchſchnitt der Vor- und
Nachmittagsbeobachtungen 1° 20′ öſtlich. Nachmittags um halb drey Uhr hatten wir das Land aus dem Ge-
ſichte verloren, und vermutheten daher, wir müßten bisher Eine oder mehrere Inſeln geſehen haben; doch konnten wir über dieſe Muthmaßung nicht entſcheiden, indem
d'Anvilles Inſel Matſima, und Janſens Schildpads,
welche ungefähr dieſe Lage haben, ungleich kleiner ſind,

als das Land, welches wir heute zu sehen bekamen. In der Nacht fanden wir einen Grund von feinem braunen Sande, in siebzig Faden Tiefe; die sich je näher wir der Küste kamen, allmählig auf fünf und sechzig, und so weiter bis auf zwanzig verminderte. Die letztere Tiefe hatten wir um acht Uhr Morgens, auf groben Sand und Kiesel, als wir etwa noch acht Englische Meilen vom Lande entfernt waren, auf welchem wir aber, wegen des Nebels, einzelne kleine Gegenstände nicht erkennen konnten. Die Küste selbst ist am Meere niedrig, und läuft in ununterbrochener Richtung von Norden nach Süden. Landeinwärts erheben sich allmählig mittelmäßige Berge, mit ziemlich ebenen und waldigten Gipfeln.

Bald nach neun Uhr, sahen wir, indem wir uns vom Lande entfernten, dicht am Ufer ein Fahrzeug, das seinen Lauf nach Norden richtete, und etwas weiter hinaus ein andres, welches vor dem Winde auf uns zu segelte. An diesem berühmten und so wenig bekannten Lande mußte ein jeder Gegenstand allgemeine Aufmerksamkeit bey uns erregen; daher war in einem Augenblick jedermann auf dem Verdeck, um diese Fahrzeuge anzugaffen. Das Schiff, welches uns gegen dem Winde war, entfernte sich mehr vom Lande indem es sich uns näherte. Damit es nicht aussehen möchte, als ob wir ihm nachsetzten, welches die Japaner vermuthlich sehr erschreckt haben würde, legten unsere beyden Schiffe bey, und ließen das Japanische Fahrzeug etwa eine halbe Englische Meile vor sich vorüber segeln. Wir würden die Leute darauf leicht haben anreden können; da wir aber an ihren Bewegungen deutlich merkten, daß sie sich schon sehr ängstigten, wollte Capitain Gore ihr Schrecken nicht noch vermehren, und ließ sie ungehindert weiter fahren, weil er glaubte, wir würden noch viele bessere Gelegenheiten haben, mit diesem Volke umzugehen. Uebrigens konnten wir, wegen der Entfernung, an den Leuten, deren sechs zu seyn schie-

nen, nichts unterscheiden, und wegen des Nebels auch
keine Ferngläser brauchen. Nach dem wahrscheinlichsten Ueberschlag mochte das Fahrzeug etwa von vierzig
Tonnen seyn. Es hatte nur Einen Mast, mit einem
viereckigten Segel daran, welches oben an einer Raa aus-
gespannt war, deren Leit-Taue vorwärts gezogen wurden.
Ungefähr um die Hälfte des Segels waren drey Stücke
schwarzes Tuch in gleichen Entfernungen von einander
angebracht. Beyde Enden waren höher als die Mitte
des Fahrzeugs, und der ganze Bau und das äußere Ansehen desselben schien uns hinlänglich zu beweisen, daß es
nicht wohl dicht am Winde gehen könne.

Gegen Mittag ward der Wind stärker und brachte
einen heftigen Regen; und um drey Uhr stürmte es so
stark, daß wir nur noch unsere großen Untersegel führen
konnten. Zu gleicher Zeit gingen die Wellen so hoch, als
sie einer von uns jemals gesehen hatte. Wären die Japanischen Fahrzeuge, wie Kämpfer sie beschreibt, am
Hintertheil offen, so hätten die beyden, die wir sahen, unmöglich der Wuth dieses Sturms wiederstehen können.
Allein man hatte schon aus dem gestrigen Wetter den heutigen Sturm vermuthen können, und demungeachtet hatte
sich eines von den Japanischen Fahrzeugen weit in See
gewagt; folglich können wir sicher schließen, daß sie dergleichen Windstöße gut vertragen können. Auch beschreibt
Spanberg in der That zweyerley Japanische Fahrzeuge,
eine Art nämlich, auf welche Kämpfers Beschreibung
paßt, und eine zweyte, die er Bunsen nennt, gerade wie
diejenigen, die wir hier sahen, und von denen er hinzu-
setzt, daß sie nach den benachbarten Inseln segeln.

Um acht Uhr Abends setzte sich der Wind im Westen;
doch ließ er nicht im geringsten nach, sondern unsre Schiffe
litten vielmehr weit stärker, als vorher, indem nun eine hohe See ging, welche eine der bisherigen ganz entgegengesetz-
te Richtung nahm. Während des Sturms büßte die Re-

solution verschiedene Segel ein. Dieser Vorfall war
uns übrigens auf beyden Schiffen seit einiger Zeit fast täglich wiederfahren; denn unsere Segel waren abgenutzt,
und konnten der Gewalt des Windes alsdenn am wenigsten wiederstehen, wenn sie vom Regen durchnäßt und
steif waren. Endlich ward das Wetter wieder gelinder,
und wir segelten weiter südwärts, bis wir am 30sten um
neun Uhr Morgens in einer Entfernung von funfzehn
Seemeilen wieder Land erblickten. Um Mittag waren
wir, einer Beobachtung zufolge, in 36° 41′ nördlicher
Breite, und in 142° 6′ östlicher Länge. Die nördlichste Spitze, die wir Tages zuvor gesehen hatten, hielten
wir für das Cap de Kennis; und eine südlich von demselben befindliche Oefnung für die Mündung des Flusses,
an welchem die Stadt Gissima liegen soll. Die nächst-
folgende Spitze war vermuthlich eben die, welche in den
holländischen Charten Boomtjes Hoek (Baumspitze)
heißt, und die südlichste, der wir uns heute Mittag gegenüber befanden, ihre laage Hoek (niedrige Spitze),
ob wir gleich zu weit entfernt waren, um das niedrige Land
womit sie sich gegen Osten endigt, gewahr zu werden.
Nachmittags gingen wir mit einem Nordostwinde weiter
südlich, und fanden achtzehn Seemeilen vom Lande mit
hundert und funfzehn Faden keinen Grund. Schon um
zwey Uhr am folgenden Morgen kehrte der Westwind mit
Regen und Gewittern, in heftigen Stößen zurück. Den
Tag über flogen einige dunkelbraune Vögel, wie Hän-
linge, um das Schiff. Gegen Abend, als der Wind
Nordwest ward, gingen wir mit ihnen nach Westsüdwest,
um die Küste wieder aufzusuchen. Am ersten November
setzte sich der Wind im Südosten und brachte heitres Wetter, wobey wir zwey und vierzig Reihen von Beobachtungen der Entfernung des Mondes von der Sonne und
einigen Sternen anstellen, und folglich um Mittag unsere Lage in 35° 17′ nördlicher Breite, und 141° 32′

östlicher Länge genau bestimmen konnten. Nach unserer Schiffsrechnung hatten wir heute einen Irrthum von siebzehn Meilen in der Breite, und in der gestrigen von acht; dies, mit dem Resultat unserer Mondsbeobachtungen, welches östlicher ausfiel, als wir erwartet hatten, zusammengenommen, ließ uns vermuthen, daß die Strömung im Meere stark von Südwesten her gekommen seyn müsse.

Nachmittags um zwey Uhr sahen wir das Land nochmals im Westen, zwölf Meilen weit entfernt; die südlichste Spitze, die wir jetzt sehen konnten, hielten wir nach Jansens Charte für witte Hoek (weiße Spitze) die er in 35° 24' nördlicher Breite legt; und nordwärts schien uns das niedrige Land, welches wir vom Mastkorbe aus sahen, Sanddunnige Hoek (SandDünen Spitze) zu seyn. Um halb fünf Uhr waren wir dem Lande so nahe gekommen, daß wir viele Japanische Fahrzeuge gewahr wurden, wovon einige sich mit dem Fischfang zu beschäftigen schienen, andere aber längs der Küste hinschifften. Westwärts sahen wir tief im Innern des Landes, und von allem hohen Lande abgesondert, einen sehr ins Auge fallenden hohen Berg, mit einem runden Gipfel. Da wir ihn hernach nicht wieder sahen, können wir seine Lage nur muthmaßlich auf 35° 20' nördlicher Breite und 140° 26' östlicher Länge angeben.

Am folgenden Tage befanden wir uns, zu unserer großen Verwunderung acht Seemeilen weit Nordöstlicher als wir geglaubt hatten, so daß unsere Tagesrechnung überhaupt um siebzehn Seem..len von der Beobachtung differirte, welcher zufolge wir wirklich nur in 35° 43' nördlicher Breite und in 141° 16' östlicher Länge waren. Also hatte uns die Strömung in jeder Stunde wenigstens fünf Englische Meilen fortgetrieben. Da uns der Himmel, wie am 29sten October, einen neuen Sturm drohete, so fanden wir es für rathsam, ostwärts vom Lan

be abzustehen. Unsere Erwartung ward auch nicht getäuscht, und es fand sich bald ein schwerer Sturm ein,
der uns am dritten, des Morgens schon mehr als funfzig
Seemeilen weit vom Lande verschlagen hatte. Dieser
Umstand, nebst jenen ungewöhnlich heftigen Strömungen und der unbeständigen Witterung, bewog Herrn Capitain Gore die Japanische Küste gänzlich zu verlassen,
die Reise nach China fortzusetzen, und einen neuen noch
unversuchten Weg dorthin einzuschlagen, weil er hoste,
daß vielleicht eine neue Entdeckung uns und die Welt,
für unsere hier fehlgeschlagene Erwartung schadlos halten könnte. Hierzu bewog ihn auch noch der Umstand,
daß die Küsten von Japan, nach Kämpfers Aussage, die
gefährlichsten in der ganzen Welt sind, und daß wir viel
gewagt hätten wenn wir im Nothfall in einen Hafen eingelaufen wären, indem bekanntlich die Einwohner aus
Abneigung gegen Fremde der schrecklichsten Grausamkeiten fähig sind. Ueberdem waren auch unsere Schiffe
leck, unsere Segel so abgenutzt, daß sie keinen Windstoß
aushalten konnten, und unser Tauwerk so morsch, daß
wir beständig daran zu flicken hatten.

Den vierten und fünften setzten wir unsern Lauf bey
unbeständigem Winde, Regen und Gewittern, nach Südosten fort, und schifften bey vielen Bimssteinen vorüber,
wovon wir Stücke von zwey Loth bis drey Pfund auf-
fischten. Wahrscheinlich waren sie durch verschiedene
Ausbrüche eines Vulkans entstanden, indem einige ganz
mit Enten-Muscheln bedeckt, andere aber völlig rein waren. Zu gleicher Zeit sahen wir zwey wilde Enten, nebst
einigen kleinen Landvögeln; und es spielten eine Menge
Meerschweine um uns her. Am siebenten um Mittag
sahen wir, in 53° 52' nördlicher Breite und 148° 42'
östlicher Länge, abermals einen kleinen Landvogel, am
neunten wieder einen, desgleichen einen Tropikvogel nebst
Meerschweinen, und Fliegfischen. Die See ging hier,

in 31° 46′ nördlicher Breite und 146° 2′ östlicher Länge, von Ostsüdosten her, sehr hohl. Wir setzten, ohne
weitere bemerkenswerthe Ereignisse unseren Lauf bis zum
12ten fort, da wir wegen eines heftigen Sturms beylegen mußten, ob es gleich so neblicht war, daß wir keine hundert Klaftern weit vor uns hinsehen konnten, und uns
gleichwohl in einer Meeresgegend befanden, wo unsere
Charten viele Untiefen und kleine Inseln angeben. Mittags waren wir nach der Schiffsrechnung in 27° 36′
nördlicher Breite und 144° 25′ östlicher Länge. Am
13ten des Morgens bekamen wir Nordwestwind mit hei-
terem Wetter; wir konnten aber kein Land erblicken,
obgleich die Insel St. Juan ungefähr in dieser Gegend
liegen soll. Nachmittags sahen wir Fliegfische, Dora-
den, Tropikvögel und Albatrosse, und kamen noch an
vielem Bimsstein vorbei. Die erstaunliche Menge dieses vulkanischen Produkts, welches in der Meeresgegend
zwischen Japan und den Baschi-Inseln schwimmt, scheint
in der That irgend einen großen vulkanischen Ausbruch
in diesem Theil des stillen Meeres anzudeuten. Vielleicht
erhält Herrn Müllers Meynung, über die Zerstücke-
lung von Jeso, und das Verschwinden der Compagnie-
lande und der Staaten-Insel, dadurch einige Wahrscheinlichkeit. Am 14ten des Morgens erhielten wir den Paß-
satwind und zugleich sehr schönes Wetter, und um zehn
Uhr sahen wir in Südwesten Land, welches wie ein Pik
vor uns lag. Um zwey Uhr Nachmittags zeigte sich ein
zweytes größeres Eiland weiter nördlich, das von fern so
aussah, als ob es aus zwey verschiedenen Inseln bestän-
de; die Südspitze wird nämlich durch einen hohen kegelförmigen Berg gebildet, der vermittelst einer schmalen
Landzunge mit dem nördlichen mäßig hohen Lande zusammenhängt. Am 15ten erblickten wir früh um sechs Uhr
noch ein drittes hohes Eiland, gegen Norden. Um neun
Uhr waren wir nicht weit von der Mitte der größeren In-

fel entfernt; allein da Capitain Gore bemerkte, daß wegen der Brandungen nirgends ein Boot landen konnte,
so setzte er seinen Lauf weiter nach Westen fort. Diese
Insel ist ungefähr fünf Englische Meilen lang, und erstreckt sich von Nord-Nordost nach Südsüdwest. Die
Südspitze ist ein hoher, unfruchtbarer Berg, der oben
etwas platt ist, und von der Westsüdwestseite völlig wie
ein Volkanischer Becher aussieht. Die Erde, der Sand,
oder die Felsart, (denn welches von diesen dreyen es war,
ließ sich nicht unterscheiden), hatte mancherley Farben,
und wir vermutheten, der Berg müsse größtentheils aus
Schwefel bestehen, weil nicht allein das äußere Ansehen,
sondern auch der starke Geruch, den wir in der Nähe der
Spitze verspürten, schwefelartig war.   An Bord der
Resolution, welche dem Lande etwas näher kam, wollten einige Officiere auch Dämpfe vom Gipfel des Berges aufsteigen gesehen haben.   Diesen Berg verbindet
ein langer enger Strich Landes mit dem nördlichen*)
Theil der Insel, welcher drey bis vier Seemeilen im
Umkreise hat und von mitteler Höhe ist. In der Gegend
der Landenge bemerkten wir etwas Gebüsch und Grün;
gegen Nordosten aber zeigte sich alles unfruchtbar und voll
abgesonderter Felsenstücke, deren viele sehr weiß aussehen.   Ostwärts, drittehalb Englische Meilen weit vom
Lande, erstrecken sich gefährliche Klippen, und auch von
der Mitte der Insel gehen dergleichen zwey Meilen weit
nach Westen hin, woselbst die Wellen sich sehr heftig
brandeten.   Die kleinen Inseln, welche dieser gegen
Norden und Süden liegen, erschienen uns als einzelne
Berge von ziemlicher Höhe, und zwar jene pik ähnlich
oder kegelförmig, diese aber mehr viereckig und oben fla-

---

*) In der Urschrift steht South, welches aber augenscheinlich
  ein Druckfehler ist. G. F.

cher. Wir nannten die mittlere Insel die Schwefelinsel (*Sulphur island*) und bestimmten ihre Lage in 24° 48' nördlicher Breite und 141° 12' östlicher Länge. Das Nordeiland liegt in 25° 14' nördlicher Breite und 141° 10' östlicher Länge, und das Südeiland in 24° 22' nördlicher Breite und 141° 20' östlicher Länge. Die Abweichung der Magnetnadel betrug 3° 30' östlich.

Herr Capitain Gore setzte nunmehr seine Fahrt nach Westsüdwesten fort, um die Baschi-Inseln aufzusuchen, wo er Erfrischungen anzutreffen hoffte, um desto kürzere Zeit in Macao zubringen zu können. Dampier, der diese Insel besucht hat, beschreibt sie sehr vortheilhaft und rühmt sowohl das freundschaftliche Betragen der Einwohner, als die Menge der daselbst vorhandenen Schweine und eßbaren Pflanzenprodukte. Auch Byron und Wallis sahen sie, indeß ohne sich aufzuhalten. Damit uns das Land nicht so leicht entgehen möchte, segelten die Schiffe bey Tage etwa zwey oder drey Seemeilen weit auseinander, und rückten des Nachts nur wenig vorwärts.

Am 22sten ward der Nordostwind so stürmisch, daß wir unsere Marssegel ganz einreffen mußten. Noch am 24sten dauerte derselbe Sturm bey unaufhörlichem Regen fort. Von Norden her rollten die Wogen gewaltig auf uns zu, und Nachmittags blitzte es stark aus eben der Gegend. In der Nacht ereignete sich eine Mondfinsterniß, die wir aber des Regens halber nicht beobachten konnten. In der größten Finsterniß fiel ein Matrose, der mit dem Einziehen eines Segels beschäftigt war, über Bord; allein zum Glück ergrif er einen ins Wasser herunterhangenden Strick, und kam, da wir das Schiff schnell in den Wind legten, wieder an Bord, ohne eine andere Beschädigung als eine leichte Quetschung an der Schulter erlitten zu haben. Am 25sten um acht Uhr heiterte sich der Himmel auf, obgleich der Wind noch

eben so stark wie bisher anhielt. Anstatt also uns länger
am Winde zu halten, konnten wir unseren Lauf fortsetzen. Um diese Zeit sahen wir einen Landvogel wie eine
Drossel, und ein Stück Zuckerrohr, und um Mittag befanden wir uns in 21° 35′ nördlicher Breite und 121°
35′ östlicher Länge.

Nach Herrn Dalrymples Charten hatten wir jetzt
die Baschi-Inseln schon hinter uns, und waren weiter nach Westen gekommen. Capitain Gore richtete sich
also, wie ich nunmehr wohl einsah, nach der Meynung
des Commodore Byron und Capitain Wallis, mit denen er ehedem gereiset war, und von denen der erstere
diese Inseln in 118° 14′ östlicher Länge, noch vier Grade westlicher, legt. Er ließ daher um zwey Uhr Nachmittags südwärts segeln, damit wir genau in die Breite
der Inseln kommen, und dann erst weiter nach Westen
gehen könnten. Um sechs Uhr befanden wir uns schon
in dieser Breite und hätten also nach Herrn Wallis die
Inseln sehen müssen, indem er sie um drey Grade östlicher als Byron angiebt. Noch immer hielt der Sturm
in gleicher Stärke an, weshalb Capitain Gore, in der
Ueberzeugung, daß die Inseln westlich vor uns lägen, die
Nacht über beylegen ließ. Am folgenden Tage verminderte sich der Wind beträchtlich, und wir befanden uns
Mittags in 21° 12′ nördlicher Breite und 120° 25′ östlicher Länge. Wir sahen auch heute wieder einen Zug
wilde Enten, viele Tropikvögel, desgleichen einige Do-
raden und Meerschweine, und kamen noch an einigen
Bimssteinen vorbey. Die folgende Nacht brachten wir
auf eben die Art wie die vorige zu, und setzten hierauf am
Morgen den Lauf nach Westen fort, um die Inseln dort
aufzusuchen.

Ich besorgte jetzt, wir würden dadurch zu weit nach
Westen kommen und folglich hernach die Pratasbänke über
dem Winde liegen laßen müssen. In diesem Falle hätte

es so schlecht segelnden Schiffen, wie die unsrigen, leicht mißglücken können Macao zu erreichen, zumal, wenn sich der Wind so nördlich als bisher gehalten hätte. Auch zweifelte ich, ob man Dalrymples Charten am Bord der Resolution hätte, und eilte deshalb diesem Schiffe nach, um Herrn Capitain Gore die Lage jener Bänke, und meine Besorgnisse, daß wir unterhalb derselben süd= wärts würden wegschiffen müssen, vorzustellen. Er er= wiederte mir, daß er heute noch seinen Lauf fortsetzen würde, weil er hoffe, die von Byron angegebene Länge der Baschi=Inseln werde noch die richtigste seyn; ich möchte also mit meinem Schiffe einige Meilen südlicher fortsegeln. Am Mittage ward es neblig; nach unsrer Rechnung befanden wir uns in 21° 2′ nördlicher Breite und 48° 30′ östlicher Länge und um sechs Uhr hatten wir nun auch nach Byrons Angabe die Baschi im Rücken. Demzufolge legte der Capitain die Schiffe an den Wind, der heftig genug war, und uns eine unangenehme Nacht versprach. Um vier Uhr Morgens sahen wir die Reso= lution, die eine Englische Meile vor uns war, umlegen, und bemerkten sogleich auch Klippen und Brandungen unter dem Winde. Sobald der Tag anbrach, sahen wir die Insel Prata. Nachdem wir uns vergeblich bemüht hatten, die Untiefe unter dem Winde liegen zu lassen, mußten wir zuletzt unterhalb derselben hinschiffen. An der Südseite, eine Englische Meile weit vom Rief, sahen wir am Rande der Brandungen zwey Stellen, welche wie Wracke von verunglückten Schiffen aussahen. Um Mittag befanden wir uns in 20° 39′ nördlicher Breite und 116° 45′ östlicher Länge. An der Südwestseite des Riefs unweit der Südspitze des Eilands kam es uns so vor, als sähen wir vom Mastkorbe Oefnungen im Rief, welche sichere Ankerplätze versprachen. Diese Untiefen sind von beträchtlicher Größe, nämlich von Norden nach Süden sechs Seemeilen lang, und vom Eilande ostwärts drey bis vier Seemeilen breit; ihre westliche Ausdehnung konnten wir nicht bestimmen.   Ihre Nordspitze setzen wir in 20° 58′ nördlicher Breite und 117° östlicher Länge, und die Südspitze in 20° 45′ nördlicher Breite und 116° 44′ östlicher Länge.

Den Ueberrest des Tages hindurch spannten wir alle Segel aus, und hielten uns, um unsere Ueberkunft nach Macao nicht zu verfehlen, am Winde, der aus Nordost gen Norden kam.   Abends ward der Wind zum größten Glücke noch zwey Striche günstiger, sonst hätten wir vermuthlich nicht nach unserm erwünschten Hafen kommen können, sondern nach Batavia gehen müssen, so sehr wir auch insgesammt diesen ungesunden Ort fürchteten, der für die Mannschaft derjenigen Schiffe, die ehedem dort angelegt hatten, so verderblich gewesen war.

Am 29sten Vormittags kamen wir vor einigen Chinesern in ihren Fischerkähnen vorbey, die uns mit der vollkommensten Gleichgültigkeit betrachteten. Sie fischten mit einem Netz, welches wie ein hohler Kegel aussieht und an der Mündung einen platten eisernen Reif hat. Man befestigt es mit Stricken an den Vorder- und Hintertheil des Boots, welches dann mit dem Winde treibt, und das Netz nach sich zieht, so daß der Reif längs dem Grunde fortgeschleift wird.   Die See war hier überall mit Trümmern verunglückter Boote bedeckt, die vermuthlich während des neulichen stürmischen Wetters verloren gegangen.   Um Mittag hatten wir seit gestern einhundert und zehn Englische Meilen zurückgelegt, und befanden uns in 22° 1′ nördlicher Breite, welches ungefähr die Breite der Lema Inseln ist, deren eine wir Nachmittags in einer Entfernung von zehn Seemeilen erblickten.   Die Nacht hindurch kreuzten wir ab und zu, und am Morgen liefen wir längs der Küste dieser Insel hin, die, wie alle übrigen in dieser Nachbarschaft, ohne Holzung, und dem Anschein nach auch gänzlich unbebauet

O 3

stud. Die Ansicht dieser Inseln war um sieben Uhr genau eben dieselbe, welche in Ansons Reisebeschreibung abgebildet ist. Um neun Uhr kam ein Chinesisches Boot, welches zuvor schon bey der Resolution gewesen war, zu uns. Ein Lootse, der sich darin befand, wollte zu uns herauf kommen; weil wir aber unserer Gesellschafterin folgen mußten, so lehnten wir dieses Anerbieten ab. Wir gingen hierauf unter der großen Ladronen = Insel weg, anstatt, wie Anson, nordwärts über derselben zu gehen, welches das sicherste gewesen wäre, da ein etwas stärkerer Wind und eine widrige Strömung uns noch jetzt von Macao hätte abhalten können. Nach Anleitung der vortreflichen Charte des Herrn Dalrymple hätten wir sogar in vollkommner Sicherheit, entweder nordwärts von den Lema = Inseln, oder mitten zwischen ihnen durch, nach Macao segeln können*).

Wir besorgten so sehr, anstatt diesen Hafen zu erreichen, nach Batavia getrieben zu werden, und waren so

---

*) Herr King scheint hier ein wenig unzufrieden mit den Maasregeln des Capitain Gore zu seyn, und wie mich dünkt, nicht ohne Ursache. Daß Byron und selbst Wallis die Länge der Baschi = Inseln unrichtig angegeben haben, hätte er aus vielen übereinstimmenden Umständen wissen können, auch ohne Dalrymples Charten zu Rathe zu ziehen, wiewohl es unstreitig schon ein Hauptversehen war, daß er die beste und mit unbeschreiblicher Genauigkeit verfertigte Charte von dieser Meeresgegend nicht in Händen hatte; eine Folge des bey vielen Englischen Secofficieren obwaltenden Vorurtheils gegen alles, was nicht von einem Königlichen Officier herrührt. Einen andern Fehler beging Herr Gore dadurch, daß er über dem hartnäckigen Beharren auf den Byronischen Angaben jener Inseln, wirklich in Gefahr gerieth, den Hafen Macao zu verfehlen; und noch einen größeren, daß er auch noch unter dem Winde der Lema = und Ladron = Inseln hinschifte, da er sich oberhalb derselben halten, und seiner Sache gewisser seyn konnte. Wie mag dies den Geist des verewigten Cook gekümmert haben, falls er noch seine ehemaligen Gefährten umschwebte? G. F.

begierig etwas von Europa zu erfahren, daß es uns keine geringe Freude verursachte, als die Resolution bald hernach eine Kanone losbrannte, und ihre Flagge aufsteckte, damit ein Lootse an Bord kommen möchte. Bey der Wiederholung dieses Signals hatten wir das Vergnügen, einem herrlichen Wettlauf zwischen vier Chinesischen Booten zuzusehen. Herr Capitain Gore nahm den Lootsen, der zuerst sein Schiff erreichte, und verdang mit ihm, daß er uns für dreißig Spanische Thaler auf die Rheede Taypa (*Typa*) bringen sollte. Zu gleicher Zeit ließ er mir sagen, wir könnten uns diese Ausgabe füglich ersparen und seinem Schiffe nur folgen. Bald darauf kam auch der zweyte Lootse an, stieg ebenfalls in das Schiff (Resolution), und wollte es führen, ja er ergrif ohne weitere Umstände das Steuerruder, und befahl, wie man die Segel richten solle. Beyde stritten sich hierauf sehr heftig, und verglichen sich endlich so, daß sie das Geld unter sich theilten.

Zufolge des Befehls, den der Capitain Cook vom Admiralitätscollegio bekommen hatte, mußten wir nunmehr den Officieren und der Mannschaft ihre Tagebücher und andre Papiere, welche Beziehung auf die Reise hatten, abfordern. Zur Vollziehung dieses Auftrags war es nothwendig, daß wir mit einiger Schonung und zugleich mit gehöriger Entschlossenheit verführen. Ich wußte, daß die meisten Officiere, und verschiedene Matrosen zur Unterhaltung ihrer Freunde einige Nachrichten von unserer Reise aufgesetzt hatten, und daß sie diese in ihrer gegenwärtigen Beschaffenheit nicht gern einem fremden Auge anvertrauen würden; von der andern Seite aber litten es meine Instruktionen nicht, Papiere in ihren Händen zu lassen, die aus Sorglosigkeit oder mit Absicht einem Buchdrucker zu Theil werden, und eine unzuverläßige, unvollständige Beschreibung unserer Reise veranlaſſen, unſere Bemühungen verkleinern, und auf unſere Officiere ganz unſchuldigerweiſe den Verdacht bringen konnten, als hätten ſie ſelbſt dergleichen Nach-richten dem Publikum in die Hände geſpielt. Ich ließ daher jedermann auf das Verdeck rufen, machte meine erhaltenen Befehle bekannt, und erwähnte zugleich die Gründe, weshalb ſie willig befolgt zu werden verdienten. Dabey ſetzte ich aber auch hinzu, daß im Fall jemand Papiere hätte, welche er der Admiralität nicht zur Durch-ſicht einzuſchicken wünſchte; er ſolche in ſeiner Gegen-wart verſiegeln laſſen und mir ſo lange zur Aufbewahrung übergeben könnte, bis der Wille des Admiralitätscolle-giums durch die Herausgabe der Reiſegeſchichte erfüllt ſeyn würde, da dann jeder das ſeinige getreulich wieder erhalten ſollte. Zu meiner größten Zufriedenheit fand dieſer Vorſchlag Beyfall, und ward von Officieren und Gemeinen mit vollkommener Bereitwilligkeit angenom-men, ſo, daß mir zuverläßig jedes Schnitzchen Papier, welches Beziehung auf die Reiſe hatte, ausgeliefert ward. Ueberhaupt laſſe ich der Mannſchaft dieſes Schiffs (Discovery) nur Gerechtigkeit wiederfahren, wenn ich ihren unverbrüchlichſten Gehorſam und ihre ungemeine Gutwilligkeit lobe, obſchon die meiſten ganz junge Leute waren, die noch nie zuvor auf einem Kriegs-ſchiffe gedient hatten*).

---

*) Dieſe umſtändliche Erwähnung der feyerlichen Abforderung aller Tagsbücher und die Verſicherung, daß an Bord der Discovery nicht das mindeſte verheimlicht worden ſey, ſollte faſt die Vermuthung veranlaſſen, Herr King wolle ſtill-ſchweigend zu erkennen geben, jene anonymiſche Nachricht von dieſer Reiſe, welche in England ſo lange vor der Heraus-gabe des gegenwärtigen Werks erſchien, imgleichen Herrn Ellis, des Wundarztes, Reiſebeſchreibung, ſtamme aus dem andern Schiffe (Reſolution) her, auf welchem es mit der Ablieferung vermuthlich nicht ſo genau genommen worden ſeyn mag. G. F.

Siebenzehntes Hauptstück.

Fahrt nach Macao. Ankunft eines Chinesischen Compradors. Besuch des Capitain King bey dem Portugiesischen Gouverneur. Wirkung der aus Europa erhaltenen Nachrichten. Ankunft im Hafen Taypa (*Typa*). Reise nach Canton, durch Bocca Tigris, und nach Wampu. Beschreibung einer Sampane. Empfang in der Englischen Faktorey. Mistrauisches Betragen der Chineser. Ihre Art Handelsgeschäfte zu betreiben. Ueber die Stadt Canton, ihre Größe, Volksmenge; Anzahl der dortigen Sampanen. Kriegsmacht. Straßen und Häuser. Besuch bey einem Chineser. Rückreise nach Macao. Vortheilhafter Umsatz der Meerotterfelle. Plan den Pelzhandel nach der Westamerikanischen Küste zu eröfnen, und in der Nähe von Japan Entdeckungen zu machen. Abreise von Macao. Preis der Lebensmittel in China.

Bis sechs Uhr Abends lavirten wir gegen den Wind, und gingen dann auf Verlangen des chinesischen Lootsen vor Anker. Er bildete sich nämlich ein, die Fluth sey uns schon zuwieder. Allein dies war ein grober Irrthum, denn als wir die Sache untersuchten, fand es sich, daß die Fluth bis zehn Uhr nach Norden ging. Am folgenden Morgen machte er es nicht klüger; denn er wollte daß wir schon um fünf Uhr die Anker lichten sollten; allein da wir nunmehr seine Unwissenheit bereits kannten, so verließen wir uns auf eigne Beobachtung, und blieben weil die Ebbe zwölf Stunden abwärts lief, bis elf Uhr liegen. Nachmittags lavirten wir zwischen der In-

sel Poton und der großen Ladrone, und als um neun
Uhr die Ebbe wieder einzutreten anfing, ließen wir drey
Seemeilen weit von der Stadt Macao die Anker in
sechs Faden Tiefe fallen.

Am zweyten, Vormittags, kam ein chinesischer Lie-
ferant, den man hier einen Comprador nennt, an
Bord der Resolution, und verkaufte dem Capitain Gore
zwey Centner Rindfleisch nebst einer Menge Gemüse,
Orangen, und Eyer, wovon auch wir unser Theil erhielten. Zugleich machte man mit ihm einen Vergleich,
täglich beyde Schiffe mit allem Nothwendigen zu versehen, wofür er aber schlechterdings vorausbezahlt seyn
wollte. Unser Lootse gab nun vor, er könne die Schiffe
nicht weiter führen, und Capitain Gore mußte ihn endlich gehen lassen. Da wir nun unserem eignen Gutbefinden überlassen waren, hoben wir um zwey Uhr Nachmittags, sobald die Fluth eintrat, die Anker wieder auf,
und ankerten um sieben, drey Englische Meilen weit
ostwärts von Macao in viertehalb Faden Wasser. Diese
Lage war nicht sicher, weil wir gegen Nordosten gar
nicht geschützt waren, und unter dem Winde eine untiefe
Stelle mit drittehalb Faden Wassers hatten; allein demungeachtet mußten wir die Nacht über hier verweilen.

Am Abend schickte mich Capitain Gore an den Portugiesischen Gouverneur um ihn zu bitten, daß er uns
zur Versorgung mit Lebensmitteln behülflich seyn möchte,
weil er auf dieser Art wohlfeiler dazu zu kommen hofte,
als durch den Comprador. Zugleich nahm ich ein Verzeichniß der Schiffsvorräthe, deren beyde Schiffe höchst
bedürftig waren, mit, um sogleich damit nach Canton
zu reisen, und mich an die dortigen Beamten der Ostindischen Compagnie zu wenden. Der Platzmajor sagte
mir bey meiner Ankunft in der Citadelle, der Gouverneur sey krank und könne keinen Besuch annehmen, man
würde uns aber alle Hülfsleistungen erweisen, die man

nur immer könne. Ich merkte indeß, daß dieses Versprechen sehr wenig zu bedeuten hätte, indem die Portugiesen selbst in Ansehung ihres täglichen Unterhalts ganz und gar von den Chinesern abhingen. Sogar die Antwort auf mein erstes Gesuch bewies, wie tief die Macht der Portugiesen hier gesunken sey. Ich hatte nämlich dem Major gesagt, daß ich sogleich nach Canton abzugehen wünschte; allein er gestand mir, daß er es nicht wagen dürfe, mir ein Boot mitzugeben, bis der Hoppo oder Zollaufseher seine Einwilligung dazu gegeben hätte; und deshalb müsse man bey der chinesischen Regierung in Canton anhalten.

Dem Verdruß über diese unerwartete Verzögerung, kam nur die unbeschreibliche Ungeduld gleich, womit wir schon so lange her auf eine Gelegenheit warteten, von Europa Nachrichten zu erhalten. Oft übersieht man, wenn man einen Gegenstand zu eifrig verfolgt, gerade die leichtesten und nächsten Mittel ihn zu erreichen; und dies war gegenwärtig mein Fall. Ich wollte bereits sehr niedergeschlagen nach den Schiffen zurückkehren, als mich die Portugiesischen Officiere fragten, ob ich die Englischen Herren, die sich zu Macao aufhielten, nicht besuchen wolle. Das Entzücken worin ich durch die in dieser Frage enthaltenen Nachricht versetzt wurde, brauche ich nicht erst zu schildern; und eben so wenig den lebhaften Streit zwischen Furcht und Hofnung, Neugier und bangen Besorgnissen, der meine Seele erfüllte, indem wir nach der Behausung eines unserer Landsleute gingen. Kein Wunder, das uns in diesem unruhigen Zustande unser Empfang, ob es gleich dabey nicht an Höflichkeits- und Freundschaftsbezeugungen fehlte, dennoch etwas kalt und steif schien. Wie sichs erwarten ließ, erhielten wir auf Fragen, die eines jeden Privat-Angelegenheiten betrafen, wenig oder gar keine befriedigende Antworten. Die öffentlichen Angelegenheiten hingegen,

die sich seit unserer Abwesenheit ereignet hatten, und deren
Erzählung uns jetzt zum erstenmal bestürmte, verschlan-
gen bald jedes andere Gefühl, und versetzten uns in
solches Erstaunen, daß wir uns eine Zeitlang kaum zu
finden wußten. Noch mehrere folgende Tage hindurch
fuhren wir fort einander zu befragen, ob alles was wir
gehört hätten, wahr seyn könne, als ob Zweifel und
Ungewißheit uns den Trost und die Erleichterung verschaffen könnte, welche unsere betrübten Umstände doch
schlechterdings nicht gestatteten. Diesen Empfindungen
folgte ein lebhafter Schmerz über unsere Entfernung von
einem Schauplatz, wo jeder Augenblick für das Schicksal der Flotten und Armeen entscheidend seyn konnte.

Diese Neuigkeiten in Betref des politischen Zustandes von Europa verdoppelten nur unsere Sehnsucht, den
Augenblick unserer Abreise so viel als möglich zu beschleu-
nigen. Ich versuchte daher aufs neue, mir eine Gelegenheit zur Ueberfahrt nach Canton zu verschaffen;
allein dies gelang mir eben so wenig als vorher. Die
Schwierigkeiten, welche nach den einmal eingeführten
Polizeyanstalten sich dagegen setzten, konnten, wie man
mir erzählte, durch einen Vorfall, der sich wenige Wochen vor unserer Ankunft ereignet hatte, jetzt noch um
vieles größer werden. Capitain Panton war nämlich
im Seepferd, (Seahorse) einem Kriegsschiffe von fünf
und zwanzig Kanonen, von Madras hieher geschickt
worden, um auf die Bezahlung einer Schuld zu dringen,
welche Brittische Unterthanen in Ostindien und Europa
von Chinesischen Kaufleuten in Canton zu fodern hatten,
und welche mit Inbegrieff des Capitals und der gehäuften
Interessen beynahe eine Million Pfund Sterling (sechs
Millionen Thaler) betragen sollte. Er hatte zu dem
Ende Befehl, auf eine Audienz bey dem Vicekönig von
Canton zu dringen, welche nach einiger Zögerung, und
nachdem man es bis zu Drohungen hatte kommen lassen,

endlich wirklich bewilligt worden war. Die Antwort, die man ihm auf den Inhalt seiner Botschaft ertheilt hatte, war ohne alle Winkelzüge und völlig genugthuend gewesen; allein gleich nach seiner Abreise hatte man in den Behausungen der Europäer und an den öffentlichen Plätzen in der Stadt ein Edict angeschlagen, worin allen Fremden oder Ausländern verboten ward, unter welchem Vorwand es auch seyn möchte, den Unterthanen des Kaisers Geld zu leihen.

Ueber diese Maaßregel war in Canton eine allgemeine Bestürzung entstanden. Die Chinesischen Kaufleute, welche den Handelsgesetzen ihres Vaterlandes zuwider Schulden gemacht hatten, und zum Theil die Rechtmäßigkeit der Forderung läugneten, fürchteten sich, man möchte es in Peking erfahren, und der Kaiser, der den Ruf eines strengen und gerechten Regenten hat, könnte sie dann mit dem Verlust ihres Vermögens, oder gar am Leben strafen. Von der andern Seite besorgte der engere Ausschuß (Select Committee) dem die Präsidentschaft zu Madras die Sache der Gläubiger eifrigst empfohlen hatte, daß sie sich mit der chinesischen Regierung in Canton überwerfen, und der Ostindischen Compagnie in China unersetzlichen Schaden zufügen möchte. Ferner erfuhr ich auch, daß die Mandarine gern die geringste Gelegenheit und den elendesten Vorwand aufhaschen, um ihren Handel zu unterbrechen, und daß man so viele Weitläuftigkeiten und stets ansehnliche Ausgaben davon hat, wenn man die Aufhebung eines solchen Verbots bewirken will. Täglich vermehrten sich die Abgaben, und schon waren alle Europäischen Faktoreyen der Meynung, daß man sich bald genöthigt sehen würde, entweder den chinesischen Handel ganz aufzugeben, oder sich eben die Mishandlungen gefallen zu lassen, denen sich die Holländer in Japan unterwerfen.

Unter diesen Umständen mußte allerdings die Ankunft der Resolution und Discovery neue Unruhe verbreiten; und da ich keine Wahrscheinlichkeit sahe, meine Reise nach Canton vor der Hand fortsetzen zu können, so fertigte ich einen Brief an die Englischen Supercarguen dahin ab, um ihnen die Ursache unserer Ankunft am Tigris zu melden, und sie zu bitten, daß sie mir einen Paß für mich schaffen, und den Ankauf der Vorräthe, deren wir nach einem beygeschlossenen Verzeichnisse benöthigt wären, so schleunig als möglich besorgen möchten. Am folgenden Morgen begleitete mich mein Landsmann an Bord, und zeigte uns die Lage des Hafens Taypa. Wir lichteten hierauf um halb sieben Uhr die Anker, ließen sie aus da es uns an Wind gebrach, um acht Uhr in vierdehalb Faden Tiefe wieder fallen. Hier begrüßte die Resolution das Portugiesische Kastell mit elf Kanonen, die mit eben so viel erwiedert wurden. Frühe am vierten hoben wir unsere Anker nochmals auf, und warfen sie bald darauf im Taypa wieder aus.

Der Comprador, mit dem wir zuerst verabredet hatten, daß er uns mit Lebensmitteln versehen sollte, war mit einer kleinen Summe Geldes, die wir ihm zu dem Ende anvertraut hatten, durchgegangen; wir nahmen also einen andern an, der auch während unseres ganzen Aufenthalts beyde Schiffe versorgte, wobey er aber so heimlich zu Werke ging, daß er uns alles in der Nacht brachte. Er gab vor, es sey gegen die Verordnungen des Hafens, daß er uns etwas bringe; allein wir argwohnten, er wolle entweder den Preis der Sachen die er uns lieferte, erhöhen, oder den Gewinn seines Gewerbes ganz genießen, ohne ihn mit den Mandarinen theilen zu müssen.

Am neunten erhielt Capitain Gore von dem Ausschuß der Englischen Supercarguen zu Canton die Antwort: sie würden sich alle Mühe geben, uns die verlangten Vorräthe so schleunig als möglich zu verschaffen, und einen Paß für einen unserer Officiere auszuwirken; sie schmeichelten sich aber, wir würden die Chinesische Regierungsform schon hinlänglich kennen, um die unvermeidlichen Verzögerungen ihrer wahren Ursach zuzuschreiben.

Tages darauf bat ein Englischer Kaufmann aus einer von unsern Ostindischen Niederlassungen den Capitain Gore, er möchte ihm einige Leute von seinen Schiffen leihen, die ein Schiff, welches er in Macao gekauft hatte, nach Canton hinaufführen sollten. Herr Gore glaubte dies sey eine gute Gelegenheit für mich dorthin zu kommen, und gab mir also den Befehl, meinen zweyten Lieutenant, den Lieutenant der Seesoldaten und zehn Matrosen mitzunehmen. Ungeachtet nun dieses eben nicht die Art war, wie ich Canton zu besuchen wünschte, so nahm ich doch keinen Anstand mich an Bord zu begeben, da es sehr ungewiß war, wenn der Paß ankommen würde, und da meine Gegenwart in Canton die Besorgung unserer Vorräthe sehr befördern konnte. Vor meiner Abreise gab ich Herrn Williamson Befehl, die Discovery sobald als möglich in segelfertigen Stand zu setzen, und auf den Verdecken diejenigen Veränderungen vorzunehmen, wodurch sie in besseren Vertheidigungsstand gesetzt werden könnte. In Absicht auf die Fortsetzung der Astronomischen Beobachtungen konnte ich mich gänzlich auf Herrn Trevenen verlassen.

Am elften December verließen wir den Hafen von Macao, und segelten nordwärts, bey Lantoa, Linting, und verschiedenen kleinen Inseln vorbey, die wir sämmtlich rechts liegen ließen. Diese Eilande, und selbst die Insel Macao, welche links liegen bleibt, sind gänzlich von Waldung entblößt; ihre Küsten sind hoch, unfruchtbar, und unbewohnt, wenn nicht etwa gelegentlich Fischerleute ihren Aufenthalt daselbst nehmen. Indem wir uns der Bocca Tigris (Mündung des Tigris) näherten, welche dreyzehn Seemeilen von Macao entfernt

ist, bestand die Küste von China, ostwärts, aus steilen weiß
sen Felsen. Die beyden Festungen, welche die M. n
dung des Flusses bestreichen, sind noch in eben dem Zu
stande, worin sie zu Lord Ansons Zeit waren; die zur
linken ist ein schönes, mit Wald umgebenes altes Schloß,
das eine romantische Lage hat.

Von hier aus besuchte uns ein Zollbeamter. Da der
Eigenthümer des Schiffs besorgte, daß es Unruhe verur
sachen und unangenehme Folgen haben möchte, wenn man
uns an Bord entdeckte, so bat er, daß wir so lange in die Ka
jüte hinunter gehen möchten. Ueberhalb der Festungen
ist die Breite des Flusses ungleich; die Ufer sind niedrig
und eben, und werden folglich von der Fluth weit umher
überschwemmt. Das Land zu beyden Seiten ist platt,
und wird zu Reisackern benutzt; aber höher am Flusse
hinauf steigt es allmählig in ziemlich abschüssigen Ber
gen, deren Abhänge in Terrassen getheilt, und mit süßen
Bataten, Zuckerrohr, Yams, Pisangs und Baumwol
lensträuchern bepflanzt sind. Wir bemerkten hin und
wieder viele hohe Pagoden zerstreut, und in der Ferne
verschiedene Städte, von denen einige ziemlich groß zu
seyn schienen.

Ob Wampu gleich nur neun Seemeilen von Boc
ca Tigris entfernt ist, erreichten wir es doch erst am
18ten, denn wir wurden von widrigen Winden aufgehal
ten, denen unser leichtes Schiff keinen Widerstand leisten
konnte. Wampu ist eine kleine chinesische Stadt, vor
welcher die Schiffe verschiedener Europäischer Nationen
liegen, um ihre Ladungen an Bord zu nehmen. Herr
Sonnerat sagt, der Fluß sey höher hinaufwärts für
schwerbeladene Schiffe nicht tief genug, wenn ihnen auch
die Politik der Chineser eine freye Fahrt bis nach Can
ton gestatten sollte; allein wie weit sein Vorgeben ge
gründet sey, kann ich um so weniger entscheiden, da man
schwerlich je einem Ausländer Erlaubniß gegeben hat, die
Sache

Sache selbst zu untersuchen.   Die kleinen Inseln, welche der Stadt Wampu gegenüber liegen, hat man den
verschiedenen Faktoreyen eingeräumt, die daselbst ihre
Magazine und Waarenlager errichtet haben.

Ich eilte von Wampu sogleich in einer Sampane, oder einem chinesischen Kahn, nach Canton, welches noch etwa drittehalb Seemeilen höher hinauf am
Flusse liegt.   Die Sampanen sind unter allen Booten
die ich je gesehen habe, die zierlichsten und für Reisende
die bequemsten. Ihre Größe ist sehr mannigfaltig; durchgehends haben sie aber einen beynahe platten Boden, sind
in der Mitte sehr breit, und laufen an dem hoch empor-
stehenden und verzierten Schnabel und Hintertheil sehr
schmal zu.   Ueber der Mitte wo wir saßen, wölbte sich
ein Dach von Bamburohr welches man nach Gefallen
aufziehen oder herunterlassen konnte; zur Seite waren
kleine Fenster mit Laden angebracht, und das ganze Zimmer war von innen sehr artig mit Matten, Stühlen und
Tischen meublirt.   Im Hintertheil stand ein wächsernes
Götzenbild in einem Gehäuse von vergoldeten Leder, vor
welchem in einem Topfe einige Kerzen von Harz und trocknen Spänen oder Lunte brannten.   Die Miethe für diesen Kahn kostete einen Spanischen Thaler.

Es war schon finster, als ich in Canton bey der
Englischen Faktorey ausstieg.   Man empfing mich mit
der äußersten Gefälligkeit und Höflichkeit, so unerwartet
auch dem engeren Ausschuß, welcher damals aus den
Herren Fitzhugh dermaligen Präsidenten, Bevan
und Rapier, bestand, meine Ankunft war.   Sie gaben mir sogleich Auskunft wegen der Schiffsmunitionen,
die sie mir von den Compagnieschiffen überlassen könnten.
Zwar bin ich vollkommen überzeugt, daß die Befehlshaber jener Schiffe uns mit allem beyzustehen wünschten,
was sie nur ohne ihre eigne Sicherheit und das Inte-
resse ihrer Principalen in Gefahr zu setzen, entbehren

IV.   P

konnten: allein, genug ich fand mich in meinen Erwartungen sehr getäuscht, als ich in ihrem Verzeichnisse kaum
Einen Artikel von dem Tau- und Segelwerk fand, dessen
wir so nothwendig bedurften. Einigermaßen beruhigte
mich indeß die angenehme Nachricht, daß die Schiffsvorräthe zum Einschiffen bereit lägen, und daß man die
Lebensmittel, die wir verlangten, in Einem Tage zusam-
menkaufen könne. Um also meinen Aufenthalt so viel
als möglich abzukürzen, ersuchte ich die Herren, mir
morgen am Tage Junken, oder kleine Fahrzeuge, zu
verschaffen, damit ich übermorgen wieder abgehen könnte.
Ich mußte aber zur Antwort hören; Geschäfte dieser Art
ließen sich hier zu Lande nicht so schnell abthun; zuerst
müsse man Erlaubniß vom Vicekönig erhalten, und dann
den Hoppo, oder ersten Zollaufseher, um Tschops
(chops) oder Passierzettel ersuchen; diese Begünstigun-
gen würden aber erst nach reiflicher Erwägung zugestan-
den; mit Einem Worte, Geduld sey in China eine Haupt-
tugend, und sie, ihrer Seits, schmeichelten sich mit der
Hofnung, sie würden mir den Aufenthalt in ihrer Faktorey, wenn ich auch einige Tage länger bliebe, als ich ihnen zu schenken Lust bezeugte, so angenehm als möglich
machen können.

Ich muß gestehen, daß mir die artige Wendung dieses Compliments damals wenig Genüge leistete; indeß
konnte ich nicht umhin, mich über einen Vorfall zu belusti-
gen, der sich sehr zu rechter Zeit ereignete, um mich zu
überzeugen, wie richtig Alles, was man mir so eben gesagt hatte, und zugleich wie mißtrauisch der Charakter
der Chineser sey. Es war schon vierzehn Tage her, seitdem Capitain Gore wegen eines Passes an die Faktorey
geschrieben hatte. Die Herren des Ausschusses hatten
sich auch sogleich an einen der vornehmsten chinesischen
Kaufleute gewendet, damit er sich diesem Geschäft unter-
ziehen, und die Sache bey dem Vicekönig betreiben möch-

Eben war ich mit dem Präsidenten im Gespräch
griffen, als der Kaufmann hereintrat, und ihm mit
nem sehr zufriedenen, selbstgefälligen Gesicht, die Nach-
cht brachte, daß sein Gesuch endlich bewilliget worden
, und daß der Paßport für einen Officier des Ladro-
Schiffs (oder Seeräubers) in einigen Tagen ausgefer-
t werden sollte. Der Präsident erwiederte ihm sogleich,
möchte sich in der Sache ja nicht weiter bemühen, denn
r Officier — hier deutete er auf mich — sey schon an-
langt. Das Schrecken, welches den alten Mann
y dieser Nachricht auf einmal ergrif, übersteigt alle Be-
riffe. Der Kopf sank ihm auf die Brust, und seine Er-
schütterung war so groß, daß der Sopha, worauf er saß,
ter ihm bebte. Ob die Ladrone Schiffe, oder seine
ndesregierung ihm dieses Entsetzen verursachten, konnte
nicht entdecken. Als er einige Minuten lang in die-
n mitleidenswerthen Zustande da gesessen hatte, bat
n Herr Bevan, er möchte nicht verzweifeln, und zu-
ich erzählte er ihm, mit welcher Gelegenheit ich nach
anton gekommen wäre, was mich herbrächte, und
e sehr ich wünschte, mich wieder auf den Rückweg ma-
en zu können. Das Letztere schien ihm vorzüglich will-
ommen zu seyn, und ich faßte nun schon einige Hofnung,
ß er selbst mir zur Beschleunigung meiner Abreise be-
lflich seyn würde. Aber als er allmählig wieder so viel
uth zusammen nahm, um sprechen zu können, zählte
mir vor, wie viele unvermeidliche Verzögerungen mei-
m Geschäft im Wege ständen, wie schwer es sey, Zu-
tt zum Vicekönig zu erlangen, wie groß die Eifersucht
d der Verdacht der Mandarinen gegen unsere wahren
bsichten wären, der, wie er sich ausdrückte, durch die
fremdenden Nachrichten, welche wir von uns selbst geben hätten, unglaublich hoch gestiegen sey.

Ich wartete einige Tage mit großer Ungeduld auf gute
irkung von unsrem Ansuchen; doch bemerkte ich nicht

P 2

im geringsten, daß sich die Sache zum Schlusse neigte.
Um also auf eine andere Art zum Zweck zu gelangen, hielt
ich mich an den Befehlshaber eines Englischen Schiffes,
aus Indien*), welcher am 25sten unter Segel zu gehen
gedachte. Dieser versprach mir, meine Leute nebst den
Vorräthen an Bord zu nehmen; auch in der Nähe von
Maccao, falls das Wetter es erlaubte, so lange beyzule-
gen, bis wir sie mit unsern Booten abgeholt hätten; aber
dabey warnte er mich zugleich im voraus, daß er auch
Gefahr laufe mit der Ladung in See getrieben zu werden. Bey der Ungewißheit, wozu ich mich entschließen
sollte, brachte mir der Befehlshaber eines andern solchen
Schiffes einen Brief vom Capitain Gore, worin er mir
die Nachricht ertheilte, daß dieser Mann mit ihm einig
geworden sey, uns von Canton herunter zu bringen, und
auf seine Gefahr die Vorräthe, die wir erhielten, in dem
Taipa abzuliefern. So waren denn alle Schwierigkeiten gehoben, und ich konnte unverzüglich den Einkauf unserer Bedürfnisse besorgen. Mit diesem Geschäft kam
ich am 26sten zu Stande, und den folgenden Tag schifte
ich die ganze Ladung ein.

Wir glaubten mit vieler Wahrscheinlichkeit, daß wir
in Canton den Pelzhandel auf das vortheilhafteste würden betreiben können, und in dieser Ueberzeugung hatte
mich Capitain Gore ersucht, ungefähr zwanzig Meerotterfelle, welche größtentheils unseren verstorbenen Be-
fehlshabern gehörten, mit dorthin zu nehmen, und sie
so gut als möglich anzubringen. Dieser Auftrag verschafte
mir Gelegenheit einigermaßen mit dem Handelsgeist der
Chineser bekannt zu werden. Ich sprach erst mit einigen

---

*) In der Urschrift: Country Ships, nennen die Engländer
die Schiffe, die von einem Asiatischen Hafen in den andern
handeln, ohne je nach Europa zu kommen. G. F.

Englischen Supercarguen darüber, und bat, sie möchten mich an irgend einen chinesischen Kaufmann weisen, der Credit und Ruf hätte, und mir gleich anfangs einen billigen Preis böte. Man führte mich also zu einem Mitgliede des Hong, einer Gesellschaft der vornehmsten Kaufleute in der Stadt, und sagte ihm, was ich für einen Auftrag hätte. Er schien auch wirklich zu begreifen, was meine Pflicht dabey von mir forderte, und versicherte, ich könnte mich auf seine Ehrlichkeit vollkommen verlassen; in einem Falle wie der gegenwärtige halte er sich nur für einen Commissair oder Geschäftsträger, und nehme auf seinen eigenen Vortheil nicht die geringste Rücksicht. Als ich ihm endlich die Waare vorgelegt hatte, untersuchte er alles Stück für Stück zu wiederhohltenmalen sehr sorgfältig, und sagte endlich, er dürfe es nicht wagen, mehr als dreyhundert Thaler dafür zu geben. Allein ich wußte nach dem Preise, den unsre Meerotternfelle in Kamtschatka gegolten hatten, daß er mir noch nicht die Hälfte ihres Werths anböte, und mußte daher gegen meinen Willen den Kaufmann machen. Ich bestand nunmehr meiner Seits auf tausend Thaler, und hierauf stieg mein Chineser mit seinem Gebot auf fünfhundert. Dann bot er mir noch ein Privatgeschenk an Thee und Porzellan, für meine Person, welches sich auch auf hundert Thaler belief; dann eben so viel in baarem Gelde. Endlich wollte er siebenhundert Thaler geben, und nun ließ ich bis auf neunhundert ab. Da wir hier beyde nicht weiter nachgeben wollten, gingen wir auseinander. Aber bald kam der Chineser mit einem Verzeichniß von Indischen Waaren zurück, die er mir nunmehr zum Tausch anbot, und die sich, wie ich hernach erfuhr, wenn er sie ehrlich ausgeliefert hätte, auf mehr als den doppelten Werth seines vorigen Gebotes belaufen haben würden. Als er sah, daß ich mich zu diesem Handel nicht verstehen wollte; sagte er endlich: er wolle mit Einem Wort noch hundert Thafarzulegen. Darein willigte ich denn, weil ich des Streits schon herzlich müde war, und bekam also achthundert Thaler.

Da ich mich während meines hiesigen Aufenthalts nicht wohl befand, so hatte ich wenig Ursach mich über die engen Gränzen zu beklagen, welche die chinesische Staatsklugheit der Neugier eines jeden Europäers setzt. Sonst wäre es allerdings höchst unangenehm für mich gewesen, unter den Mauern einer so großen, an neuen Gegenständen reichen Stadt zu wohnen, ohne mich in ihre Thore wagen zu dürfen. Die Beschreibungen welche le Comte und Dü Halde von diesem Orte gemacht haben, sind in jedermanns Händen; allein Herr Sonnerat hat neuerlich diese ehrwürdigen Patres vieler Uebereilung beschuldigt, und daher sind folgende Bemerkungen, welche mir die Englischen Herren, die sich schon lange Zeit in Canton aufgehalten hatten, mitgetheilt haben, dem Publikum vielleicht nicht unwillkommen.

Canton hat, mit Inbegrif der a   und neuen Stadt und der Vorstädte, ungefähr zehn Englische (zwei deutsche) Meilen im Umkreise. Die Volksmenge, würde ich, nach den Vorstädten zu urtheilen, weit geringer schätzen, als sie in einer Europäischen Stadt von gleicher Größe zu seyn pflegt. Le Comte giebt die Zahl der Einwohner auf anderthalb Millionen, und Dü Halde auf eine Million an; Herr Sonnerat hingegen bestimmt sie nur auf fünf und siebzig tausend*), doch ohne uns die Gründe mitzutheilen, auf denen seine Berechnung beruht. Einiges Mistrauen erwecken übrigens seine Behauptungen

---

*) J'ai vérifié moi-même, avec plusieurs Chinois, la population de Canton, de la ville des Tartares, et de celle des bateaux, etc. Voyage aux Indes par M. Sonnerat, Tome II p. 14.

schon um deswillen, weil er wenigstens eben so eifrig bemüht ist, alles was die Chineser betrift herabzuwürdi-
ger, als die Jesuiten es vielleicht waren, alles in einem
vergrößernden Lichte darzustellen. Nach folgenden Angaben ließe sich vielleicht ein ungefährer Ueberschlag herausbringen, der so ziemlich richtig ausfallen möchte. Ein
chinesisches Haus nimmt unstreitig weit mehr Raum ein,
als ein gewöhnliches Europäisches; allein das Verhältniß
von vier oder fünf zu eins, welches Herr Sonnerat an-
nimmt, ist zuverläßig zu groß. Hiezu komut noch der
Umstand, daß sehr viele Häuser in den Vorstädten chinesischen Kaufleuten gehören, die ihre Familien in der Stadt
haben, und sich jener Wohnungen blos zu ihren Geschäf-
ten bedienen. Im Durchschnitt besteht aber ein chinesischer Haushalt aus mehreren Personen als ein Europäischer. Ein Mandarin hat nach Maaßgabe seines Ran-
ges und Vermögens fünf bis zwanzig Frauen; ein Kaufmann drey bis fünf. Sogar unter der letztern Classe war
in Canton ein Mann, der fünf und zwanzig Weiber und
sechs und dreyßig Kinder hatte; allein man nannte ihn
mir auch als eine ungewöhnliche Ausnahme. Ein wohl-
habender Handwerksmann hat gewöhnlich zwey Frauen;
der gemeine Mann aber selten mehr als Eine. Die Bedienten sind in jedem Hause wenigstens noch einmal so
zahlreich, als in Europäischen Familien von gleichem
Range. Also, angenommen, daß ein chinesischer Haushalt um ein Drittel zahlreicher ist, als ein Europäischer:
so wird eine chinesische Stadt (wegen des größeren Raums
den die Häuser einnehmen) dennoch nur halb so viel Einwohner enthalten, als eine Europäische von gleicher Größe. Demzufolge möchten in Canton mit seinen Vorstädten etwa hundert und funfzig tausend Menschen wohnen.
Ueber die Anzahl der bewohnten Sampanen waren
die Meynungen getheilt; aber keiner schätzte sie geringer
als vierzigtausend. Sie liegen fast reihenweise, dicht

neben einander, und von einem Zwischenraum zum andern, bleibt nur eine enge Durchfahrt frey, worin die Kähne auf- und abwärts fahren. Der Tigris ist bey Canton etwas breiter als die Themse bey London, und der ganze Fluß ist wenigstens eine Englische Meile weit auf diese Art mit Booten bedeckt; die Angabe von vierzigtausend scheint mir also gar nicht übertrieben. Da nun in jeder Sampane eine Familie wohnt, so würde in der Voraussetzung, daß jene Zahl richtig ist, diese schwimmende Stadt allein schon beynahe dreymal soviel Einwohner enthalten als Herr Sonnerat für ganz Canton rechnet.

Die Kriegsmacht in der Provinz, wovon Canton die Hauptstadt ist, beläuft sich auf funfzigtausend Mann. Zwanzigtausend sollen allein in und um die Stadt liegen. Zum Beweise hiervon erzählte man mir, es wären bey Gelegenheit einiger Unruhen, die sich in der Stadt ereignet hätten, innerhalb wenigen Stunden dreyßig tausend Mann Truppen zusammengezogen worden.

Die Straßen sind lang, meistens enge und unregelmäßig, aber mit großen Steinen gut gepflastert, und werden sehr reinlich gehalten. Die Häuser sind von Backsteinen erbaut, nur ein Stockwerk hoch, und haben zwey oder drey Hinterhöfe, wo sich die Waarenlager, und, wenn die Häuser in der Stadt liegen, die Wohnungen der Weiber befinden. Eine geringe Anzahl der schlechtesten Häuser sind von Holz erbauet. Die Häuser der Europäischen Faktoren stehen an einem schönen Kay (Quai) und bilden längs dem Flusse eine regelmäßige, zwey Stockwerk hohe Fassade. Ihre innere Einrichtung ist halb in Europäischem, und halb in Chinesischem Geschmack. Gleich daneben sind mehrere Häuser befindlich, welche Chinesischen Eigenthümern gehören, aber an Schiffscapitaine und Kaufleute, so lange sie sich in Canton aufhalten, vermiethet werden. Kein Europäer darf seine Frau

mit nach Canton bringen. Daher wohnen die Englischen
Supercarguen alle beysammen, und speisen auch an Einem Tisch, den ihnen die Compagnie giebt, obgleich übrigens
jeder seine abgesonderte Wohnung hat, die aus drey bis
vier Zimmern besteht. Sie bleiben hier selten länger
als acht Monathe im Jahr, und sind während dieser Zeit
so emsig mit dem Dienst der Compagnie beschäftigt, daß
sie sich desto leichter dem Zwang welchen die Chineser ihnen auferlegen, unterwerfen können. Sehr selten, ausgenommen in öffentlichen Angelegenheiten, geben sie Be-
suche in der Stadt, und nichts stößte mir einen veräch-
licheren Begrif von ten Chinesern ein, als daß sie unter
so vielen liebenswürdigen und verdienstvollen Männern,
deren einige schon gegen funfzehn Jahre hier wohnen,
noch mit keinem jemals weder eine freundschaftliche noch
eine gesellschaftliche Verbindung geschlossen haben. Sobald das letzte Schiff von Wampu abgeht, müssen die
Europäer alle nach Maccao gehen. Zum Beweise, daß
eine vortrefliche Polizey in diesem Lande herrscht, kann
man anführen, daß sie ihr baares Geld, welches zuweilen gegen hundert tausend Pfund Sterling beträgt, im
Hause zurücklassen, ob sie gleich keine andre Sicherheit
haben, als das Siegel des Vicekönigs, der Mandarinen
und der Kaufleute, die den Hong ausmachen.

Während meiner Anwesenheit in Canton führte
mich einer der Englischen Herren zu einem dortigen Manne vom ersten Range. Man empfing uns in einem langen Zimmer oder einer Gallerie. An den obersten
Ende desselben stand ein Tisch, mit einem großen
Stuhl dahinter, und auch zu beyden Seiten des Zim-
mers waren längs den Wänden Reihen von Stühlen
hingestellt. Man hatte mich im voraus belehrt, daß die
feinste Höflichkeit darin bestünde, das Niedersitzen so lange als möglich zu verbitten; es kostete mich also keine
Mühe, der Etiquette in diesem Stück völlig Genüge zu

leisten. Hierauf bewirthete man uns mit Thee, nebſt einigen eingemachten und friſchen Früchten. Unſer Wirth war ſehr wohlbeleibt, hatte ein ſchwerfälliges, nichts bedeutendes Geſicht, und betrug ſich mit vieler Gravität. Er ſprach etwas gebrochen Engliſch und Portugieſiſch und führte uns, nachdem wir die Erfriſchungen genoſſen hatten, in ſeinem Hauſe und Garten umher, um uns alle die Verbeſſerungen zu zeigen, die er darin vorzunehmen gedachte, und hierauf nahmen wir von ihm Abſchied.

Um alle Weitläuftigkeiten und Zögerungen, welche das Anſuchen um einen Paß verurſacht haben würde, zu vermeiden, und die unnöthige Ausgabe von zwölf Pfund Sterling (zwey und ſiebzig Thaler) welche die Mieth einer Sampane betragen hätte, zu erſparen, hatte ich mich ſchon entſchloſſen zugleich mit den Schiffsvorräthen auf dem vorerwähnten Fahrzeuge nach Maccao zurückzukehren. Allein zwey Engliſche Herren, die eben Paß auf vier Perſonen ausgewirkt hatten, luden mich ein, daß ich mit ihnen in einem Chineſiſchen Boote Platz nehmen ſollte. Ich empfahl daher Herrn Lanyon die Sorge für unſere Sachen und Leute, die den nächſtfolgenden Tag abgehen ſollten, und begab mich nebſt Herrn Philips zu meinen neuen Geſellſchaftern. Von den Supercarguern nahmen wir am 26ſten Abends Abſchied, nachdem wir ihnen vorher für die vielen Verbindlichkeiten die wir ihnen ſchuldig waren gedankt hatten, unter denen ich billig eines anſehnlichen Geſchenks an Thee zum Gebrauch beyder Schiffe, und einer großen Sammlung von Engliſchen periodiſchen Schriften erwähnen muß; womit wir uns auf der langweiligen Rückreiſe die Zeit verkürzten, und wodurch wir in Stand geſetzt wurden, in Abſicht der Angelegenheiten unſeres Vaterlandes nicht als völlige Fremdlinge zurückzukehren. Um ein Uhr am folgenden Morgen verließen wir Canton, und kamen am folgenden Tage, den 28ſten ungefähr um eben die Stunde zu

Maccao an. Wir folgten übrigens bey unserer Fahrt einem Arm des Flusses, welcher dem, den wir hinangeschifft waren, gegen Westen liegt.

Während meiner Abwesenheit hatten unsere Leute und die Chineser einen starken Handel mit Meerotterfellen getrieben, die täglich im Werthe stiegen. Ein Matrose allein, verkaufte seinen Vorrath um achthundert Thaler, und einige vorzüglich gute Felle, welche rein und unbeschädigt waren, galten das Stück hundert und zwanzig Thaler. Auch bin ich überzeugt, daß der ganze Gewinn an Gelde und Waaren, den beyde Schiffe für das Pelzwerk löseten, nicht weniger als zweytausend Pfund Sterling (12000 Thaler) betrug, obgleich allgemein zugegeben ward, daß wenigstens zwey Drittel des Pelzwerks, welches wir ursprünglich von den Amerikanern erhandelt hatten, theils verdorben und abgetragen, theils in Kamtschatka umgesetzt, verschenkt oder sonst veräußert worden war. Hiezu kommt noch, daß wir anfänglich bey dem Eintausch dieses Pelzwerks den hohen Werth desselben noch nicht kannten; daß die meisten Felle schon von den Amerikanern selbst getragen worden waren; daß unsere Leute sie mit geringer Sorgfalt aufbewahrt und oft als Bettdecken und Kleidungsstücke gebraucht hatten, und endlich, daß die Chineser uns schwerlich je den ganzen Werth dafür bezahlten. Mich dünkt dies alles zusammengenommen, stellt eine Reise, die man in Handelsabsichten nach den Westküsten von Nordamerika unternähme, so auffallend vortheilhaft dar, daß ich das Publikum noch einige Augenblicke länger damit unterhalten darf.

Unsere Matrosen geriethen durch den vortheilhaften Absatz dieser Waare in eine Art von rasender Begierde, wieder nach dem Cooksfluß zurückzukehren, um dort eine neue Ladung von Pelzwerk zu holen, und auf einmal reich werden zu können, so daß schon einmal nicht viel an einem Aufstand fehlte. Ich selbst machte mir das

Vergnügen, ein Project zu entwerfen, welches mir unsere fehlgeschlagene Erwartung in Ansehung der Japanischen Inseln und der Nordküste von China zuerst eingegeben hatte. Die Ostindische Compagnie würde es, wie ich noch jetzt überzeugt bin, nicht nur ohne Kosten, sondern mit der Aussicht auf einen ansehnlichen Gewinn unternehmen können, ungeachtet vielleicht wegen der Lage unserer politischen Angelegenheiten, oder wegen größerer Schwierigkeiten als ich mir anfangs vorgestellt hatte, bis jetzt noch kein dergleichen Versuch gemacht worden ist. Der Plan, den ich in meinem Tagebuch vorfinde und noch immer mit Partheylichkeit ansehe, ist folgender:

Ich würde erstlich vorschlagen, daß jedes von der Compagnie nach China bestimmte Schiff, einige überzählige Mannschaft mitnehmen sollte, die sich zusammen auf hundert Matrosen beliefen. Zwey Fahrzeuge, eines von zwey hundert, das andere von hundert und funfzig Tonnen, können, wie man mich versicherte, zu Canton bestellt und gekauft werden; und da die Lebensmittel dort nicht theurer sind als in Europa, so rechne ich, daß die ganze Ausrüstung, einen Jahres=Sold und die Vorräthe so wie den Kaufpreis der Schiffe mit eingeschlossen, mit sechs tausend Pf. Sterling (36000 Rthlr.) bestritten werden könnte. Die Ausgabe für die nöthigen Tauschwaaren ist so geringe, daß sie kaum Erwähnung verdient. Ich würde zu dem Ende empfehlen, daß jedes Schiff fünf Tonnen rohes Eisen, eine Schmiede und einen geschickten Schmid an Bord haben müßte, welcher die Werkzeuge, die bey den Amerikanern den meisten Abgang finden, zu verfertigen hätte. Es ist zwar ganz richtig, daß wir mit einem Dutzend großer grüner Glasperlen sechs der schönsten Felle eingetauscht haben; allein bekanntlich hängt bey jenen Völkern der Geschmack an solchen Zierrathen sehr von Laune ab, und Eisen bleibt die einzige zuverlässige Waare für den dortigen Handel. Man könnte noch einen Vorrath*) von zugespitzten Messern, einige Ballen grobes Wollentuch, (denn Leinwand wollten sie nicht nehmen) und ein Paar Fässer voll kupfernes und gläsernes Spielwerk hinzufügen. Zwey Schiffe müßten übrigens nothwendig ausgerüstet werden, theils um die Expedition besser zu sichern, theils weil ich der Meynung bin, daß niemals einzelne Schiffe auf Entdeckungen ausgeschickt werden dürfen.

Wenn die Schiffe zum Auslaufen fertig sind, müssen sie zu Anfang des Südwest-Monsuns, der gewöhnlich im Anfang des Aprils eintritt, unter Segel gehen, und längs der Küste von China nordwärts schiffen, so, daß sie bey der Mündung des Flusses Kyana oder des Flusses der bey Nanking vorbeyfließt, anfangen die Küste genauer aufzunehmen, da man bis jetzt, in Europäischen Schiffen, nicht weiter als zum 30sten Grad der Breite gekommen ist. Der Umfang des tiefen Meerbusens Hoange Hay, oder des gelben Meeres, ist ebenfalls noch unbekannt, und es muß der Klugheit des Befehlshabers überlassen werden, wie weit er sich hineinwagen dürfe, doch darf er sich nicht gar zu tief hineinbegeben, damit es ihm nicht an Zeit zur Fortsetzung seiner übrigen Reise fehlen möge. Mit gleicher Klugheit muß er zu Werke gehen, wenn er in der Meerenge Tissoi ankommt, und bey günstigem Winde und Wetter die erwünschte Gelegenheit hat, die Inseln von Jeso zu entdecken.

Wenn man bis zu 51° 40' nördlicher Breite gekommen ist, wo die Südspitze der Insel Sogalien liegt, kömmt man an die See oder den Busen von Ochotsk, der schon hinlänglich bekannt ist, und kann also von da südwärts steuern, um die südlichsten Kurilen Inseln aufzusuchen. Dies kann ungefähr im Anfang des Ju-

*) A few groß; — 1 Groß hält zwölf Dutzend. G. F.

nius geschehen. Auf Urup oder Nadisda muß, laut
den Rußischen Berichten, ein bequemer Hafen seyn, wo
die Schiffe Holz und Wasser an Bord nehmen, und sich
mit den etwa dort vorgefundenen Erfrischungen versorgen
können. Gegen das Ende des Junius müssen sie den
lauf nach den Schumaginsinseln, und so weiter
nach dem Cooks-Strom richten, und so wie sie längs
der Küste segeln, so viele Felle, als sie ohne großen Zeitverlust bekommen können, eintauschen, indem sie noch
eine Fahrt nach Süden vor sich haben, um die ganze Küste vom 56sten bis zum 50sten Grad nördlicher Breite
wo uns widrige Winde davon abtrieben, mit der größten
Genauigkeit aufzunehmen. Den Einkauf des Pelzwerks
betrachte ich allerdings als eine Nebensache, bloß um die
Kosten der Unternehmung wieder herauszubringen; allein,
nach demjenigen, was wir auf unserer Reise erfahren haben, zu urtheilen, bin ich überzeugt, daß man ohne allen Zeitverlust zwey hundert und funfzig Felle, das Stück
hundert Thaler werth einsammeln kann, weil man sie auch
noch südwärts von Cooks Flusse antreffen wird. Nach
einem dreymonatlichen Aufenthalt an der Küste von Amerika müßte ziemlich früh im October die Rückreise nach
China angetreten werden, doch so, daß man soviel als
möglich eine noch unversuchte Laufbahn nähme. Sollte
der Pelzhandel auf diese Art ein bestimmter Gegenstand
der ostindischen Compagnie werden, so würden sich alsdenn auch öftere Gelegenheiten ereignen, die etwa das
erste mal noch übrig gebliebenen Entdeckungen nachzu-
holen*).

---

*) Die Zeitungen haben im vorigen Jahre einer Reise von
Canton nach Amerika erwähnt, die sehr gut ausgefal-
len seyn soll; allein darin scheint Herr King die ostindische
Compagnie und ihre Beamten verkannt zu haben, daß er
Entdekungsreisen von ihnen erwartet. Was in jener

Der Handel mit unsern Meerotterfellen hatte nunmehr eine seltsame und zum Theil poßierliche Veränderung im Anzuge unserer Matrosen verursacht. Als wir in Taypa ankamen, war die Kleidung unserer jüngeren Officire und Matrosen so zerlumpt, als man es sich nur denken kann; denn unsere Reise dauerte schon beynahe ein Jahr länger, als man anfänglich gerechnet hatte, und folglich war der ganze Vorrath von Europäischen Kleidungsstüken längst zerrissen, oder mit Pelzfleckchen und den mancherley Zeugen, die wir hin und wieder eingetauscht hatten, ausgeflickt worden. Hier nun kamen um den Contrast noch schneidender zu machen, noch die buntesten chinesischen Seiden- und Baumwollenzeuge hinzu.

Am 30sten kam Herr Lanyon mit den Munitionen und Lebensmitteln, welche sogleich in gehörigem Verhältniß auf beyden Schiffen vertheilt wurden. Tages darauf schickte ich dem Schiffe, welches unsere Sachen von Canton gebracht hatte, einem mit dem Capitain Gore geschlossenen Vergleich zufolge, unsern Pflicht-Anker, und erhielt dagegen seine Kanonen, die man bisher zum Festmachen des Schiffes gebraucht hatte.

Während unseres Aufenthalts im Hafen Taypa zeigte man uns den Garten eines Engländers in Macao, und in demselben den Felsen, unter welchem der Dichter Cámoens gesessen, und seine Lusiade gedichtet haben soll. Es ist ein hoher Berg von festem Stein, der den Eingang einer dahinter in den Berg gegrabenen Höhle ausmacht. Ueber diesen Felsen breiten große schattigte Bäume ihre Zweige aus, und man hat von dem-

---

Gegend noch zu entdecken oder genauer zu bestimmen, und zu berichtigen ist, kann wohl der Geographie und den Wissenschaften überhaupt von niemand eher geschenkt werden, als von Rußlands großer Beherrscherin, deren Reich sich bis an jenen Ocean erstreckt. G. F.

selben eine weit ausgedehnte prächtige Aussicht auf das
Meer und die darin umher gesäeten Inseln.

Am elften Januar 1780 gingen zwey Matrosen
von der Resolution mit dem sechs rudrigen Boote (*Cutter*)
durch. Alles Nachsuchens ungeachtet haben wir nie wieder etwas von ihnen gehört, man vermuthete aber, diese
Leute hätten sich durch die blendende Hofnung, auf einer
zweyten Reise nach den Pelzinseln ihr Glück zu machen,
zu diesem Schritt verführen lassen.

Während unseres hiesigen Aufenthalts im Taypa
hörten wir kein Wort von einer Ausmessung der Schiffe;
Lord Ansons Entschlossenheit scheint es also dahin gebracht zu haben, daß die Chineser seitdem auf diesen, damals so heftig bestrittenen, Punkt nicht mehr bestehen.

Ich muß auch noch folgende nautische Beobachtungen anführen, welche wir an diesem Orte anstellten.
Die Breite worin der Hafen Mac-

cao belegen ist, beträgt	22° 12′ —″ N.
Die Länge	113° 49′ —″ O.
Die Breite des Ankerplatzes im Taypa	22° 9′ 20″ N.
Die Länge	113° 48′ 34″ O.
Mittlere Inclination des Nordpols der Magnetnadel	21° 1′ —″
Abweichung der Magnetnadel	—° 19′ —″ W.

Bey Voll = und Neumond tritt die höchste Fluth im
Taypa um 5 Uhr 15 Minuten, und im Hafen von Maccao um 5 Uhr 50 Minuten ein. Die größte Höhe beträgt sechs Fuß und einen Zoll. Die Fluth scheint von
Südosten her zu kommen, doch ließ sich dieses wegen der
vielen Inseln die vor der Mündung des Flusses von Canton liegen, nicht ganz genau bestimmen.

Bey dem folgenden Preisverzeichniß der Lebensmittel,
wie es für das Jahr 1780 bestimmt worden ist, muß ich
zuvor bemerken, daß von jeder Sache das Beste in seiner
Art verstanden wird, und daß die Preise nur den Aus-

länder

länder angehen, indem die Landesunterthanen alles um ein Drittel wohlfeiler erhalten †).

Preise der Lebensmittel in Canton im Jahre 1780.

	L.	Sh.	d.	
Ananas	—	4	—	für 20 Stück.
Arrack	—	—	8	die Flasche.
Butter	—	2	4$\frac{4}{5}$	das Catty*)
Rindfleisch, in Canton	—	—	2$\frac{1}{2}$	—
— in Maccao	—	—	5$\frac{1}{3}$	—
Vogelnester	3	6	8	—
Biscuit	—	—	4	—
Becha de mar **)	—	2	—$\frac{4}{5}$	
Kalbfleisch	1	6	9$\frac{3}{5}$	das Stück.
Kalwansen, getrocknete	—	—	2$\frac{2}{5}$	das Catty.
Kohl aus Nanking	—	—	4$\frac{4}{5}$	—
Ingredienzen des Curry, einer asiatischen Brühe	—	1	4	—
Kaffee	—	1	4	—
Kokosnüße	—	—	4	das Stück.
Holzkohlen	—	3	4	das Pekul.
Coxice	—	1	4	das Catty.
Cantonische Nüße	—	—	4	—
Kastanien	—	—	2$\frac{2}{5}$	—
Herzmuscheln	—	—	4$\frac{1}{3}$	—
Enten	—	—	5$\frac{1}{3}$	—

---

†) Um die hier angegebenen Englischen Preise nach unserm Fuß zu brechnen, muß man nicht vergessen, daß ein Pfund Sterling (L.) etwa sechs Thaler gilt, und daß zwanzig Schillinge (Sh.) ein Pfund, so wie zwölf Pfennige (d) einen Schilling ausmachen. G. F.

*) Catty, ein chinesisches Pfund hält 18 Unzen, und ein Pekul sind 100 Catty.

**) Vermuthlich der Portugiesische Name des Calmars, Sepia octopodis. Es kommen in der Folge mehrere unbekannte Artikel vor, die ich so lasse, wie sie sind. G. F.

IV. Q

Wilde Enten —	1	$\frac{4}{5}$ das Stück.
Hirschsehnen —	2	$1\frac{3}{5}$ das Catty.
Aal —	—	$6\frac{2}{5}$
Eyer —	2	— das Hundert.
Fische, gemeine Sorten —	—	$3\frac{1}{5}$ das Catty.
— beste Sorte —	—	$6\frac{2}{5}$ —
— gesalzene von Nanking —	—	$9\frac{3}{5}$ —
Früchte —	—	$1\frac{3}{5}$
— von Nanking —	2	—
Frösche —	—	$6\frac{2}{5}$
Mehl —	—	$1\frac{76}{100}$
Hüner, Kapaunen u. s. w. —	—	$7\frac{1}{5}$
Fischmagen —	2	$1\frac{3}{5}$
Gänse —	—	$6\frac{2}{5}$
Gemüsarten —	—	$1\frac{3}{4}$
Graß —	—	$2\frac{2}{5}$ das Bund.
Weintrauben —	1	— $\frac{4}{5}$ das Catty.
Schinken —	1	$2\frac{2}{5}$ —
Hirschhorn —	1	4 —
Schweinespeck —	—	$7\frac{1}{5}$
Schweine, lebendig —	—	$4\frac{3}{4}$
Böckchen, lebendig —	—	$4\frac{3}{4}$
Limonen —	—	$\frac{4}{5}$
Litchis, getrocknet —	—	$2\frac{2}{3}$
Locksoy —	—	$6\frac{2}{3}$
Lobchocks —	—	$5\frac{3}{5}$
Lampenöl —	—	$5\frac{3}{5}$
Lampen-Tochte —	—	8
Melonen —	—	$4\frac{4}{5}$ das Stück.
Milch —	—	$1\frac{1}{4}$ das Catty.
— Maccao —	—	$3\frac{1}{5}$ —
Senssamen —	—	$6\frac{2}{5}$ —
Eingemachte Schwämme —	2	8 —
Frische Schwämme —	1	4 —
Austern —	3	4 das Pekul.

Zwiebeln, getrocknete	—	—	$2\frac{2}{5}$	das Catty.
Schweinefleisch	—	—	$7\frac{1}{7}$	—
Ferken	—	—	$5\frac{3}{4}$	—
Paddy (d. i. Reis in der Hülse)	—	—	$\frac{4}{5}$	—
Pfeffer	—	1	$\frac{4}{5}$	—
Fasanen	—	5	4	das Stück.
Rebhüner	—	—	$9\frac{3}{5}$	—
Tauben	—	—	$5\frac{1}{5}$	—
Granatäpfel	—	—	$2\frac{2}{5}$	—
Wachteln	—	—	$1\frac{3}{5}$	—
Kaninchen	—	1	4	—
Reis	—	—	2	das Catty.
— rother	—	—	$2\frac{2}{5}$	—
— grober	—	—	$1\frac{1}{5}$	—
— Japanischer	—	—	8	—
Rosinen	—	2	—	—
Schafe	3	6	8	das Stück.
Schnepfen	—	—	$1\frac{1}{2}$	das Catty.
Stör	—	4	$9\frac{3}{5}$	—
— kleiner	—	2	$4\frac{4}{5}$	—
Zucker	—	—	$3\frac{1}{5}$	—
Salz	—	—	$1\frac{3}{5}$	—
Salpeter	—	2	$1\frac{3}{5}$	—
Soja	—	—	$1\frac{3}{5}$	—
Gewürze	—	16	8	—
Zuckerwerk (Confituren)	—	—	$6\frac{2}{5}$	—
Sago	—	—	$3\frac{1}{5}$	—
Sallat	—	—	$2\frac{2}{5}$	—
Haysischfloßen	—	2	$1\frac{3}{5}$	—
Samsui-soya (Soga mit Branntwein)	—	—	$2\frac{2}{5}$	—
Kriek-Enten	—	—	$6\frac{2}{5}$	das Stück.
Schildkröten	—	—	$9\frac{3}{5}$	das Catty.
Thee	—	2	—	—
Curcuma oder Gilbwurz	—	—	$2\frac{2}{5}$	—

Tamarinden	—	—	8	das Catty.
Weinessig	—	—	$1\frac{3}{5}$	—
Nudeln (Vermicelli)	—	—	$3\frac{1}{3}$	—
Wachslichter	—	3		
Welschenüße	—	—	$4\frac{4}{5}$	
Holz	—	1	4	das Pekul.
Wasser	—	6	8	für 100 Eimer
Miethe der Faktoren Poho	400	—	—	— jährlich,
— — Lunsuhn	316	13	4	
Reis für die Bedienten	—	8	—	monatlich.
Lohn der Bedienten	—	19	$2\frac{2}{5}$	—
Lohn der Bedienten während der Handelsmonate.	20 Spanische Thaler.			
Lohn eines Haushofmeisters	80 Span. Thal. jährlich.			
— Kellermeisters	80 — — *)			

Preise des Arbeitslohns.

Ein Kuli oder Lastträger	— —	8	(5 gr.) täglich
Ein Schneider	— —	5	(3 gr. nebst Reis)
Ein Handwerker	— —	8	—
Ein gemeiner Tagelöhner	— —	3 bis	, d. (2 gr. bis 3 gr. 8 pf.)

Das Arbeitslohn für Frauenspersonen ist um vieles wohlfeiler.

---

*) Das obige Preisverzeichniß kann zugleich zum Maaßstabe der Chinesischen Leckerhaftigkeit dienen, denn es ist zum Erstaunen, wie außer allem Verhältniß theuer die verschiedenen Arten von Leckerbissen bezahlt werden. G. F.

Achtzehntes Hauptstück.

Abfahrt aus dem Taypa. Befehle des Französischen Hofes in Ansehung Capitain Cooks, und unsere deshalb gefaßte Entschließung. Bleywurf auf der Macclesfield-Bank. Fahrt bey bey Pulo Sapata vorüber nach Pulo Condor. Ankunft daselbst. Begebenheiten während unseres Aufenthalts. Reise nach der Hauptstadt. Besuch von einem Mandarin. Untersuchung seiner Briefschaften. Erfrischungen, welche daselbst zu haben sind. Beschreibung des gegenwärtigen Zustandes der Insel und ihrer Produkte. Widerlegung einer Behauptung des Herrn Sonnerat. Astronomische und Nautische Beobachtungen.

Mittags am 12ten Januar, 1780, lichteten wir die Anker und reinigten unsere Kanonen, deren ich auf meinem Schiffe nunmehr zehn aufgepflanzt hatte, so daß wir aus vier neuen Oefnungen im Nothfall sieben Stücke auf einer Seite brauchen konnten. Auf gleiche Art waren an Bord der Resolution die Kanonen von zwölf bis auf sechszehn vermehrt worden, und in beyden Schiffen ging ein starkes Vertheidigungswerk (*barricade*) um die Verdecke, wobey noch alle andere Einrichtungen getroffen waren, um unserer kleinen Macht so viel als möglich einiges Ansehen zu geben. Wir hielten es für unsere Pflicht diese Vorkehrungen zu treffen, ob wir gleich mit einigem Grunde glauben konnten, daß die Großmuth unserer Feinde sie überflüßig gemacht hätte. In Canton erfuhren wir nämlich, daß man in den zuletzt aus England angekommenen Zeitungsblättern die Nachricht gelesen habe, es sey an Bord aller in Europa eroberten Französ

sischen Kriegsschiffe ein Befehl gefunden worden, die
Schiffe welche unter Capitain Cook ausgelaufen wären,
falls man ihnen begegnete, unangefochten auf ihrem Wege fortgehen zu lassen. Auch der Amerikanische Congreß,
hieß es, habe gleiche Befehle ertheilt, und die Privat-
briefe an verschiedene Supercargnen bestätigten diese Neu-
igkeit. Diese großmüthige Ausnahme, die man zu unserm Vortheil machte, bewog Herrn Capitain Gore,
sich aller Gelegenheiten, wo er etwa hätte Prisen machen können, zu enthalten, und auf der ganzen Reise die
strengste Neutralität zu beobachten.

Um zwey Uhr Nachmittags gingen wir unter Segel,
und begrüßten das Fort von Macao mit elf Kanonen,
worauf mit einer gleichen Anzahl geantwortet wurde. Um
fünf Uhr legte sich der Wind, und das Schiff gerieth in
eine seichte Stelle, von der wir es indeß ohne den mindesten Schaden wieder abzogen. Wegen der fortdauern-
den Windstille konnten wir erst um acht Uhr aus dem Hafen bogsiret werden. Bis um neun Uhr Morgens blieben wir vor dem Eingang liegen, und gingen dann erst mit
einem frischen Ostwinde weiter. Um Mittag begrüßte uns
ein Schwedisches Schiff, welches auf der Rückreise nach
Europa vor uns vorbeysegelte. Am 16ten, um acht Uhr
Abends, fanden wir auf der Macclesfieldbank in fünf-
zig Faden Tiefe einen Grund von weißen Sand und Mu-
scheln. Dieser Theil der Bank liegt nach unsern Beobachtungen in 15° 51' nördlicher Breite und 114° 20'
östlicher Länge genau wie Herrn Dalrymple's Karte
ihn angiebt. Ueberhaupt t darf diese vortrefliche Arbeit
keiner Bestätigung; allein insbesondere in diesem Falle
konnten wir ihrer Richtigkeit durch viele Mondsbeobachtungen, dergleichen wir seit der Abfahrt aus dem Taypá
täglich anstellten, das beste Zeugniß geben. Am 19ten
um vier Uhr Nachmittags sahen wir Pulo Sapata,
ein kleines, hohes, kahles Eiland, welches wie ein Schuh

(Portugiesisch, Sapata) gestaltet ist, und nach unseren
Beobachtungen in 10° 4' nördlicher Breite und 109° 10'
östlicher Länge liegt. Der Wind war indessen so stark
geworden, daß wir unsere Marssegel ganz einreffen mußten. Vermuthlich giebt es hier eine Strömung im Meere; denn wir fanden uns zwischen dem 19ten und 20sten,
in vier und zwanzig Stunden, zwey und vierzig Meilen
vorwärts nach Südsüdwesten getrieben. Von Pulo
Sapata liefen wir nach Westen, und fanden um Mitternacht einen schönen Sandgrund in funfzig Faden Tiefe.
Mittags am 20sten befanden wir uns in 8° 46' nördlicher Breite und 106° 45' östlicher Länge und eine halbe
Stunde darauf erblickten wir Pulo Condor im Westen. Nachmittags um sechs Uhr gingen wir in dem Hafen an dem Südwestende dieser Insel, welcher nach Nordwesten offen, und folglich gegen den nordöstlichen Mon-
sun gesichert ist, in sechs Faden Tiefe vor Anker.

So bald wir die Schiffe in Sicherheit gebracht hatten, ließ Capitain Gore eine Kanone lösen, um die Einwohner von unserer Ankunft zu benachrichtigen, und sie
an den Strand zu ziehen; allein dieser Schuß that keine
Wirkung. Früh am folgenden Morgen schickten wir Leute aus, die Holz fällen sollten, um dessentwillen Capitain
Gore hier hauptsächlich angelegt hatte. Nachmittags riß
ein unverhofter Windstoß das Kabeltau unseres Strom-
ankers entzwey, so daß wir das Schiff nunmehr mit beyden Bugankern festmachen mußten. Ungeachtet wir eine
zweyte Kanone abgefeuert hatten, ließen sich doch noch keine Einwohner blicken. Capitain Gore entschloß sich also
ans Land zu gehen, und sie selbst aufzusuchen, damit ohne
weitern Zeitverlust der Handel um Lebensmittel eröfnet
werden könnte. Am 22sten des Morgens ging er mit
mir in einem Boote rund um die Nordspitze des Hafens,
weil es wegen des starken Ostwindes nicht rathsam war,
in unseren Booten der Küste bis an die Stadt, welche

Q 4

an der Ostseite der Insel liegt, zu folgen. Wir waren ungefähr zwey Englische Meilen weit gerudert, als ich einen Weg erblickte, der in den Wald hineinging. Unweit dieser Stelle landeten wir, und ich nebst einem Midschipman und vier bewafneten Matrosen, trennte mich von Capitain Gore, um den Pfad einzuschlagen, der uns queer über die Insel zu gehen schien. Wir stiegen durch einen dichten Wald ungefähr eine Englische Meile weit einen steilen Berg hinan, und dann wieder durch einen ähnlichen Wald in eine offene, sandige Fläche hinunter, auf welche wir hie und dort angebaute Aecker mit Reis und Taback, imgleichen kleine Hayne von Kohl- und Kokospalmen sahen. Hier späheten wir endlich am Rande des Waldes zwey Hütten aus, und gingen darauf zu: allein noch ehe wir ankamen, entdeckten uns zwey Männer. Kaum hatten sie uns bemerkt, so liefen sie unverzüglich davon, und achteten nicht im geringsten auf alle nur ersinnliche bittende und friedliche Gebährden, die wir machten.

Als wir bey den Hütten angekommen waren, ließ ich meine Begleiter halten, damit der Anblick so vieler bewafneten Leute die Einwohner nicht erschrecken möchte. Hierauf trat ich ganz allein hinein, um Nachsuchung zu halten. In der einen fand ich einen Mann bey Jahren, der sehr bestürzt und im Begrif war, seine schätzbarsten Habseligkeiten zusammenzuraffen, um sie davon zu tragen. In kurzem gelang es mir ihn von seiner Furcht so vollkommen zu befreyen, daß er hinausging, und die beyden Flüchtlinge zurückrief. Auch währte es gar nicht lange, so fingen wir an uns recht gut mit einander zu verstehen. Einige wenige Zeichen, insbesondere das vielbedeutende, daß ich ihm eine Hand voll Thaler vorhielt, und dann auf eine Heerde Büffel und auf die vielen Hüner die um die Hütten herliefen, hindeutete, machten ihm begreiflich, warum es eigentlich zu thun sey. Er zeigte

nunmehr seiner Seits nach der Gegend hin, wo die Stadt
liegt und gab uns zu verstehen: wenn wir dahin gingen,
so würden alle unsere Bedürfnisse befriedigt werden. Die
jungen Leute, welche vorher davon gelaufen waren, kamen jetzt wieder zurück, und der Alte trug einem von ihnen auf, uns nach der Stadt zu führen. Erst mußte
aber eine Schwierigkeit aus dem Wege geräumt seyn,
von der wir uns gar nichts hatten träumen lassen. Sobald wir nämlich aus dem Walde gekommen waren, hatten sich die Büffel, deren wenigstens zwanzig hier umher
liefen, gegen uns aufgemacht, und kamen in vollem Lauf
angezogen, wobey sie die Köpfe in die Höhe warfen, die
Luft einschnaubten und auf eine schreckliche Art brüllten.
Sie waren uns bis an die Hütten gefolgt, und hatten sich in
geringen Entfernungen neben einander gestellt. Der Alte
bedeutete uns, daß wir uns nicht ohne die äußerste Gefahr auf den Weg machen dürften, ehe nicht die Büffel
in den Wald getrieben wären. Diese waren aber über
dem Anblick fremder Menschen nunmehr so wüthend, daß
man nicht ohne große Mühe damit zu Stande kam. Die
Männer konnten nicht mit ihnen fertig werden, sondern
mußten einige kleine Knaben zu Hülfe rufen, die zu unserm Erstaunen die Thiere bald verjagten. In der Folge hatten wir mehr Gelegenheit zu bemerken, daß man
die Büffel allezeit von kleinen Jungen treiben oder festmachen läßt, welches letztere vermittelst eines Strickes ge-
schieht, der durch ein Loch in ihrem Nasenknorpel gezogen
wird. Diese Knaben konnten die Thiere auch dann angreifen und streicheln, wenn Erwachsene ihnen nicht nahe
kommen durften. Sobald unsere Gegner vertrieben waren, führte man uns nach der eine Englische Meile weit
entlegenen Stadt, wohin der Weg in tiefem weissen
Sande ging. Sie liegt am Seeufer in einer tiefen Bay,
die während des Südwest Monsuns eine sichere Rheede
abgeben kann, und besteht aus zwanzig bis dreyßig dicht

an einander gebaueten Häusern, nebst sechs oder sieben
anderen, die längs dem Strande zerstreut liegen. An
diesen Häusern sind die beyden Seitenwände, das Dach
und die Wand, welche nach dem Lande hinsieht, zierlich
aus Rohr geflochten, hingegen ist die gegenüberstehende
Seite, nach der See hin, ganz offen, und man bedient
sich gewisser Schirme von Bamburohr, um sich gegen
Luft und Sonne zu schützen, wenn man sich beyden entweder gar nicht, oder nicht viel aussetzen will. Noch andere ähnliche Schirme oder Abtheilungen werden gelegentlich gebraucht, um das einzige Zimmer, aus welchem das ganze Haus besteht, in mehrere zu theilen.

Man führte uns nach dem größten Hause in der
Stadt, dem Aufenthalte des Oberhaups, oder wie man ihn
hier nannte, des Capitains. Hier bemerkten wir an
jedem Ende ein Zimmer, welches durch Rohrwände
von dem mittleren Raume getrennt war, der übrigens,
wie die andern Häuser, seine Schirmabtheilungen hatte.
Außerdem hatte dieses Haus noch ein Vordach, welches
vier oder fünf Fuß weiter als das eigentliche Dach her-
vorragte, und sich zu beyden Seiten in der ganzen Länge
des Hauses erstreckte. In dem Mittelzimmer hingen an
beyden Enden Chinesische Gemälde, welche Manns- und
Frauenspersonen in poßierlichen Attitüden vorstellten. Man
nöthigte uns sehr höflich, uns hier auf Matten niederzu-
lassen, und präsentirte uns Betel zum kauen.

Vermittelst meines Geldes und durch Hinzeigen auf
verschiedene Gegenstände, machte ich einem Manne, der
der angesehenste in der Versammlung schien, den Hauptgegenstand unserer Bothschaft ohne viele Mühe begreiflich. Ich meines Theils verstand auch, daß er mir sagen wollte, der Befehlshaber oder Capitain, ohne dessen
Bewilligung nichts verkauft werden dürfe, sey abwesend,
er werde aber bald wiederkommen. Wir machten uns
also die Zwischenzeit zu nutze, und spazierten in der Stadt

umher, konnten aber alles Suchens ungeachtet, nirgends eine Spur von dem Fort gewahr werden, welches unsere Lands-Leute unweit dieses Orts im Jahre 1702 erbauet hatten*)

Als wir nach der Behausung des Capitains zurückkamen, hörten wir zu unserm Mißvergnügen, daß er noch nicht da sey, und es war uns um desto unangenehmer, da die Zeit, die Capitain G o r e uns zur Rückkehr nach den Booten bestimmt hatte, meist verstrichen war. Die Eingebohrnen wünschten indeß, daß wir länger bleiben, ja sogar, daß wir die Nacht bey ihnen zubringen möchten, und versprachen uns nach Vermögen zu bewirthen. Uebrigens bemerkte ich auch jetzt, was ich schon bey unserer ersten Anwesenheit im Hause bemerkt hatte, daß der Mann, dessen ich besonders erwähnt habe, öfters in eines der beyden Zimmer an den Enden des Hauses abtrat, und dort eine Zeitlang verweilte, ehe er unsere Fragen beantwortete. Hieraus argwohnte ich denn, daß der Capitain doch wohl da seyn, aber aus Ursachen die nur Er am besten wissen mochte, sich nicht zeigen wollte. In

---

*) Die Engländer ließen sich, als die Faktorey Chusan an der Küste von China aufgehoben ward, im Jahr 1702 hier nieder. Sie brachten einige Macassarische Soldaten mit, die sie gedungen hatten, um bey der Errichtung des Forts Hand anzulegen. Da aber der Präsident die Versprechungen nicht hielt, die er ihnen gegeben hatte, nahmen sie einst ihre Gelegenheit wahr, und ermordeten in einer Nacht alle Engländer, die sich in dem Fort befanden. Diejenigen die außerhalb desselben waren, hörten den Lärmen, und retteten sich auf ihre Boote. Sie entkamen zwar mit dem Leben; doch mußten sie große Beschwerde, Hunger und Durst erdulden, ehe sie nach dem Königreich J o d o r gelangten, wo man sie sehr menschenfreundlich aufnahm. Einige von ihnen gingen hernach nach B e n j a r - M a s s e a u in der Insel B o r n e o, um daselbst eine Niederlassung anzulegen. East - India Directory, p. 86. Anmerkung der Urschrift.

diesem Verdacht ward ich noch dadurch bestärkt, daß man mich zurückhielt, als ich in das Zimmer zu gehen willens war. Endlich zeigte es sich auch ganz deutlich, daß ich recht gemuthmaßt hatte; denn als wir zum Aufbruch Anstalt machten, kam der Mensch, welcher so oft ein- und ausging, aus dem Zimmer, und gab mir einen Zettel zu lesen. Ich erstaunte nicht wenig, als ich sah, daß dies Papier eine Art von Beglaubigungsschreiben in Französischer Sprache in folgenden Worten war:

PIERRE IOSEPH GEORGE,
Evêque d'Adran, Vicaire Apost. de Cochin-Chine, etc. etc.

Le petit *Mandarin*, porteur de cet écrit, est véritablement Envoyé de la Cour à Pulo Condore, pour y attendre et recevoir tout vaisseau, européen qui auroit sa destination d'approcher ici. Le Capitaine, en consequence, pourroit se fier ou pour conduire le vaisseau au port, ou pour faire passer les nouvelles qu'il pourroit croire nécessaires.

A Sai-Gon,   PIERRE IOSEPH GEORGE.
10 d'Août, 1779   Evêque d'Adran.

Wir gaben das Papier zurück, versicherten vielfältig, daß wir des Herrn Mandarins gute Freunde wären, und baten auch, man möchte ihm sagen; wir hofften er würde uns mit einem Besuch an Bord unserer Schiffe beehren, damit wir ihn desto besser davon überzeugen könnten. Hiemit nahmen wir Abschied, und waren im Ganzen mit dem was vorgegangen war, zufrieden, ob wir gleich wegen des sonderbaren Französischen Zettels allerley Vermuthungen hegten. Drey von den Einwohnern erboten sich, uns zu begleiten. Dieses Anerbieten nahmen wir gern an, und gingen auf demselben Wege, den wir hergekommen waren, zurück. Capitain Gore freute sich über unsere Rückkehr sehr, denn wir hatten schon eine Stunde über

unsere Zeit gezögert, und er hatte aus Besorgniß, daß uns
etwas zugestoßen seyn könnte, bereits den Entschluß gefaßt uns zu folgen. Während unserer Abwesenheit hatte
er mit seinen Begleitern die Boote mit Kohlpalmen be-
laden, deren es hier herum eine große Menge giebt. Uns-
sern Wegweisern gaben wir für ihre Mühe jedem einen
Thaler, worüber sie sehr zufrieden schienen. Einer davon
begleitete uns, auf sein eignes Verlangen, an Bord, und
den andern beyden gaben wir eine Flasche Rum für den
Mandarin mit. Um zwey Uhr Nachmittags kamen wir
wieder bey den Schiffen an, und zu gleicher Zeit kehrten
auch unsere Jäger zurück. Sie waren eben nicht sehr
glücklich gewesen, ob sie gleich eine Menge Vögel und Thiere gesehen hatten, wovon in der Folge noch einiges vorkommen wird.

Um sechs Uhr ruderte eine Proa mit sechs Mann
vom Innern des Hafens nach dem Schiffe. Ein feiner
Mann, kam mit Anstand und wie es schien, mit sehr guter Lebensart zu Capitain Gore, händigte ihm das vor-
hinerwähnte Französische Papier ein, und bedeutete ihm zugleich, er sey der Mandarin, dessen darin Erwähnung
geschehe. Soviel erhellte auch aus seinem ganzen Betragen, daß er besserer Gesellschaft gewohnt seyn müsse, als
diese Insel geben kann. Er sprach einige Worte Portugiesisch; allein diese Sprache verstand keiner von uns, und
wir mußten also einen Schwarzen kommen lassen, der sich
an Bord befand und Malayisch sprechen konnte. Dies,
als die allgemeine Sprache der hiesigen Inseln, verstand
auch der Mandarin. Nach einer kurzen vorläufigen Unterredung, sagte er uns, er sey ein Christ, und habe
in der Taufe den Namen Luco (Lucas?) empfangen. Im
vergangenen August sey er von Sai-Gon, der Hauptstadt in Cochinchina, hieher geschickt worden, um einige
Französische Schiffe zu erwarten, die er als Lootsen sicher
nach einem Hafen in Cochinchina, der nur eine Tagereise

von hier entlegen sey, hinüber führen sollte. Wir sagten
ihm, daß wir Engländer, und nicht Franzosen wären,
und erkundigten uns zugleich, ob er wüßte, daß beyde
Nationen gegenwärtig miteinander Krieg führten? Er
bejahete dieses, gab uns aber zu verstehen, daß es ihm
gleichgültig sey, zu welcher Nation die Schiffe die er erwarten sollte, gehörten, wenn sie nur die Absicht hätten
mit den Einwohnern von Cochinchina zu handeln. Hierauf brachte er eine andere Schrift zum Vorschein,
und ersuchte uns, sie durchzulesen. Es war ein versie-
gelter Brief, mit der Aufschrift: „An die Capitains aller
Europäischen Schiffe, welche in Condore anlegen.„ Wir
vermutheten zwar, daß hiemit insbesondere nur Französische Schiffe gemeynt wären, indeß, da die Aufschrift
an alle Europäische Capitaine gerichtet war, und Luco
sehr wünschte, daß wir den Brief lesen möchten, so er-
brachen wir ihn, und fanden, daß er von demselben Bischof geschrieben war, von dem das vorige Certificat herrührte. Der Inhalt war ungefähr folgender: Man habe laut neuerlich aus Europa erhaltenen Nachrichten, Ursache zu erwarten, daß bald ein Schiff nach Cochinchina
kommen würde, und dem zufolge habe sich der Hof entschlossen, den Ueberbringer, einen Mandarin, nach Pulo Condor zu schicken, damit er die Ankunft des Fahrzeugs abwarten möchte. Im Fall es nun hier anlege,
könne der Befehlshaber desselben entweder durch den Ueberbringer von seiner Ankunft Nachricht senden, oder sich
dem Mandarin anvertrauen, der ihn in einen sichern Hafen von Cochinchina, welcher nur eine Tagereise weit von
der Insel entfernt sey, führen werde. Wolle er hingegen in Pulo Condor bleiben, bis der Boote wieder
zurückkomme, so werde man ihm gehörige Dollmetscher
und alle Beyhülfe, deren er sonst bedürfe, und durch
seinen Brief verlangt habe, zuschicken, übrigens sey es,
wie der Capitain selbst begreifen würde, unnöthig sich

mehr ins Detail einzulassen. Wir gaben den Brief, welcher mit dem Certificat einerley Datum hatte, Herrn Luco
wieder zurück, ohne eine Abschrift davon zu nehmen;
denn sowohl der Brief selbst, als Luco's Aussage gab es
deutlich zu erkennen, daß man ein Französisches Schiff
erwarte; und wir konnten des Mandarins Anerbieten
nicht annehmen, so gern er auch unser Steuermann geworden wäre, um hier nicht umsonst gewartet zu haben.
Was es eigentlich für Geschäfte wären, die das Französische Schiff in Cochinchina betreiben sollte, blieb uns unbekannt. Die Wahrheit zu sagen, unser Dollmetscher,
der Schwarze, war ein sehr einfältiger, stumpfsinniger
Kerl; wir konnten folglich nur sehr unvollkommene Antworten von ihm herausbringen, die ich durch Muthmas-
sungen nicht noch mehr entstellen mag. Doch sagte er
uns; die Französischen Schiffe hätten vielleicht zu Tirnon
angelegt, und wären von da nach Cochinchina gesegelt,
dies dünke ihm auch am wahrscheinlichsten, weil er gar
nichts von ihnen vernommen habe.

Capitain Gore suchte nunmehr zu erfragen, was für
Lebensmittel er von der Insel erhalten könnte? Luco sagte
uns, er besitze zwey Büffel, die uns zu Dienste ständen,
und es wären ihrer eine Menge, das Stück zu vier oder
fünf Thaler, zu haben. Als er indeß merkte, daß Capitain Gore diesen Preis sehr mäßig fand, und gern weit
mehr gegeben hätte, erhöhete er ihn hernach bis auf sieben
und acht Thaler. Früh am 23sten wurden also die
großen Boote beyder Schiffe nach der Stadt geschickt,
um die Büffel abzuholen, die man auf unsern Befehl
gekauft hatte; sie mußten aber warten, bis es hoch Wasser war, weil sie sonst nicht durch die Oefnung oben im
Hafen auslaufen konnten. Bey ihrer Ankunft vor dem
Dorfe (oder der Stadt) brandeten sich die Wellen am
Strande so stark, daß jedes Boot Abends nur mit vieler
Mühe Einen Büffel an Bord brachte, und daß die Offi-

ciere, die den Dienst dabey gehabt hatten, der Meynung
waren, es würde unvorsichtig seyn, wenn man auf diese
Art mehrere Büffel abholen wollte, da theils diese Thiere
so unbändig, theils die Brandungen so fürchterlich wären.
Wir hatten indeß acht gekauft, und wußten nicht, wie
wir es anzufangen hätten, um die übrigen an Bord zu
bekommen. Auch konnten wir deren nicht mehr auf einmal schlachten, als wir zum Verbrauch auf einen Tag
bedurften; denn in diesem Clima hält sich das Fleisch
nicht bis zum folgenden Morgen frisch. Wir beraths
schlagten uns mit Luco, und beschlossen dann, die übrigen durch den Wald und über den Berg an die Bay zu
treiben, bey welcher Capitain Gore mit mir Tags zuvor
angelegt hatte, und die gegen den Wind geschützt, folglich auch der Brandung weniger ausgesetzt war. Bey
der Ausführung dieses Vorschlags machten uns die
unbändigen und ungeheuer starken Büffel die größte Noth.
Man führte sie an Stricken, die durch ihre Nasenlöcher
und um die Hörner gingen; allein sobald sie über den
Anblick unserer Leute in Wuth gerieten, zerbrachen sie
oft die Bäume, an welche wir sie festgebunden hatten,
oder rissen sich den Nasenknorpel entzwey, und kamen
dadurch völlig los. Unsre Leute würden sich ganz vergeblich bemühet haben, sie wieder zu bekommen, wenn ihnen
nicht einige junge Knaben behülflich gewesen wären, denn
diese läßt der Büffel an sich kommen, und seine Wuth
wird durch ihre kleine Schmeicheleyen bald besänftigt.
Auch am Strande bedurften wir ihrer noch, um, nach
unserer Angabe den Thieren Stricke um die Beine zu
winden, damit wir sie hinwerfen, und auf diese Art in
die Boote bringen konnten. Es ist übrigens äußerst
merkwürdig, daß diese Thiere nicht nur gegen Kinder so
gutmüthig waren, oder vielmehr eine ordentliche Zuneigung für sie zu haben schienen, sondern daß sie auch,
nach einem vier und zwanzig stündigen Aufenthalt am
Bord

Bord, die zahmsten aller Creaturen wurden. Ich behielt lange Zeit eine Kuh und einen Stier lebendig, die sich mit den Matrosen sehr gut vertrugen, und hatte die Absicht, sie mit nach England zu nehmen, weil ein Thier von der Größe und Stärke, welches ohne das Fell und die Eingeweide, bisweilen gegen sieben Centner wiegt, dort willkommen seyn müßte; allein ich mußte diesen Vorsatz aufgeben, da eines von den Thieren auf eine völlig unheilbare Art verletzt ward.

Es währte bis zum 28sten, ehe wir alle Büffel an Bord bringen konnten. Wir hatten aber nicht Ursach, uns über diesen Zeitverlust zu beklagen; denn wir fanden während der Zeit ein Paar sehr gute Brunnen, und beyde Schiffe nahmen einen ansehnlichen Vorrath von Wasser, wie auch von Holz ein, der uns in Stand setzte, unsern Aufenthalt in der Straße von Sunda, sehr abzukürzen. Ein Theil unserer Leute war oben im Hafen mit dem Netz beschäftigt, und fing eine Menge guter Fische; ein andrer Haufe mußte Kohlpalmen fällen, welche wir kochen und der Mannschaft mit dem Fleische zugleich austheilen ließen. Die übrigen hatten mit der Ausbesserung unseres Tauwerks vollauf zu thun, da wir zu Macao so schlecht damit versorgt worden waren.

Pulo-Condor ist hoch und bergicht, und mit mehreren kleineren Eilanden umgeben, von denen einige weniger als eine Englische Meile, andere zwey Meilen weit davon entfernt sind. Ihr Name besteht aus zwey Malayischen Worten, nämlich Pulo, eine Insel, und Condor, ein Flaschenkürbis, welches Gewächs sie in Menge hervorbringt. Ihre Gestalt gleicht dem halben Monde, und erstreckt sich von der Südspitze nach Nordosten beynahe acht Englische Meilen weit; die Breite hingegen beträgt nirgends mehr als zwey Englische Meilen. Von der Westspitze läuft die Küste etwa vier Englische Meilen südostwärts, und dieser Gegend gegenüber

IV.   R

liegt ein kleines Eiland, welches Herr D'Apres (im *Neptune Oriental*) klein Condor nennt, und welches sich etwa zwey Meilen weit in derselben Richtung erstreckt: die Entfernung der einander entgegengesetzten Küsten beträgt nur Drey-Viertel-Meile, und bildet folglich zwischen beyden Inseln einen sichern und bequemen Hafen, dessen Eingang gegen Nordwesten liegt. Außerdem erstreckt sich, längs beyden Seiten, ungefähr hundert Schritte von dem Strande, ein Rand von Korallfelsen. Der Ankergrund ist sehr gut; die Tiefe beträgt elf bis fünf Faden auf weichem Thongrunde, der uns das Lichten der Anker beschwerlich machte. Oben im Hafen ist das Wasser eine halbe Englische Meile weit seicht, und jenseits dieser Stelle nähern sich die beyden Inseln so sehr, daß auch zur Fluthzeit nur noch für Boote eine Durchfahrt übrig bleibt. Der bequemste Wasserplatz liegt an der Ostseite, wo uns ein kleiner Bach täglich vierzehn bis funfzehn Tonnen Wasser gab.

Seit Dampiers Zeiten hat sich die Insel sowohl an Thier- als an Pflanzenprodukten sehr verbessert. Weder dieser Schriftsteller noch der Sammler des East-India Directory erwähnen eines andern vierfüßigen Thiers, als der Schweine, (die noch dazu selten seyn sollen), der Eidechsen und der Iguanen. Der letztere fügt, auf das Zeugniß eines Französischen Ingenieurs, Herrn Desdiers, der die Insel im Jahr 1720 aufgenommen hat, noch hinzu: man finde hier keine Gattung von Früchten und eßbaren Pflanzen, die sonst in Judien so gemein sind, ausgenommen, Wassermelonen, wenige Bataten, kleine Flaschenkürbisse, chibbols (eine Art kleiner Zwiebeln) und kleine schwarze Bohnen. Wir kauften hier außer den Büffeln, deren es auf der Insel verschiedene beträchtliche Heerden geben soll, einige sehr schöne fette Schweine von der Chinesischen Zucht. Auch brachte man uns drey oder vier wilde Schweine, und unsere Jäger erzählten, sie hätten im Walde häufig Spuren von diesen Thieren gesehen, und es gebe daselbst auch Affen und Eichhörner in Menge, die aber so schüchtern wären, daß man sie nicht leicht schießen könne. Eine Art Eichhörner war von glänzend schwarzer Farbe, eine andere braun und weiß gestreift, und an jeder Seite des Unterleibs, vom Halse bis an die Schenkel, mit einer dünnen fast den Fledermausflügeln ähnlichen Flughaut versehen, welche sich, wenn das Thier die Beine ausstreckt, ausdehnt, und vermittelst deren es eine ziemliche Strecke von einem Baum zum andern fliegen kann *). Eidechsen sind sehr zahlreich; allein die Iguana und noch ein ihr ähnliches größeres Thier, welches Dampier beschreibt **), hat meines Wissens keiner von uns zu Gesicht bekommen. Was das Pflanzenreich betrift, so fanden wir, wie schon erwähnt worden ist, einige Reisäcker; imgleichen Pisangs, allerley Kürbisse; Kokosnüsse, Orangen, Pompelmosen, und Granatäpfel; doch waren nur die Pisangs und die Pompelmosen (*Citrus decumanus*) häufig. Vielleicht haben die Franzosen diese Insel mit dergleichen Produkten bereichert, um sie für ihre Schiffe auf dem Wege nach Cambodia und Cochinchina zu einem bequemen Erfrischungsort zu machen. Die Insel hat übrigens zu einer Niederlassung in eben der Absicht eine sehr gute Lage; auch kann man in Kriegszeiten von hier aus dem Handel seiner Feinde sehr großen Abbruch thun.

Mit dem Federwildpret wollte es unsern Jägern nicht glücken, so reichlich auch die Wälder damit besetzt

R 2

---

*) Dieser Beschreibung nach sollte es fast scheinen, als wenn hier eine den Naturforschern zeither noch völlig unbekannte Art fliegender Eichhörner gemeynt würde. G. F.

**) Dampiers Voyages Vol. I. p. 392.

waren; doch schoß einer von ihnen eine wilde Henne, und alle versicherten, sie hätten das Hahnengeschrey, welches dem Geschrey unseres zahmen Geflügels ähnlich, aber durchdringender gewesen wäre, von allen Seiten gehört; auch hätten sie Hähne fliegen gesehen, die aber äußerst schüchtern gewesen wären. Die hier erlegte Henne war gefleckt, übrigens mit unsern Hühnern völlig von gleicher Gestalt, nur nicht ganz so groß. Herr Sonnerat verwickelt sich in eine weitläuftige Abhandlung, um zu erweisen, daß er zuerst das ursprüngliche Vaterland dieses nützlichen Vogels bestimmt, und läugnet, daß Dampier denselben hier angetroffen habe*).

Rund um den Hafen her zieht sich ein hoher Berg, der vom Gipfel bis an den Strand reich mit schönen hohen Bäumen besetzt ist. Unter andern bemerkten wir die Gattung, welche Dampier den Theebaum nennt, wiewohl wir keinen sahen, welcher nach der von ihm beschriebenen Art angezapft gewesen wäre.

Die hiesigen Einwohner sind Flüchtlinge aus Cambodia und Cochinchina, deren Anzahl sehr unbeträchtlich ist. Sie sind klein, fallen sehr ins Schwarze und sehen schwach und kränklich aus, scheinen aber sehr sanft geartet zu seyn. Wir hielten uns bis zum 28sten bey ihnen auf,

---

*) Herr Sonnerat hat nicht gerade zu geläugnet, daß der Vogel, den Dampier, auf Pulo Condor, Timor und San Jago sah und für den wilden Hahn ausgab, wirklich zu dieser Gattung gehöre; sondern er sagt blos: Dampiers Beschreibung sey zu unvollständig, um darüber etwas entscheiden zu können; und darin hat er Recht, so leicht es ihm auch sonst wird, in einem entscheidenden Tone zu sprechen. Auch darin hat er wohl Recht, wenn er behauptet, er habe zuerst das wahre Vaterland des Hahns entdeckt: denn unser Federvieh erhielten wir doch wahrlich nicht erst von Pulo Condor, wenn ich, um recht billig zu seyn, auch zugeben wollte, daß diese Insel von jeher ihre wilden Hähne gehabt habe. G. F.

und beym Abschied gab Capitain G o r e dem Mandarin,
auf dessen eigenes Ansuchen, ein Empfehlungsschreiben
an die Befehlshaber anderer Schiffe die hier anlegen
möchten, nebst einem artigen Geschenke. Zugleich händigte er ihm einen Brief an den Bischof von Adran ein,
und ließ ihm, zur Dankbarkeit für die durch seine Vermittelung hier genossenen Vortheile, ein Teleskop zustellen.
Der Hafen von Pulo Condor

liegt in   8° 40′ —″ N. B.

und in   106° 18′ 46″ O. L.

Die Inclination des Nordpols
der Magnetnadel beträgt   2° 1′ —

Die Abweichung   —° 14′ — W.

Die Fluth war zur Zeit des Voll- und Neumonds
um 4 Uhr 16 Minuten am höchsten, und blieb zwölf
Stunden ohne merkliche Veränderung (bis 16 St. 15 M.)
Hierauf trat die Ebbe ein, und um 22 St. 15 M. war
sie am niedrigsten. Das Wasser steigt und fällt in senkrechter Höhe sieben Fuß und vier Zoll, welches wir während unseres Aufenthalts täglich ohne einige Veränderung
so befanden.

Neunzehntes Hauptstück.

Abreise von Pulo Condor, durch die Straße von Banka. Aussicht auf die Insel Sumatra. Begebenheiten in der Straße von Sunda. Beschreibung der Insel Cracatoa, und des Prinzen-Eilands. Wirkungen des Javanischen Klima's. Fahrt nach dem Vorgebirge der guten Hofnung und unsere Begebenheiten daselbst. Beschreibung der Falschen Bay (*Valsche Baay*). Rückreise, bis zu den Orkadischen Inseln. Einige allgemeine Bemerkungen, zum Beschluß.

Am 28sten Januar gingen wir von Pulo Condor unter Segel, und steuerten, sobald wir aus dem Hafen heraus waren, südsüdwest wärts nach Pulo Timoan. Diese Insel, die hoch und waldicht, auch westwärts mit einigen kleineren Eilanden umgeben ist, erblickten wir an 31sten um ein Uhr Nachmittags zehn Englische Meilen weit vor uns. Um fünf Uhr sahen wir Pulo-Pisang, und um neun Uhr befanden wir uns bey trübem neblichtem Wetter, dicht an Pulo Aor in 2° 46' nördlicher Breite und 104° 37' östlicher Länge ehe wir es vermutheten, indem uns wahrscheinlich eine Strömung schneller fortgeführt hatte.

Am ersten Februar waren wir Mittags in 1° 20' nördlicher Breite und nach vielen Mondsbeobachtungen in 105° östlicher Länge. Bey Sonnenuntergang sahen wir Pulo Panjang und die kleinen Eilande südostwärts von demselben, sieben Seemeilen weit von uns entfernt. Am zweyten warfen wir um acht Uhr das Senkbley, und fanden Grund in drey und zwanzig Faden Tiefe. Von dieser Zeit an fuhren wir fort alle

Stunde das Senkbley zu werfen, bis wir die Straße
Sunda verlaßen hatten. Mittags sahen wir die kleine
Inseln Dominis, am östlichen Ende der Insel Lingen, und vieles Holz, das an unsern Schiffen vorbey
schwamm. Um ein Uhr zeigte sich gegen Norden Pulo
Tana, ein kleines hohes Eiland mit zwey runden Piks
und zw y abgesonderten Felsen. Heute und gestern sahen
wir auf dem Wasser sehr vielen röthlichen Schaum, vielleicht Laich, nach Süden hinschwimmen.

Am dritten erblickten wir bey Tages Anbruch die
drey Inseln, und bald darauf den Berg Monopin
auf der Insel Banka, welcher den Eingang der Meerenge dieses Namens bildet. Um halb drey Uhr befanden wir uns Westwärts von der Friedrich Henrichs
Bank, und segelten in die Straße oder Meerenge, wo
wir die Lage des Bergs Monopin auf 2° 3′ südlicher
Breite und 105° 18′ östlicher Länge bestimmten, w sie
auch Herrn D'Apre's Charte angiebt. Um neun Uhr
stieß ein Boot von Banka ab, ruderte um die Schiffe
und kehrte dann wieder ans Land zurück. Wir riefen auf
Malayisch daß es an Bord kommen möchte, erhielten
aber keine Antwort. Weil uns die Fluth zuwieder war,
ankerten wir um Mitternacht in zwölf Faden Tiefe. Am
vierten des Morgens kostete es Mühe unsere Anker aus
dem zähen Grunde zu winden, und wir mußten, indem
der Wind sich allmählich verlor, mit der Ebbe die Meerenge hinabgleiten. Um Mittag mußten wir drey Meilen
von der sogenannten dritten Spitze auf Sumatra, in
dreyzehn Faden Tiefe, die Anker fallen laßen, weil der
Wind gänzlich aufgehört hatte, und die Fluth gegen uns
hinaufzusteigen anfing; doch schiften wir um drey Uhr
Nachmittags mit einem leichten Lüftchen weiter. Um
Mitternacht mußten wir der Fluth halber nochmals vor
Anker gehen. Früh am fünften setzten wir unsern Lauf
weiter südostwärts fort, und liefen um zehn Uhr eine kleine

Untiefe vorbey, welche mit der Insel Lucipara und der
Ersten Spitze in Einer Linie liegt. Wenn man durch
die Straße von Banka segelt, kann man sich mehrentheils etwas näher an Sumatra als an Banka halten. Zwey bis drey Englische Meilen weit vom Strande
hat man elf, zwölf, bis dreyzehn Faden Tiefe, auf rei-
nem, von Klippen und Untiefen ganz freyen Grunde;
indeß ist auch hier das Sentbley der sicherste Führer.
Das Land ist bis an den Rand des Wassers bewaldet,
und die Ufer sind so niedrig, daß die Stämme der Bäume
vom Meere benetzt werden. Dieser niedrigen feuchten
Lage muß man die dicken Nebel-Dünste zuschreiben, die
wir hier alle Morgen mit Abscheu und Entsetzen über der
Insel hangen sahen, bis sie von den mächtigeren Son-
nenstrahlen zertheilt wurden. Das Ufer von Banka
ist ungleich steiler, und das Land ziemlich hoch, auch
durchgängig bewaldet. Auf dieser Insel sahen wir des
Nachts öfters Feuer, aber am entgegengesetzten Ufer nie.
Die Fluth läuft durch die Meerenge in einer Stunde
zwischen zwey und drey Meilen.

Früh am sechsten ließen wir Lucipara vier oder
fünf Englische Meilen weit westwärts liegen, und fanden
mehrentheils fünf bis sechs, nie aber weniger als vier
Faden Tiefe. Das Wetter war schwül und heiß, und
dabey herrschte ein sehr gelinder Nordwestwind, der bisweilen nordöstlich wurde. Des Nachts sahen wir über
Sumatra starke Blitze. Am siebenten gegen Mittag
erblickten wir in Süden die Insel Java und zwar die
Nordwestspitze derselben, oder Cap St. Nicholas.

Um vier Uhr Nachmittags sahen wir zwey Schiffe
in der Straße von Sunda, eines vor Anker bey der
Insel Queer im Wege (Midchannel Island), das
andere etwas näher an Java. Da wir nicht wissen
konnten, zu welcher Nation sie gehörten, so machten
wir uns zum Gefecht fertig. Abends um sechs Uhr gin-

gen wir in fünf und zwanzig Faden Tiefe vor Anker, und blieben daselbst die ganze Nacht liegen, indeß ein heftiges Gewitter von Nordwesten her uns starke Regengüsse brachte, wobey ein sehr leiser Wind aus eben der Gegend wehete.

Um acht Uhr am folgenden Morgen lichteten wir die Anker und setzten unsern Weg durch die Straße fort. Die Fluth ging noch immer, wie die ganze Nacht hindurch, nach Süden. Um zehn Uhr legte sich der Wind, und wir ließen die Anker in fünf und dreyßig Faden wieder fallen. Hier waren wir nur noch zwey Englische Meilen weit von den Schiffen entfernt, die nunmehr Holländische Flagge aufsteckten. Capitain Gore schickte ihnen ein Boot zu, um Erkundigung einzuziehen. Noch immer regnete es, und das Gewitter dauerte noch fort. Unser Boot kam Nachmittags bey guter Zeit mit dem Bericht zurück, das größere Schiff sey ein Holländischer Ostindienfahrer, der nach Europa zurückkehre, und das kleinere, ein Packetboot aus Batavia, welches den verschiedenen Schiffen in der Straße ihre Befehle herausbringe. Die Holländischen Schiffe pflegen nämlich, sobald sie ihre Ladung beynahe vollständig an Bord haben, Batavia, als einen äußerst ungesunden Ort zu verlassen, und bey den Inseln in der Straße von Sunda auf den Ueberrest so wie auf ihre letzte Abfertigung, zu warten. Dieser Vorsicht ungeachtet, hatte dieses Schiff seit der Abreise von Batavia, das ist seit vierzehn Tagen, bereits vier Mann verlohren, und vier andere lagen ohne Hofnung krank. Jetzt war es im Begrif nach der Insel Cracatoa zu gehen, und Wasser einzunehmen, indem die letzten Befehle mit dem Packetboot schon angelangt waren.

Am neunten früh um sieben Uhr lichteten wir die Anker und fuhren südwestwärts, nahe am Ufer von Sumatra, die Straße hinauf, um eine Klippe unweit der

Insel Queer im Wege (Mid-channel-Island) linker Hand, zu vermeiden. Um halb elf Uhr ertheilte mir Capitain Gore Befehl, auf ein Holländisches Schiff, welches wir jetzt erblickten, zuzusegeln, weil er glaubte, daß es von Europa käme. Nach Maaßgabe der Nachricht, die ich dort erhalten würde, sollte ich dann entweder nach Cracatoa, wo er die Schiffe mit Arrack zu versorgen gedachte, oder nach dem Südost-Ende der Prinzen-Insel gehen, daselbst Wasser füllen und seine Ankunft abwarten. Ich steuerte also nach dem Holländischen Schiffe hin, welches bald darauf ostwärts vor Anker ging. Der Wind ließ nach, und der Strom ging durch die Straße so stark nach Südwesten, daß wir es nicht einholen konnten, sondern ebenfalls unser Anker fallen lassen mußten. Ich schickte hierauf Herrn Williamson in einem Boot ab, und befahl ihm, er sollte sich, wo möglich, an Bord des Holländischen Schiffes begeben; allein da wir noch eine Englische Meile weit davon waren, und die Fluth sehr schnell ging, sahen wir bald, daß unser Boot mit fortgerissen wurde. Wir machten sogleich das Signal, daß es zurückkommen möchte, gaben mehr Kabeltau heraus, und warfen hinten vom Schiff einen Boy aus, um die Rückkehr zu erleichtern, wobey sich aber unsere Armuth an Tauwerk gar sehr verrieth, da wir nicht einen Strick vorräthig hatten, sondern von unsern Seegeln und Takelwerk Taue entlehnen mußten, um den Boy daran fortschwimmen zu lassen. Es kostete uns viele Arbeit, ehe wir das Boot zurückerhielten.

Am folgenden Morgen, da die Fluth nachgelassen hatte, konnte Herr Williamson das Holländische Schiff erreichen. Es war seit sieben Monathen von Europa und seit dreyen vom Vorgebirge der guten Hofnung unterweges. Vor seiner Abreise hatten Frankreich und Spanien gegen England Krieg declarirt, und am Vor-

gebirge hatte es den Ritter Eduard Hughes mit einem
Kriegsgeschwader und einer Flotte von Ostindischen Schiffen zurückgelassen. Hier erfuhr Herr Williamson zugleich,
daß das Wasser zu Cracatoa sehr gut sey, und von den
Holländern dem auf Prinzen Eiland allemal vorgezogen
würde. Dieser Nachricht gemäß, beschloß ich, die Resolution dort aufzusuchen, lichtete den Anker und ging mit
günstigen Winde auf die Insel zu, wo wir unsere Gesellschafterin bald vor Anker liegen sahen. Der Wind legte
sich aber zu früh, und da auch die Fluth uns ganz entgegen war, so mußten wir etwa fünf Englische Meilen
weit von der Resolution vor Anker gehen. Um keine
Zeit zu verlieren, schickte ich ein Boot ab, und ließ Capitain Gore hinterbringen, was wir so eben vernommen
hatten. Kaum hatte man an Bord der Resolution bemerkt, daß wir ankern wollten, so machte man das Signal, wir sollten weiter vorwärts gehen, damit wir, wie
wir hernach erfuhren, nicht auf unsicherm Grunde ankern
möchten, den hier einige Charten angeben. Wir fanden
aber statt dessen einen guten Schlammgrund und in sechzig
Faden Tiefe, und blieben also liegen, bis unser Boot
wiederkam und uns Befehl mitbrachte, daß wir am folgenden Morgen nach Prinzen-Eiland gehen sollten.

Cracatoa ist die südlichste Insel in einer Gruppe,
welche am Eingang der Sundastraße liegt. Die Insel
Tamarin oder Samburicu, die etwa vier Seemei-
len nördlicher liegt, kann leicht damit verwechselt werden,
weil sie einen Hügel an der Südspitze hat, dergleichen
auch auf Cracatoa in einer hohen Piksgestalt befindlich
ist. Der Umfang von Cracatoa beträgt nur drey
Seemeilen; und ihre Lage ist in 6° 9' südlicher Breite
und 105° 15' östlicher Länge. Ein kleines Eiland an
der Nordspitze dieser Insel bildet die Rheede, wo die Resolution vor Anker lag; und innerhalb eines Korallenriefs,
welches sich von der Südspitze dieses Eilands in See er-

streckt, ist man gegen alle Nordwinde sicher, und kann
dicht am Rief in achtzehn, und in der Mitte der Rheede
in sieben und zwanzig Faden ankern. Nordwestwärts
bleibt zwischen beyden Inseln nur eine enge Durchfahrt
für Boote offen.

Das Ufer, welches die Westseite der Rheede bildet,
läuft in Nordwestlicher Richtung, und von demselben
erstreckt sich etwa dreyßig bis vierzig Faden weit in See
eine Korallenbank, die den Booten das Anlanden sehr
erschwert, ausgenommen wenn die Fluth am höchsten ist.
Der Ankergrund hingegen ist gut, und ohne Klippen.
Der Wasserplatz dessen sich die Resolution bediente, liegt
der Südspitze des kleinen Eilands gegenüber, nicht weit
vom Strande. Etwas südlicher findet man eine überaus
heiße Quelle, worin sich die Eingebohrnen des Landes
baden. Wir schickten ein Boot mit dem Schiffsmeister
(oder Lootsen) auf der Südspitze der Insel ans Land, um
Wasser zu suchen; er landete mit einiger Mühe, und fand
keines. Gegen die benachbarten Länder hält man Cracatoa für sehr gesund. Es besteht aus hohem Lande,
welches allmälig von allen Seiten her aus dem Meer em-
porsteigt, und ist gänzlich mit Waldung bedeckt, einige
Stellen ausgenommen, wo die wenigen Einwohner ihre
Reisfelder angelegt haben. Ihr Oberhaupt steht, wie
alle Vorgesetzte der Inseln in dieser Meerenge, unter dem
Könige von Bantam. Auf dem Korallenrief giebt es
eine Menge kleiner Schildkröten; aber alle andere Erfrischungen sind selten und unerhört theuer.

Breite der Reehde, wo die Resolu-
    tion lag   :   :   :   8° 6′ S. B.
Länge, nach Herrn Baylys Längenuhr, 104° 48′ O. L.
  — nach Mondsbeobachtungen 105° 36′ —
Inclination des Südpols der Magnet-
    nadel   :   :   :   26° 3′ —
Abweichung der Magnetnadel   1° — W.

Beym Voll und Neumond ist es um sieben Uhr Morgens hoch-Wasser; und das Wasser steigt drey Fuß zwey Zoll in senkrechter Linie.

Abends um acht Uhr kam ein ziemlich heftiger West-wind mit starkem Gewitter und Regen. Um drey Uhr früh Morgens segelten wir nach Prinzen-Eiland, erreichten es aber wegen der Winde, Windstillen und Fluth nicht eher als Mittags am zwölften, und gingen dann am Südostende der Insel in sechs uud zwanzig Fa-den Sandgrund vor Anker. Herr Lieutenant Lannyon, der schon im Jahr 1770 mit Capitain Cook hier gewe-sen war, mußte sogleich mit dem Schiffsmeister ans Land gehen, um den Wasserplatz aufzusuchen. Der Bach, wo damals die Endeavour Wasser gefüllt hatte, war jetzt ganz salzig. Weiter landeinwärts fand man ein verlasse-nes Bette, wo sich vermuthlich das Wasser während der Regenmonathe sammlen mochte; und etwa hundert Klaf-ter unterhalb demselben, strömte noch ein Bach aus ei-nem großen Tümpfel, dessen Boden und Oberfläche mit abgefallenen Blättern bedeckt war. Dieses Wasser schmeckte zwar auch etwas salzig; allein es war doch viel besser als das vorige. Wir fingen also am folgenden Mor-gen an Wasser zu schöpfen, und vollendeten unsere Arbeit noch an eben dem Tage.

Bald nachdem wir Anker geworfen hatten, kamen die Eingebohrnen und brachten eine Menge große Hüner, nebst einigen, jedoch mehrentheils sehr kleinen, Schild-kröten zum Verkauf. Die Nacht hindurch regnete es sehr stark, und Tages darauf kam die Resolution neben uns vor Anker. Wir brachten den Tag damit zu, daß wir das Schiff etwas auf eine Seite zogen, den Boden, der sehr unrein war, abbürsteten, und uns überhaupt segelfertig machten. Capitain Gore hingegen, der noch nicht seinen Wasservorrath zu Cracatoa völlig ergänzt hatte, schickte am 15ten seine Leute ans Land, wo sie den zuerst

erwähnten Bach nunmehr vom Regen angeschwellt und
ganz frisch fanden. Einen so guten Fund durften wir
nicht vernachläßigen; ich ließ also die Fässer, die wir vors
hin mit salzigem Wasser gefüllt hatten, wieder ausleeren,
und dafür frisches einnehmen. Mit diesem Geschäft kamen wir am 16ten gegen Mittag zu Stande. Am 19ten
hoben wir um acht Uhr Morgens zu unserer unaussprech-
lichen Freude zum letztenmal in der Straße von Sunda
die Anker auf, und hatten Tages darauf Prinzen-Eis
land gänzlich aus dem Gesichte verlohren.

Diese Inseln hat Capitain Cook bereits auf seiner
ersten Reise besucht und beschrieben, ich füge nur noch
hinzu, daß wir sowohl in Betracht der Gestalt als der
Farbe, der Sitten, und selbst der Sprache, eine auffallende Aehnlichkeit zwischen den hiesigen Einwohnern und
zwischen denen Völkerschaften bemerkten, mit denen wir
im Südmeere so häufig Umgang gehabt hatten. Die
Wirkung des Javanischen Klima's, wovon ich meinen
vollen Antheil erhielt, brachte mich übrigens außer Stand,
die Vergleichung im Detail auseinander zu setzen.

Das Land ist hier so dicht mit Waldung bewachsen,
daß, obgleich die Schiffe die hier jährlich anlegen, eine
Menge Holz fällen, dennoch keine Abnahme zu merken
ist. Wir erhielten hier eine Menge kleine Schildkröten
und Hüner von mittlerer Größe, und zwar von den letzteren zehn für einen Spanischen Thaler. Die Einwohner brachten uns auch viele Schweinhirsche (Hogdeer)
und eine ungeheure Menge Affen, die uns sehr lästig wurden, da jeder Matrose ein oder Ein Paar davon mitnahm.

Wäre Herr Lannyon nicht bey uns gewesen, so
hätten wir Mühe gehabt den Wasserplatz ausfindig zu
machen. Der Pikähnliche Berg auf der Insel liegt
Nordwest gen Norden von demselben; etwas nördlich
davon steht ein Baum, der sehr in die Augen fällt, weil
er einzeln und von allem andern Gebüsch abgesondert auf

dem Korallenrief wächst; und dicht dabey findet sich ein
kleiner mit Schilfgras bewachsener Fleck, dergleichen in
dieser Nachbarschaft weiter keiner ist. An diesen Kennzeichen erkennt man den Ort, wo sich der Tümpfel ins
Meer ergießt; allein sowohl hier, als in dem Tümpfel
selbst ist das Wasser mehrentheils salzig. Die Fässer
müssen also etwa funfzig Schritte weiter hinauf gefüllt
werden, wo das Wasser während der trocknen Jahrszeit
von den Bergen herunterkommt, sich zwischen den Blättern verliert, und nicht anders sichtbar wird, als wenn
man diese wegräumt.

Der Ankerplatz in Prinzen Ei-
   land liegt in   ,   ,   6° 36′ 15″ S. B.
                und in   105° 17′ 30″ O. L.
Der Südpol der Magnetnadel
   inclinirt   ,   ,   28° 15′ —
Die Abweichung der Magetna-
   del beträgt   ,   ,   — 54′ — W.
Der mittlere Thermometer-Stand
   (nach Fahrenheits Leiter)   83 — —

Von dem Augenblick an, da wir in die Straße von
Sunda hinein segelten empfanden wir die Wirkung des
dortigen vergifteten Himmelsstrichs. Zwey von unsern
Leuten wurden an einem bösartigen Faulfieber gefährlich
krank; indeß verhüteten wir doch die fernere Verbreitung
dadurch, daß wir die Kranken von der übrigen Mannschaft absonderten, und in die luftigste Lagerstätte brachten. Viele litten an einem beschwerlichen Husten; andere
klagten über heftige Kopfschmerzen, und selbst die gesün-
desten unter uns fühlten eine erstickende Hitze, eine uner-
trägliche Mattigkeit und Mangel an Eßlust. Ungeachtet
dieser beunruhigenden Lage, worin wir eine Zeitlang aus-
dauern mußten, waren wir doch endlich so glücklich, diese
gefährliche Meeresgegend ohne Verlust eines einzigen
Menschen zu verlassen. Vermuthlich hatten wir dies

.

sowohl der festen Gesundheit, womit unsere Mannschaft hier ankam, als der strengen Aufmerksamkeit zu verdanken, mit welcher wir Capitain Cook's heilsame, uns nunmehr zur Gewohnheit gewordene, Vorschriften befolgten.

Bey unserer Abreise von Prinzen-Eiland, und während der ganzen Fahrt nach dem Vorgebirge der guten Hofnung, war die Mannschaft der Resolution in einem ungleich kränklicheren Zustande, als die unsrige in der Discovery. Noch fühlten zwar viele von uns die Folgen des Einflusses, den jenes bösartige Klima auf unsern Körper geäußert hatte, aber wir wurden doch alle wiederhergestellt. Von den beyden Fieberkranken fiel einer am zwölften in so heftige Zuckungen, daß wir an seinem Aufkommen verzweifelten, allein Blasenpflaster retteten ihn, und er war bald außer aller Gefahr. Der andere erhohlte sich ebenfalls, aber langsamer. An Bord der Resolution herrschten, außer einem hartnäckigen Husten und den Fiebern woran die meisten litten, bey manchen auch Dysenterien, und wieder alle Erwartung vermehrte sich die Anzahl dieser Kranken bis zu unserer Ankunft am Vorgebirge der guten Hofnung. Capitain Gore schrieb diesen Unterschied dem Umstande zu, daß in der Discovery die Küche unter dem Verdecke befindlich war, und meynte, die Hitze und der Rauch derselben könnte die Wirkungen der feuchten Nachtluft mildern. Er mochte zum Theil Recht haben; ich glaube indeß, daß wir dem Durchlauf deshalb entgingen, weil wir alle Ansteckung sorgfältig vermieden. Wenn es nämlich, wie man wohl nicht bezweifeln kann, ansteckende Diarrhöen giebt, so ist es nicht unwahrscheinlich, daß diese Krankheit von den Holländischen Schiffen zu Cracatoa an Bord der Resolution verbreitet wurde. Um diese Gefahr zu verhüten, mußte Herr Williamson, als ich ihn an Bord des Ostindienfahrers schickte, auf meinen gemes-

gemeſſenen Befehl keinen von unſern Leuten unter irgend einem Vorwande erlauben, mit ihm in das fremde Schiff zu ſteigen; und in der Folge gebrauchten wir die nämliche Vorſicht, ſo oft wir Gelegenheit hatten an Bord der Reſolution zu ſchicken.

Am 22ſten um Mittag ſahen wir in 10° 28′ ſüdlicher Breite und 104° 14′ öſtlicher Länge eine große Menge Tölpel, nebſt andern Vögeln, die ſich nicht weit vom Lande entfernen, und vermutheten daher, daß irgend ein kleines, unbekanntes Eiland in der Nähe ſeyn müſſe. Am 25ſten Abends kam der Wind plötzlich und mit großer Heftigkeit aus Süden, und brachte ſchwere Regengüſſe mit. In der Nacht zerriſſen uns faſt alle Segel, und einige gingen ganz in Stücken. Auch unſer Tauwerk litt dabey ſehr weſentlich, und wir mußten es am folgenden Morgen, da wir unſere letzten Segel aufzogen, ſo gut es gehen wollte, zuſammen knüpfen und flicken, weil wir keinen Strick mehr vorräthig hatten. Dieſer unerwartete Sturm ſchien der Uebergang des Monſuns in den beſtimmten Paſſatwind zu ſeyn, indem wir uns nunmehr in 13° 10′ ſüdlicher Breite befanden. Am 28ſten März, in 31° 42′ ſüdlicher Breite und 35° 26′ öſtlicher Länge verließ uns der Paſſatwind in einem heftigen Gewitterſturm. Hierauf wehten bis zum dritten April gelinde Südwinde, dann folgte ein friſcher Oſtwind, und am vierten trat Nachmittags eine Windſtille ein, die zwey Tage lang anhielt. Bisher hatte Capitain Gore nach St. Helena gehen wollen, ohne ſich am Cap aufzuhalten; allein da das Ruder eines Schiffs, welches bereits ſeit einiger Zeit ſchadhaft zu ſeyn ſchien, unterſucht ward, fand man es in ſo mißlichen Umſtänden, daß er ſich gerades weges nach dem Cap (der guten Hofnung) zu ſegeln entſchloß, wo er für ſeine Kranken am beſten ſorgen, und zugleich das Ruder ausbeſſern laſſen konnte. Vom 21ſten März (in 27° 22′ ſüdlicher Breite und 52° 25′ öſtlicher Länge) bis zum

IV.   S

fünften April (in 36° 12′ südlicher Breite und 22° 7′ östlicher Länge) halfen uns heftige Strömungen im Meere fort, welche bisweilen des Tages achtzig Englische Meilen nach Südsüdwest, oder Südwest gen Westen liefen. Am sechsten April spürten wir, da wir nunmehr von der Afrikanischen Küste gedeckt waren, weiter nichts von ihnen. An eben dem Morgen erblickten wir südwestwärts ein Schiff, das auf uns zu steuerte, und da bald darauf der Wind derther kam, machten wir die Schiffe zum Gefecht bereit. Vom Mastkorbe aus entdeckten wir noch fünf Schiffe, die nach Osten gingen; allein bald drauf entstand ein Nebel, in welchem wir sie binnen einer Stunde insgesammt aus dem Gesichte verloren. Mittags befanden wir uns in 35° 49′ südlicher Breite und in 21° 32′ östlicher Länge, und am folgenden Morgen erblickten wir das Land fern im Norden von uns. Am neunten kamen wir ziemlich nahe an dem Schiffe vorbey, welches wir am sechsten gesehen hatten, doch ohne es anzusprechen. Es war ein plumpes Fahrzeug, und wurde allem Anschein nach sehr ungeschickt regiert, allein dessen ungeachtet segelte es viel schneller als wir. Die Flagge desselben unterschied sich von allen bekannten; einige hielten sie für Portugiesisch, andere für Kaiserlich. Am zehnten des Morgens erblickten wir nochmals das Land, und Nachmittags eine Schnau, welche, wie die Folge zeigte, ein Englisches nach Ostindien bestimmtes Packetboot, war, das erst vor drey Tagen die Tafelbay verlassen hatte. Sie kreuzte in dieser Gegend, um der Flotte von Chinafahrern und andern Ostindischen Schiffen Befehle zu überbringen. Wir erfuhren von den Leuten an Bord, daß Herrn Tronjoll'ys Geschwader, welches aus sechs Schiffen bestehe, das Cap vor drey Wochen verlassen habe, um in der Höhe von St. Helena auf unsere Ostindische Flotte zu kreuzen. Aus dieser Nachricht schlossen wir, daß jene fünf Schiffe, welche wir nach Osten steuern gesehen hatten, dieses Französische Geschwader gewesen wären, und daß sie vermuthlich das

Kreuzen aufgegeben, und sich nach Isle de France gezo=
gen hätten. Diese Vermuthungen theilten wir unseren
Landsleuten im Packetboote mit, sagten ihnen auch, um
welche Zeit, soviel wir gehört hatten, die Chinafahrer
Canton verlassen würden, und setzten hierauf unsern
Weg nach dem Vorgebirge der guten Hofnung fort.

Abends am zwölften April ankerten wir in der Fal=
schen Bay, und gingen am folgenden Morgen in die
Simmons=Bay, wo wir um acht Uhr das Schiff an
zwey Ankern festlegten. Hier fanden wir den Nassau
und den Southhampton, zwey von unsern Ostindi=
schen Schiffen, die auf eine Convoy aus Europa warte=
ten. Die Resolution begrüßte das Fort mit elf Kanonen,
und es antwortete mit einer gleichen Anzahl.

Sobald wir geankert hatten, besuchte uns Herr
Brandt, der Gouverneur dieses Postens. Er hegte
sehr viel Zuneigung für Capitain Cook, der so oft als
er das Cap besucht hatte, sein Gast gewesen war, und
ob er gleich das traurige Schicksal unseres Befehlshabers
bereits wußte, so ward er dennoch sehr gerührt, als er
die Schiffe ohne seinen alten Freund zurückkommen sah.
Er erstaunte, daß unsere Mannschaft so stark und gesund
war; denn aus dem Holländischen Schiffe, welches bey
unserer Ankunft zu Macao den dortigen Hafen verlassen,
und hernach am Cap angelegt hatte, war das Gerücht
verbreitet worden, daß wir in den elendesten Umständen
wären, und an Bord der Resolution nur vierzehn, so
wie auf der Discovery nur sieben Matrosen übrig behal=
ten hätten. Es läßt sich nicht leicht begreifen, in welcher
Absicht diese Leute eine so muthwillige, boshafte Unwahr=
heit ausgesprengt haben mochten.

Am 15ten begleitete ich Herrn Gore nach der Cap=
stadt, und am folgenden Morgen besuchten wir den
Gouverneur, Herrn Baron von Plettenberg, der uns
mit aller erdencklichen Aufmerksamkeit und Höflichkeit
empfing. Auch er hatte für Capitain Cook viel Freund=

schaft, und für seinen Charakter die größte Achtung, und hörte die Erzählung von seinem Schicksal mit lebhafter Theilnahme und ungeheuchelter Betrübniß an. In einem der Hauptzimmer seines Wohnhauses zeigte er uns Van Tromps und de Runters Bildnisse, und zwischen beyden einen leeren Platz, welchen Capitain Cook's Porträt einnehmen sollte. Zu dem Ende bot er uns, bey unserer Ankunft in England ihm eines zu kaufen, es möchte auch kosten was es wollte.

Er erzählte uns gelegentlich, daß nunmehr alle mit England in Krieg verwickelte Mächte ihren Kriegsschiffen und Kapern Befehl ertheilt hätten, uns nicht anzugreifen. In Absicht des Französischen Hofes hatten wir hinlänglichen Grund davon überzeugt zu seyn, indem bereits Herr Brandt Herrn Gore einen Brief von Herrn Stephens (Secretair des Admiralitätscollegiums) eingehändigt hatte, worin eine Abschrift von dem an Bord der Licorne gefundenen Befehl des Französischen Seeministers Herrn von Sartine eingeschlossen war. In Ansehung der Amerikaner beruhete die Sache bloß auf einem Gerücht; allein ein Spanischer Schiffscapitain, der am Cap gewesen war, hatte Herrn von Plettenberg ausdrücklich versichert, daß er sowohl als alle Officiere seiner Nation ähnliche Befehle erhalten hätten. Diese Versicherungen bestärkten Herrn Gore in seinem Vorsatz sich neutral zu verhalten. Als man ihm bey der Ankunft der Sybille, welche die Ostindischen Schiffe nach England convoyiren sollte, vorschlug, er möchte in ihrer Gesellschaft segeln, hielt er es demzufolge für rathsam, dieses Anerbieten auszuschlagen, um die unangenehme Lage zu vermeiden, worin er sich befunden haben würde, falls wir feindlichen Schiffen begegnet wären.

Während unseres Aufenthalts am Cap gaben uns der Gouverneur und die vornehmsten Personen am Cap, sowohl Europäer als Afrikaner, die überzeugendsten Beweise von ihren freundschaftlichen Gesinnungen. Bey unserer Ankunft war der Oberste Gordon, der Be-

fehlshaber der Holländischen Truppen, auf einer Reise
ins Innere von Afrika begriffen; allein er kehrte noch
vor unserer Abreise zurück. Dieser Officier, mit dem
ich bey unserer ersten Anwesenheit am Cap das Glück
hatte in einer genauen freundschaftlichen Verbindung zu
stehen, war bey dieser Gelegenheit tiefer, als alle andere
Reisende vor ihm, in das Land gedrungen, und hatte
das Museum des Prinzen Erbstatthalters mit einer kost-
baren Sammlung von natürlichen Seltenheiten vermehrt.
Sein langer Aufenthalt am Cap, sein thätiger nach
Kenntnissen durstender Geist, und die Unterstützung,
die sein Rang und seine Lage ihm vor andern gewährten,
mußten ihn in den Stand setzen, Afrika genauer und
vollständiger als jeder andere kennen zu lernen. Mit
Vergnügen theile ich daher dem Publicum die angenehme
Nachricht mit, daß er selbst willens ist, der Welt eine
Geschichte seiner Reisen mitzutheilen.

Die Falsche Bay (*Valsche Baay* holl.) liegt an
der Ostseite des Vorgebirges der guten Hofnung, und
wird von Schiffen während der Zeit besucht, da die
Nordwestwinde herrschen, und wo es gefährlich ist in der
Tafelbay zu liegen, nämlich vom Anfang des May an.
Ostwärts wird sie von dem Falschen Cap begränzt. Der
Eingang zwischen beyden Vorgebirgen ist sechs Seemeilen weit. Simons Bay liegt elf Englische Meilen
vom Vorgebirge der guten Hofnung, und ist der einzige
bequeme Hafen; denn die Rheede hat zwar guten Ankergrund, ist aber zu offen, und zur Einschiffung der Lebensmittel unbequem, da ohnehin der hiesige Posten sehr unbeträchtlich ist, und alles Nothwendige von der Capstadt erhält,
die vier und zwanzig Englische Meilen weit davon liegt.
Der Ankerplatz in Simons Bay

liegt in	34° 20′	S. B.
und in	18° 29′	O. L.
Die Magnetnadel (Südpol) inclinirt	46° 47′	
Die Abweichung derselben beträgt	22° 16′	W.

Bey Voll- und Neumond ist es um 5 Uhr 55 Minuten
hoch Wasser; die Fluth steigt und fällt fünf Fuß fünf
Zoll; und bey Fluthen, die geringer als gewöhnlich sind,
(neap tides) vier Fuß und einen Zoll. Das Vorgebirge
der guten Hofnung liegt, nach Herrn Bayly's und meinen Beobachtungen vom 11ten April, in 34° 23′ südlicher Breite also 4′ nördlicher als der Abbé de la
Caille es bestimmt.

Nachdem wir uns mit Lebensmitteln und einem hinlänglichen Vorrath von Schiffsbedürfnissen versehen
hatten, gingen wir am neunten May aus der Bay unter
Segel, und erhielten am 14ten den Südostpassatwind,
mit dem wir westwärts von den Inseln St. Helena
und Ascension hinsteuerten. Am 31sten, da wir uns
in 12° 48′ südlicher Breite und 15° 40′ westlicher Länge
befanden, hatte die Magnetnadel keine Inclination.
Am zwölften Junius gingen wir, zum viertenmal während dieser Reise, über den Aequator. Hier fingen wir
an eine Strömung zu bemerken, die uns in jeder Stunde
eine halbe Englische Meile Nord gen Osten trieb. Wir
behielten sie bis in die Mitte des Julius, und verspührten
hierauf eine andere, die etwas westlich von Süden lief.

Am zwölften August erblickten wir die westliche Küste
von Irtland. Wir suchten vergeblich in den Hafen
Galway einzulaufen, von wo Capitain Gore die Tagebücher und Charten unserer Reise nach London zu schicken gedachte; und mußten daher, weil wir den starken
Südwinden nicht wiederstehen konnten, nach Norden
steuern. Auch in Lough Swilly konnten wir aus eben
der Ursache nicht vor Anker gehen; wir liefen also Nordwärts um die Lewis Insel, und warfen dann beyde, am
22sten August um elf Uhr Vormittags, zu Stromneß
die Anker. Von hier aus schickte mich Capitain Gore
an das Admiralitätscollegium, um die Nachricht von
unserer glücklichen Ankunft zu überbringen; und am vierten Oktober langten beyde Schiffe, nach einer Abwesen-

heit von vier Jahren zwey Monathen und zwey und zwan=
zig Tagen, am Nore (in der Mündung der Themse) an.

Als ich zu Stromneß von der Discovery Abschied
nahm, hatte ich das Vergnügen die sämmtliche Mann=
schaft in vollkommener Gesundheit zurückzulassen; auch
befanden sich zu gleicher Zeit an Bord der Resolution
nicht mehr als zwey oder drey Reconvalescenten, von
denen indeß nur Einer seinen Dienst nicht versehen konnte.
Die Resolution hatte während der ganzen Reise nur fünf
Mann an Krankheit verlohren, von denen sich drey, be=
reits bey ihrer Abreise aus England, in mißlichen Ge=
sundheitsumständen befanden.   Die Discovery verlor
nicht einen einzigen.   Als die vorzüglichste Ursach eines
so seltnen Glücks, muß man nächst dem Segen der gött=
lichen Vorsehung, hauptsächlich unsre ununterbrochene
Befolgung der von Capitain Cook festgesetzten und
bereits bekannten Anordnungen betrachten.   Doch hätten
wir,   trotz aller Vorsorge,   vielleicht endlich die schäd=
liche Wirkung gesalzener Speisen gespürt,   wenn wir
nicht jede Gelegenheit wahrgenommen hätten anstatt der=
selben die frischen Nahrungsmittel zu genießen, die unsere
jedesmalige Lage uns darbot.   Oft waren es Dinge, die
unsere Leute sonst nie als eine für Menschen schickliche
Nahrung angesehen hatten; oft waren sie überdem auch
äußerst ekelhaft; und es gehörte also Ueberredung, Bey=
spiel und bisweilen sogar das Ansehen des Befehlshabers
dazu, um dieses Vorurtheil und diesen Abscheu zu besiegen.

Die Vorkehrungsmittel, worauf wir uns am meisten
verlassen konnten,   waren Sauerkraut und Suppentäfel=
chen.   Was die antiscorbutischen Arzneyen betrift, wo=
mit wir versehen waren, so hatten wir keine Gelegenheit
ihre Wirksamkeit auf die Probe zu stellen, indem sich
während der ganzen Reise auf keinem von beyden Schiffen
das geringste Merkmal vom Scharbock blicken ließ.
Malz und Hopfen hatten wir im Nothfall, wenn ein
wirklicher Ausbruch der Krankheit erfolgen sollte, auf=
gehoben; allein bey unserer Rückkehr nach dem Vorge=

birge der guten Hofnung fanden wir sie gänzlich verdorben. Zu gleicher Zeit öfneten wir einige Fässer mit Zwieback, Mehl, Malz, Erbsen, Haber, Grütze, und Graupen, welche man zum Versuch in kleine, inwendig mit Zinnblech beschlagene Fäßchen gepackt hatte, und fanden, außer den Erbsen, alles ungleich besser erhalten, als es sich von der gewöhnlichen Art einzupacken erwarten ließ.

Ich kann diese Gelegenheit nicht vorbey gehen lassen, ohne der Regierung vorzustellen, wie nothwendig es sey, den königlichen Schiffen, die dem Einfluß eines ungesunden Himmelsstrichs ausgesetzt werden können, einen hinlänglichen Vorrath von Chinarinde mitzugeben. In der Discovery brauchte zum Glück nur ein einziger Mann, der nebst andern in der Straße von Sunda das Fieber bekam, diese Arzney; aber dieser verzehrte auch ganz allein die ganze Quantität Fieberrinde, welche man insgemein den Wundärzten eines Schiffes wie das unsrige, mitzugeben pflegt. Hätten wir also mehrere Patienten an eben derselben Krankheit gehabt, so würden sie wahrscheinlich aus Mangel des einzigen Mittels, welches ihnen hätte f_" _ können, umgekommen seyn.

Noch ein anderer Umstand bey dieser Reise muß in Rücksicht ihrer Dauer, und der Art von Unternehmen, worin wir begriffen waren, jedem eben so merkwürdig seyn, als die außerordentliche Gesundheit der Mannschaft; nämlich, daß die Schiffe nur zweymal einander, länger als einen Tag, aus dem Gesichte verlohren. Das erstemal war die Trennung einem Unfall zuzuschreiben, welcher der Discovery an der Küste von Owaihi widerfuhr, und das zweytemal ward sie von den Nebeln veranlaßt, die wir beym Eingang der Awatschabay antrafen. Einen stärkeren Beweis von der Geschicklichkeit und Wachsamkeit unserer Subaltern-Officiere, denen dieses Verdienst beynah ausschließender Weise zukommt, kann man wohl schwerlich geben.   Vers

Malayisch.

Eins, Satu	-	-	Satoo
Zwey, Dua	-	-	Duo
Drey, Tiga	-	-	Teego
Vier, Enpat	-	-	Ampar
Fünf, Lyma	-	-	Leemo
Sechs, Nam	-	-	Anam
Sieben, Toufou	-	-	Toojoo
Acht, De-lappan	-	-	Slappan
Neun, Sambalan	-	-	Sambilan
Zehn, Sapola	-	-	Sapooloo

Herbert. pap. 368. · Marsden p. 168. wo es in Sumatra gesprochen wird.

Madagaskar. | Sumatra.

Zahlen.	1.	2.	3.	4.	5. (Achin.)	6. Lampeon.	7. (Batta.)
eins	Iffe oder Effa	Eſer	Iſſo	Iſſe	Sah	Sye	Sadah
zwey	Rooe	Rooa	Tone	Rica	Dua	Rowah	Duo
drey	Tulloo oder Tailloo	Talu	Tillo	Tellou	Tloo	Tulloo	Toloo
vier	Efax oder Efar	Effutchi	Efad	Effats	Poat	Ampah	Opat
fünf	Lime oder Leman	Deeme	Fruto	Limi	Leemung	Leemah	Leemah
sechs	One oder Aine	Eanning	Woubla	Ene	Nam	Annam	Onam
sieben	Heitoo oder Petoo	Feeto	Sidda	Titou	Too-joo	Peetoo	Paitoo
acht	Balloo	Varlo	Foulo	Walou	D'Lappan	Ooalloo	Ooalloa
neun	Seeva	Seve	Mslo	Sivi	Sakoorang	Seewah	Seeah
zehn	Foroo und Fooloo	Foto	Nel	Tourou	Saploo	Poulou	Sapooloo
	Parkinſou S. 105.	Dturu S. 417.	Herbert p. 21.	Hawkesworth III. 777.	Marsden, p. 168.	Ebendaſelbſt.	Ebendaſelbſt.

Inſel Savu. | Ceram. | Inſel Moſes, 1616. | Neu-Guinea. | Tierra del Espiritu Santo.

	14.	15.	16.	17.	18. (1616.)	19. (Uppua.)	20.
eins	Iſſe oder Uſſe	Uſſe	O Eeuta	Kaou	Tika	Oſer.	
zwey	Rooe	Lhua	O Looa	Roa	Roa	Serou.	
drey	Tulloa	Tullu	O Toloo	Tolou	Tula	Klor.	
vier	Uppa	Uppa	O Paroo	Wati	Fatta	Tisk.	
fünf	Lumee	Lumme	O Leema	Rima	Lima oder Liman	Rim.	
sechs	Unna	Unna	O Loma	Eno	Wamina	Onim.	
sieben	Petoo	Pedu	O Peeto	Lvvifou	Fita	Tik.	
acht	Aroo	Arru	O Aloo	Eialou	Wala	War.	
neun	Saio	Saou	O Teeo	Siwa	Siwa	Siou.	
zehn	Singooroo	Singoorou	O Pooloo	Sanga Poulo	Sanga Foula	Samfoor.	bis 5 oder 6 wie in Anamofa.
	Parkinſou, p. 170.	Cook, in Hawkesw. III. p. 703.	Parkinſon, p. 200.	Herrera, nach le Maire, p. 82.	Ebendaſ. p. 81.	Forſt. p. 402.	Cooks zweyte Reiſe II. 91.

Neu-Seeland. | Horneiland, (1616.) | Kokosinſel. | Freundschaftsinseln. | Sandwichsinseln.

	27.	28.	29.	30.	31.	32. (Amsterdam.)	33.
eins	Ka Tahe	Tahai	Tacij oder Taci.	Taci	A-Tahaw	Tahae.	
zwey	Ka Rooa	Roos	Loua oder Loa	Loua	Looa	Eooa.	
drey	Ka Tarroa	Toroa	Tolou	Tolou	Toloo	Tooroa.	
vier	Ka Wha	T'Fa	Fa und D'Fa	Fa	T'Fa	A Faa.	
fünf	Ka Reeina	Keema	Lima	Lima	Neema	Neema.	
sechs	Ka Onoo	Honnoo	Hoaw	Houno	Vano		
sieben	Ka Wheetoo	Widdoo		Fitou	Fidda		
acht	Ka Warroo	Warroo		Walou	Varoo		
neun	Ka Eeva	Heeva		Xwou	Heeva		
zehn	Kaca Haowroo	Anga-Horro	Onge Foula	Onge Foula	Ongofooroo		bis zehn wie in Otaheitl.
	Parkinſon, a. a. O.	Forſter, a. a. O.	Herrera, a. a. O.	Ebendaſ.	Forſter, a. a. O.		Anderſons Wörterbuch

Anmerkung. Das Malayiſche, als Stamm oder Wurzel betrachtet, ſteht oben an, in drey verſchiedenen Proben. ... abgeleiteten Zweige ſind nach der geographi... vorgeſetzt iſt, hat man ſich die Freyheit genommen den Artikel vom Zahlworte zu trennen. Anmerk. der ...ſchrift. Die Tafel hat Herr Jacob Br... ſprache ſtehen laſſen, und ſo bleibt die Tafel zugleich ein Denkmal des unbeſtimmten Werths der Buch... n bey den Engländern; denn die ſcheinbare beweißt auch dieſe Tabelle, daß eine zweyte Sprache mit dem Malayiſchen, in den Sprecharten von Neu-...uinea und aller von ſchwarzen Völkern bewo... einwenden; wer in jenen Weltgegenden ſelbſt geweſen iſt, Ohr und Fertigkeit Sprachen zu lernen, und Laute zu faſſen beſitzt, wird wiſſen, daß Par... Troy, Fuūr, ſo würde man ſich auf ſein Wörterbuch nicht ſehr verlaſſen können, und die Parkinſoniſchen Angaben weichen noch ungleich mehr von de...

des östlichen Meeres statt findet, und ihres Abstamms vom festen Lande Asiens, aus dem Lande der Malayen.

Malayisch.

oo	Sa.
o	Dua.
ego	Teega.
pat	Ampat.
mo	Leema.
am	Nam und Anam.
ojoo	Toojoo.
ppan	Delapan.
nbilan	Sambelan.
ooloo	Sapooloo.

...rden p. 168. wie es in Sumatra ge- / ...sprochen wird.   Forsters Bemerkungen. S. 254. aus Re- / landi diss. misc.

	Sumatra		Prinzen-Eiland.	Java.	Tagalisch. in Manila.	Pampango. oder Philippinisch.	Mindanao.
npoon	7. (Batta.)	8. (Rejang.)	9.	10.	11.	12.	13.
h	Sadah	Do	Hegie	Sigi	Ysa	Isa, Metong	Isa.
o	Duo	Dooy	Dua	Lorou	Dalava oder Dalava	Ad-dua	Daua.
h	Toloo	Tellou	Tullu	Tullu	Tatl oder Ytlo	At-lo	Tula.
ah	Opat	M-pat	Opat	Pappat	Apat	Apat	Apat.
ah	Leemah	Lema	Limah	Limo	Lima	Lima	Lima.
m	Onam	Nonm	Gunnap	Nunnam	Anim	Anam	Anom.
o	Paitoo	Toojooa	Tudju	Peru	Pito	Pitu	Petoo.
oo	Ooalloa	De-lapoon	Delapan	Wolo	Valo	Valo	Walu.
h	Secali	Sembilan	Salapan	Songo	Siyam	Siam	Seauw.
o	Sapooloo	De Pooloo	Sapoulo	Sapoulo	Polo und Pobo	Apalo	Sanpoolu.
aselbst.	Ebendaselbst.	Ebendaselbst.	Banks in Hawkesw. III. 777.	Ebendaselbst.	Forsters Bemerkungen. S. 255.	Ebendaselbst.	Forest's Voyage, p. 399

	Tierra del Espiritu Santo.	Neu-Caledonien.		Mallicollo.	Tanna.		Neu-Seeland.
(Poppua.)	20.	21.	22.	23.	24.	25.	26.
	1. *Wag Eaing	*Par Ai	*Tsee-Kaee	*Ret Tee	*Ree Dee	Tahai.	
	2. Wa Roo	Par Roo	E-Ry	Car Roo	Ka Roo	Rua.	
	3. War Een	Par Ghen	E-Rei	Ka Har	Ka Har	Tnrou.	
	4. Wat Bacek	Par Bai	E-Bats	Ka Fa	Kai Phar	Ha.	
	5. Wan Nim	Pa Nim	E-Reeua	Ka Kirrom	K' Reerum	Rema.	
						6. Ono.	
						7. Etu.	
						8. Waru.	
						9. Iva.	
						10. Anga-Hourou.	
	bis 5 oder 6 wie in Anamoka.						
...t, p. 402.	Cooks zweyte Reise II. 91.	Ebend. II. 364.	Forsters Bemerk. S. 254.	Cooks 2te Reise a.a.O.	Forster, a.a.O.	Cook, a.a.O.	Cook, 1770, in Hawkesw. III. 475.

	Sandwichsinseln.	O-Taheiti.		Marquisen.		Ostereiland.	
(Amsterdam.) 33.	34.	35.	36.	37.	38.	39.	
	1. Tohe	*A Tahay	A Tahaee	Bo Dahai	Kat Tahaee	Ko Tahai.	
	2. Rooa	E Rooa	A Ooa	Bo Hooa	Runa	Rooa.	
	3. Torhoa	Toroo	A Toroa	Bo Dooo	Toroo	Toroo.	
	4. Ha	A Haa	A Faa	Bo Ha	Has und Faa	Ilaa.	
	5. Il Lemi	E Reema	A Aeema	Bo Heema	Reema	Reema.	
	6. Whaine	A Ono	A Ono	Bo Na	Honoo	Hono.	
	7. Hitno	A Heitoo	A Wheetoo	Bo Hiddoo	Heedoo	Hiddoo.	
	8. Wallhoa	A Waroo	A Woo	Bo Wahoo	Varoo	Varoo.	
	9. Iva	A Eeva	A Eeva	Bo Heeva	Heeva	Heeva.	
	10. Hoolhoa	A Hooroo	(Whannahoo und Whannahoue)	Bo Nahoo	(Atta Hooroo Anna Hooroo)	Ana Hooroo.	
	bis zehn wie in Otaheiti.						
	Andersons Wörterbuch.	Parkinson, a.a.O.	Cook, 2te Reise.	Cook, 2te Reise.	Forster, a.a.O.	Cook, a.a.O.	Forster, a.a.O.

...en Zweige sind nach der geographischen Länge, von Madagaskar an, immer weiter ostwärts bis zur Oster-Insel hintereinander aufgezählt. Wo ein Sternchen ... Die Tafel hat Herr Jacob Bryant, ein gelehrter Alterthumsforscher und Sprachenkenner entworfen. Ich habe die Worte ungeändert nach der Englischen Aus... Engländern; denn die scheinbare Verschiedenheit würde ungleich geringer geworden seyn, wenn ich alles nach der Aussprache hätte umändern wollen. Uebrigens ... aller von schwarzen Völkern bewohnten Inseln, zusammengeflossen ist. Gegen die Auswahl der verschiedenen Schriftsteller, ließe sich hie und dort manche ... en besitzt, wird wissen, daß Parkinsons Wörtersammlungen schlechterdings nichts werth sind. Wenn jemand unsere Zahlen etwa so aussprächte: Oino, Zwaa, ... zeichen noch ungleich mehr von der Wahrheit ab. G. F.